SAFETY EDUCATION

| 이론과 사례중심 |

안전 교육학

김수용 지음

홍릉과학출판사

머리말

안전은 위험이나 사고가 없는 상태를 말하는 것뿐만 아니라 안전한 상태를 지속적으로 만들어 가는 것입니다. 우리의 생활 주변에서 일어나는 안전사고뿐만 아니라 TV, 컴퓨터 등의 전자 미디어가 우리 생활에 보편화되고 일상화되면서 이에 따른 전자 미디어의 역기능 피해가 다양해지고 있습니다. 더욱이 우리의 안전은 지구환경의 변화와 환경오염으로 인한 자연재해로 위협을 받고 있다.

이렇게 우리의 안전은 사고의 범위가 다양해지고 심각한 실정이어서 영유아 시기부터 안전교육의 필요성이 커지고 있다.

안전교육은 영유아가 신체적·정신적·정서적 상해나 사고 없이 건강하게 성장할 수 있도록 안전한 환경을 조성하는 것이며, 영유아 자신뿐만 아니라 타인의 안전에 대한 바람직한 태도와 행동을 갖추어 안전한 생활습관을 형성하는 것이다.

현대사회는 과거에 비해 질병이나 자연재해로 인한 사고율은 낮아졌으나 환경오염 및 지구환경의 변화로 인한 재해가 많아지고, 교통사고를 비롯한 각종 사고로 인한 사망에서부터 부모의 생활고로 동반 자살하는 사망에 이르기까지 새로운 양상의 사건사고도 빈발하고 있다. 그런 의미에서 지금까지의 안전이 단순 위험한 상황과 사고에 대한 대비 개념이었다고 한다면, 이제부터는 영유아의 인권적인 측면까지를 들여다보는 것이어야 한다는 것이다.

세계에서 출산율이 가장 낮은 초저출산 국가의 하나인 우리나라는 머지않아 인구가 급격히 감소할 것이라고들 한다. 이처럼 인구의 급속한 감소와 더불어 우리 사회에서 영유아 안전에 대한 관심은 한층 높아지고 있다.

사람은 누구나 안전하고 행복한 삶을 영위하기를 바란다. 그러나 우리 주변에는 예기치 못한 사고와 위험이 늘 도사리고 있다. 특별히 영유아 시기는 자신에게 닥쳐올 위험에 대한 예견이 어렵고, 그에 대한 대처능력이 성인에 비해 현저히 떨어진다는 데서 사회가 먼저 안전한 환경을 마련하고 발달 특성에 맞게 교육하며 실천하려는 노력이 필요하다. 그간 안전교육을 위한 교사용 교재가 절실하였고, 무엇보다 안전교육에 바로 적용할 수 있는 적절한 사례를 담은 내용이기를 기대했다. 그런 점에서 이 책은 최근의 통계를 바탕으로 어린이집

현장에서 가장 필요로 하는 평가인증 통합지표를 반영하였으며, 건강한 발달과 인권의 보호를 위한 교사 역할의 중요성을 강조하였다. 뿐만 아니라 연령별 발달 특성에 맞게 바로 상호작용할 수 있는 안전교육 사례를 소개했다는 데서 그 활용도가 높을 것으로 기대한다.

학교는 어린 시절부터 반복적인 학습, 훈련을 통해 안전의식과 대응방식을 몸으로 체화시켜 전 국민의 안전의식의 내면화 및 실천을 도모할 수 있는 최적의 환경이다. 안전한 학교를 만들기 위해 강화된 정책이 제대로 효과를 거두기 위해서는 학교에서의 안전교육을 포함하여 학교를 벗어난 지역사회에서도 학교 안전교육을 뒷받침 할 수 있는 인프라가 뒷받침되어야 한다. 학교안전교육학은 안전한 학교를 만들어 가야 하는 필요성과 중요성을 이해하고, 학교 교육활동과 관련하여 발생할 수 있는 손상문제 및 안전이슈에 대한 지식을 습득할 수 있도록 구성하였다. 또한 교육활동별로 주요 손상문제와 해결전략의 개발을 지원할 수 있도록 구성하였다.

산업의 발달 속에 우리가 이용하는 기술은 편안한 삶을 지속시켜 줄 수 있는 토대가 되었지만, 삶의 질을 높여주는 안전의식은 매우 낮다. 그러므로 안전을 받아들이지도 않고 피해로 부터의 자유라고 생각하거나 어떤 일이 잘못 되었을 때 마다 반응은 임시방편적 개선에 급급하였다. 안전교육학에서는 이러한 시대적 요구에 부응하기 위하여 책을 출간하게 되었으며, 제4장으로 구성하였다.

제 1장 교원안전 교육, 제 2장 교사와 학생을 위한 안전교육, 제 3장 교권과 안전한 학교를 위한 법, 제 4장 학생안전, 창의적 체험활동 중심 [7대안전표준안]을 기술하였으며, 마지막으로 제 5장은 사례 이야기를 구성하였다.

저자 김수용 씀

차례

Part 01 제1장 교원 안전 교육

Part 02 제2장 교사와 학생을 위한 안전교육

1장

교원 안전 교육

Chapter 01

안전의 기본원리

1. 안전의 기본

1 | 안전과 위험의 정의

- 안전은 위험이 생기거나 사고가 날 염려가 없음, 또는 그런 상태이다.
- 위험은 해로움이나 손실이 생길 우려가 있음, 또는 그런 상태이다.
- Hazard는 인체에 유해하고 재산 손실을 일으키는 잠재적 위험을 말한다.
- Risk는 위험의 발행확률과 사고 크기를 정량적으로 평가 한다.

2 | 안전에 대한 이해

- 현대 사회는 리스크에 노출되어 있으므로 적극적이고 의도적인 안전 활동이 필요하다.
- 위함과 안전 사이에는 안전한 것인지, 위험한 것인지 알 수 없는 불안의 영역이 있다.
- 안전교육을 통해 안전에 관한 지식을 제공하는 것은 잠재사고를 감소시키는 중요한 역할을 한다.

3 | 안전의 기본사상

- 인간의 욕구 중 가장 기본으로, 생존을 위한 필요충분조건이다.

- 자신, 가족, 이웃, 국가를 위해 봉사하고 희생하는 정신을 바탕으로 한다.
- 경제적 측면에서 안정적인 이윤확보를 가능하게 한다.

2. 사고 및 재해의 이해

1 | 사고와 재해의 개념

- 사고란 자기 의지에 반하는 예측불허의 사태로 인해 신체적 손상을 입거나 사망하게 되는 것을 말한다.
- 재해란 안전사고의 결과로써 일어난 인명과 재산상의 손실을 말한다.

2 | 사고 및 재해 발생에 대한 이론적 연구

- 헤이든에 의해 사고에 대한 이론적 연구가 시작 된다.
  - 항공기나 자동차의 사고로 인한 사상자의 감소방안을 연구하다가 생체역학의 중요성을 확립한다.
- 고든에 의해 사고 연구조사가 비약적으로 발전한다.
  - 사고는 주체 (Host)와 매개물(Agent)과 주변 환경(Envirnment)의 3가지 요인이 만나 발생한다고 주장한다.
- 헤이든이 고든의 이론을 수정·발전시켜 사고발생 매트릭스를 개발한다.
  - 사고 전 단계 ➜ 사고단계 ➜ 사고 후속 단계
- 하인리히가 1:29:300이라는 '하인리히의 법칙', '도미노 이론'을 제시한다.
  - 1:29:300 법칙은 사고가 일어나기 전에 여러 번의 경고성 징후와 전조가 있다는 사실을 입증한다.
  - 도미노 이론은 재해가 발생하기까지 5단계 요소가 연쇄적으로 작용하므로, 3번째 요소인 불완전 행동, 불완전한 상태를 제거함으로써 사고를 예방하고 재해에 이르지 않게 할 수 있다.

3. 사고 및 재해 예방활동

1 | 사고 및 재해의 원인 제거

- 재해 발생의 기본구조: 각종 원인 ➜ 불안정한 상태와 행동 ➜ 사고 ➜ 재해이다.

2 | 하인리히의 재해예방 4원칙

- 산업안전에 관한 최초의 원칙으로 안전 분야의 안내자 역할을 한다.
- 손실우연의 원칙, 원인계기의 원칙, 예방가능의 원칙, 대책선정의 원칙이 있다.

3 | 재해예방활동의 3원칙

- 재해요인을 발견하고 이것을 제거함과 동시에 재해요인의 발생을 사전에 예방하는 것이다.
- 재해요인의 발견, 재해요인의 제거와 시정, 재해요인 발생의 사전예방이 있다.

4 | 하인리히의 재해예방 5단계

- 안전관리조직, 사실의 발견, 평가와 분석, 시정책의 선정, 시정책의 적용이 있다.

Chapter 02

국가재난 안전관리체계 이해

1. 국가재난에 관한 이해

1 | 국가재난 & 재난 및 안전관리 기본법

- 국가재난은 국민의 생명·신체·재산과 국가에 피해를 주거나 줄 수 있는 것 이다.
- 각종 재난으로부터 국토를 보전하고 국민의 생명·신체·재산을 보호하기 위하여 국가와 지방자치단체의 재난 및 안전관리체제를 확립한다.
- 재난의 예방·대비·대응·복구와 안전문화활동 및 재난 및 안전관리에 필요한 사항을 규정한다.

2 | 국가재난의 범위

- 자연재난은 태풍, 강풍, 대설, 가뭄, 지진, 황사 등 자연현상으로 인하여 발생하는 재해와 기후변화이다.
- 사회재난은 화재, 붕괴, 교통사고, 환경오염사고 등으로 인하여 발생하는 피해, 국가기반체계의 마비, 감염병 확산 등으로 인한 피해이다.
- 해외재난은 대한민국 영역 밖에서 국민의 생명, 신체, 재산에 피해를 주거나 줄 수 있는 재난이다.

3 | 국가의 재난관리 업무

- 국가의 재난관리과 안전관리이다.
- 긴급구조이다.
- 국가재난관리기준이다.
- 안전문화 활동 전개이다.

2. 국가재난 안전관리시스템

1 | 통합적 재난안전관리시스템

- 재난관리란 국민의 생명, 신체, 재산과 국가에 피해를 줄 수 있는 상황을 예방하고 대비, 대응, 복구하는 안전관리를 위한 모든 활동을 말한다.
- 재난안전에 관한 정보통신 기술의 활용이 뒤따라야 한다.
- 인터넷, 모바일, 소셜미디어 또한 재난관리에 유용한 정보 소통 수단으로 떠오른다.

2 | 우리나라 국가재난 안전관리시스템의 변천

- 2014년 국민안전처를 신설하여 안전행정부의 업무를 이관 받고, 소방방재청과 해양경찰청을 흡수한다.

3. 국민안전처의 역할

1 | 국민안전처의 신설 목적

- 국민안전처란 2014년 11월 19일 신설된 중앙행정기관으로, 국가재난상황을 통합적으로 관리하는 컨트롤타워의 역할을 수행하기 위해 신설된다.

2 | 국민안전처의 국가재난 안전관리체계 방향

- 재난 안전제도의 획기적인 개선을 이룬다.

- 국가안전대진단을 추진하여 국민 모두 참여하는 안전점검시스템을 실시한다.
- 맞춤형 교육으로 생애주기별 국민안전교육을 추진하여 안전문화를 정착시킨다.
- 재난인프라 확충으로 기술개발, 일자리, 안전 문제를 창조산업으로 발전시킨다.
- 국민안전처와 주관부처의 협업체계를 확립하여 특수 분야 안전관리를 강화한다.

3 | 안전신문고

- 안전신문고는 모든 국민이 일상생활 속에서 느끼는 안전 위협 요소를 자발적으로 신고하면 원스톱 접수 및 처리하는 안전신고 포털이다.
- 신고내용에는 교통시설, 취약시설, 다중이용시설, 공공시설, 기타 생활환경이 포함된다.
- 포털과 앱을 이용하여 신고하면 신고자의 연락처로 결과가 전달된다.

Chapter 03

학교 안전교육의 내용과 운영

❶ 안전교육의 지도내용은 여러 가지 방법으로 분류할 수 있겠으나, 발생하는 사고의 실태와 잠재된 위험요소의 양에 따라 학교 생활안전, 교통안전, 일상생활 안전의 세 가지 영역으로 분류할 수 있다.

❷ 학교 안전교육 교수·학습 전략으로 강의법, 토의, 탐방, 조사, 역할극, 시범, 사례연구, 실험실습 등이 있으며 효율적인 강의가 되기 위해서는 시각자료 (사진, 슬라이드, 칠판, 도표 등)를 사용하여야 한다.

Chapter 04

교통안전 지도

1. 안전하게 보행하기

1 | 보행자 사고란 보행자가 도로에서 차와 충돌하는 교통사고를 말한다.

2 | 어린이 교통 행동의 특성

- 거리와 속도측정 능력, 주의집중과 판단능력, 기민성, 시각 및 청각능력이 부족하다.
- 모방과 모험심이 강하고 정서 불안 시 자제력이 약하다.

3 | 중·고등학생의 교통 행동의 특성

- 청년기로 이행하는 과도기, 성장의 과정에 있다는 것을 고려해야 한다.
- 자동차에 대한 관심이 높아지는 시기임을 고려해야 한다.

4 | 공을 가지고 등·하교할 때 안전수칙

- 공을 주머니에 넣고 끈을 잡고 가도록 지도한다.
- 공이 굴러가면 주변의 차를 확인 후 주워야 한다.

5 | 길을 걸을 때 안전수칙

- 보도로 우측통행하며 가급적 차도에서 멀리 떨어진 쪽으로 걷는다.
- 갑자기 차도로 내려오거나 방향을 바꾸는 등의 돌발행동을 하지 않는다.

- 골목길에서 큰 길로 나가는 곳, 차도와 만나는 곳에서는 우선 멈춰 좌우를 살핀다.

2. 안전하게 자전거 이용하는 방법

1 | 자전거 교통사고의 주요 원인

- 자동차 및 자전거와 충돌하는 경우이다.
- 자전거에 발, 손, 옷이 끼이는 경우이다.
- 페달에서 발이 미끄러지는 경우이다.
- 통제력 상실에 의한 경우이다.
- 자전거의 구조적 결함이 사고로 이어지는 경우이다.

2 | 자전거 교통사고의 주요 원인

- 자전거는 상단 프레임보다 자신의 다리 길이가 3~5cm 길고, 안장에서 양발 끝이 땅에 닿는 정도의 크기로 선택한다.
- 학생들에게는 미니벨로, 하이브리드, 생활 자전거가 적합하다.
- 자전거를 탈 때는 안전모, 무릎보호대를 갖추고, 체인에 끼일 수 있는 옷차림은 삼가야 한다.
- 자전거의 유지 및 관리를 철저히 하고 안전한 도로에서 타는 것이 좋다.

3 | 자전거 안전 수칙

- 자전거를 끌고 갈 때는 보행자의 교통법규와 신호를 준수한다.
- 자전거를 타고 장난, 스피드 경쟁을 하지 않아야 한다.
- 울퉁불퉁한 길, 미끄러운 길, 언덕길에서는 천천히 타야 한다.

4 | 자전거 탈 때 유의할 점

- 운전은 앞을 보는 자세로 5~10m 전방을 주시한다.
- 자동차 뒤를 따라갈 때 안전 거리를 유지해야 한다.
- 버스, 대형차가 지나가거나 폭이 좁은 도로에서는 자전거에서 내려 기다리는 것이 안전하다.

5 | 자전거 안전 점검

- 핸들, 경음기, 제동장치(브레이크), 페달 및 체인, 바퀴, 안장 및 짐받이, 반사기와 반사체를 점검한다.

3. 오토바이 사고 예방하기

1 | 오토바이 교통사고의 특성

- 단독사고가 많다.
- 보행공간에서의 보행자 관련 사고가 많다.
- 젊은 층 운전자에 의한 사고가 많다.

2 | 오토바이 사고의 원인이 되는 행동 및 상황

- 친구로부터 오토바이를 배워서 운전면허증 없이 운전하는 경우이다.
- 갑자기 자동차 앞으로 끼어드는 경우이다.
- 안전모 없이 과속하는 경우이다.
- 야간 폭주 시 급제동하다 미끄러지는 경우이다.
- 음주 후 운전하는 경우이다.

3 | 오토바이 운전 시 안전 수칙

- 머리에 맞는 크기의 헬멧을 착용한다.
- 눈은 넓게 바라보고 어깨는 힘을 빼고 자연스러운 상태를 유지한다.

- 손에는 장갑을 끼고 발은 전방을 향하도록 올려둔다.
- 편하고 눈에 잘 띄는 것이 좋다.

4 | 이륜차의 안전한 이용에 대한 지도 방법

- 원동기 면허를 취득하도록 해야 한다.
- 반드시 헬멧을 착용하고, 뒷좌석 동승자도 마찬가지이다.
- 음주운전을 절대 금지시켜야 한다.
- 집단주행, 잦은 차선변경 등 다른 차량 운전을 방해하는 위험한 운전은 삼가 해야 한다.

Chapter 05

교통수단이용 안전 지도

1. 자동차의 특성 및 안전행동

1 | 자동차의 특성에 따른 안전 수칙

- 차가 정지할 때까지 시간이 걸린다는 사실을 아이들이 인식해야 한다.
- 몸이 작은 어린이일수록 사각지대에 포함되어 잘 보이지 않기 때문에 차 주변에서 놀지 않는다.
- 교차로 횡단보도에서 차도에 내려서 있거나 길모퉁이에 서있으면 사고의 위험이 있다.
- 굽은 도로에서는 약간의 속도 차이에도 원심력의 차이가 커지면서 사고의 가능성이 높아진다.
- 빗길 운전 시 수막현상에 주의해야 한다.

2 | 자동차 사고 예방을 위한 안전 행동

- 자동차의 여러 가지 특성을 고려하여 교통상황을 정확하게 판단하고 보행할 수 있도록 한다.
- 주행 중인 차량에 갑자기 뛰어들지 않는다.
- 교차로나 횡단보도, 길모퉁이에서 차도에 내려와 서 있지 않기를 지도한다.
- 비나 눈이 오는 날은 정지거리가 더욱 길어져 위험함을 알게 한다.
- 커브 길에서 마주 오는 차량의 운전특성을 이해하고 안전한 행동을 하

도록 지도한다.

2. 대중교통 이용 시 안전한 행동

1 | 안전한 버스 이용 방법

- 승차 시 버스에 오르는 계단에서는 휴대폰 사용 등을 자제한다.
- 승차 시 휴대폰 사용 등을 자제한다.
- 버스가 완전히 멈춘 후 이동하여 하차한다.
- 시외 및 광역버스, 고속버스를 이용할 경우 안전띠를 착용한다.

2 | 기차 전철 이용 중 사고 발생 시 대처 방법

- 긴급 상황 시에는 객실 끝 비상통화 장치 혹은 출입문 상단의 전화번호로 알린다.
- 문이 열리지 않을 경우 비상용 망치를 이용하여 유리창을 깬다.
- 선로 추락 시 승강장 밑, 벽면 여유 공간에 엎드리고 큰소리로 도움을 요청하며 직원의 도움을 기다린다.
- 선로에 물건이 떨어졌을 경우 선로로 들어가 물건을 꺼내지 않고 직원에게 도움을 요청한다.
- 열차 내 화재 발생 시 기관사 및 역무원의 안내에 따라 대피한다.
- 대피 시에는 젖은 손수건, 옷소매 등으로 입을 막고 낮은 자세로 이동한다.

3 | 비행기 이용 중 사고 발생 시 대처 방법

- 항공기가 불시착하거나 난기류를 만나 흔들릴 경우 제자리에 앉아 좌석벨트를 착용한다.
- 기내 기압이 떨어질 경우 머리 앞쪽 선반으로 내려온 산소마스크를 신속히 착용한다.

4 | 항공기 추락 시 대처 요령

- 안전벨트를 조이고 양 옆의 사람들과 팔짱을 낀다.
- 상반신이 튕겨 나가는 것을 방지하기 위해 신발끈을 묶는다는 느낌으로 의자에 웅크린 자세를 취한다.
- 충돌 전 좌석 등받이를 앞으로 세우고 안전벨트를 착용하여 부상을 최소화한다.

Chapter 06

화재 사고 예방 및 대처

1. 화재 유형과 예방방법

1 | 전기화재 예방을 위해 1년 1~2회 정밀안전진단을 받아 확인

- 교사는 정밀안전 진단은 정전이 가능한 방학 중에, 학교 화재 발생률이 가장 높은 3월 전에 시행하도록 한다.

2 | 화재는 사전인지가 어렵기 때문에 상시 화재예방 활동과 화재대비 훈련 실시

- 교사는 대피훈련 후 체크리스트를 통해 평가하고, 교실 내에 점검표를 부착하여 자체점검을 실시하도록 한다.

3 | 화재 발생 시에는 화재사실을 알리고, 학생들이 신속하게 대피할 수 있도록 통제

- 교사는 화재 발생 시 주위에 화재 사실을 알리고, 학생들이 계단을 이용해서 신속하게 대피할 수 있도록 하고, 화재로 인해 복도피난이 어려울 때에는 틈새를 막고 창문 밖으로 구조를 요청해야 한다.

2. 화재 발생 시 행동방법

1 | 화재가 발생하면 주변사람에게 즉시 알리고, 소방관서에 화재 신고

- 교사는 화재 발생을 즉시 알리고, 화재 신고 시에는 장소, 주소, 주요건축물 화재의 종류 등 상세하게 설명하여야 한다.

2 | 화재 발생 시 건물 구조에 대해 잘 알고 있는 사람의 피난 유도에 따라 안전한 장소로 피난

- 교사는 만일을 대비해 피난계획을 세우고, 평소 피난통로의 확보와 피난훈련을 철저히 실시한다.

3 | 개폐기(두꺼비집)

- 옥내 배선 전기 회로의 개폐를 실행하는 것이며 과전료 차단장치를 설치함으로써 과부하나 합선으로 인한 화재를 예방할 수 있다.

4 | 화재발생 시 소화기, 모래, 소화전 등을 이용하여 진압하고 실패 시 지체 없이 피난

- 교사는 소화기, 모래, 소화전 등을 이용해 초기진압에 참여하고, 실패 시에는 지체 없이 피난 후, 소방서에 신고한다.

5 | 누전차단기

- 전선이 손상되거나 물기 및 습기가 침투했을 경우 누전이 생길 수 있다. 누전은 전기가 전선 밖으로 새어나와, 주변 도체로 흐르는 현상인데, 이런 현상으로 인해 화재가 발생할 수 있다. 누전차단기는 이런 누전을 감지하여 회로를 차단하는 역할을 한다.

Chapter 07

시설 및 제품 안전관리와 지도

1. 학교시설안전

1 | 학교시설

- 교실이나 계단에서의 안전
- 계단 난간에서의 안전
- 체육시간의 안전
- 청소시간의 안전

2 | 가정시설

3 | 다중이용시설

- 승강기
- 환풍구

4 | 전기안전

- 전기기기 취급 부주의 등으로 전기가 우리 몸에 흘러 근육이 수축하고, 화상을 입으며, 심장이 불규칙하게 뛰거나 멈추게 하는 사고이다.

2. 제품안전

1 | 식품의 안전한 보관

2 | 식중독 예방법

- 식품의 구매 시 먼저 허가된 식품 인지를 알아보고 포장지에 제조원, 공장 소재지, 유통기한, 원료명 등의 표시를 확인한다.
- 음식을 먹고 복통, 구토 등의 식중독 증상이 보이면 즉시 가까운 병·의원을 방문하여 치료 한다.
- 같은 증세가 음식을 먹은 사람들에게서 나타나면 즉시 가까운 보건소에 신고하고 정확한 원인을 규명하기 위해 문제가 된 식품 및 가검물을 채취하여 제출한다.

Chapter 08

폭력 예방 및 지도

1. 학교폭력

1 | 학교폭력이란 학교 내외에서 학생을 대상으로 발생한 상해, 폭행, 감금, 협박, 약취, 유인, 명예훼손 · 모욕, 강요, 강제적인 심부름 및 성폭력, 따돌림, 사이버 따돌림, 정보통신망을 이용한 음란 · 폭력 정보 등에 의하여 신체·정신 또는 재산상의 피해를 수반하는 행위이다.

2 | 학교폭력의 실태

- 학교폭력은 언어폭력, 집단따돌림, 신체폭행 순으로 피해 발생한다.
- 학교폭력은 교실(35.3%), 복도(16.5%), 운동장 (8.1%), 화장실(3.5%), 특별실, 방과 후 교실 등(3.0%) 순으로 대부분 학교 안에서 (67.%) 발생한다.
- 학교폭력은 주로 쉬는 시간 (42.0%)에 가장 많이 발생하며 다음으로 기타(15.3%), 하교 이후(14.7%), 점심시간 (9.7%), 수업시간(7.9%), 하교시간 (4.5%), 학교 밖 체험활동 시간 (2.2%), 등교 시간(1.4%) 순으로 나타난다.
- 학교폭력을 당했거나 목격 시 대부분 주위에 알리거나 도움 요청한다.

3 | 학교폭력의 유형

- 신체폭력, 언어폭력, 금품갈취, 강요, 따돌림, 성폭력, 사이버폭력이다.

4 | 학교폭력 예방 및 대처방안

- 학교: 인성교육 및 폭력예방 교육, 학생지도, 학교문화조성, 학교 안·밖 폭력예방 시스템을 구축한다.
- 가정: 자녀 일에 관심을 갖고 귀 기울이기, 독립심 길러주기, 부모의 올바른 생활태도, 자녀에 대한 지나친 기대는 금물이다.

2. 자살

1 | 청소년 자살 특징

- 발달 단계적 특성상 자살 시도율이 높은 시기이다.
- 계획적인 경우보다 충동적인 경우가 많다.
- 자기 나름대로의 분명한 자살동기를 가진다.
- 동반자살 및 모방자살 가능성이 있다.
- 죽음에 대한 환상을 갖고 있다.

2 | 청소년 자살위험 요인

- 개인적, 가정적, 학교 및 또래관계, 사회적 영향으로 구분한다.

3 | 자살의 예방과 대처법

- 학교: 자살에 대한 심층적 공감과 정서적 지지, 보호자에게 연락하여 자살 위험 요인을 함께 제거, 전문가 상담 권유, 주변 학생들을 파악하여, 상담, 정상적으로 적응하도록 도움, 또래 도우미를 만들어 정서적 지지 제공, 반복적 시도가 없도록 지속적 관심과 배려, 사건을 기록으로 남기고 사건일지를 작성한다.

- 가정: 자녀를 이해하고 원인 제거를 위해 적극 노력, 정신건강 전문기관 연계 치료, 지속적 관심과 신뢰를 가진다.

3. 가정폭력 및 아동학대

1 | 가정폭력 및 아동학대의 유형 및 실태

- 가정폭력: 가족구성원 중 한 사람이 다른 구성원에게 신체적, 정신적, 성적, 경제적으로 피해를 주는 모든 행위이다.
- 아동학대: 보호자를 포함한 성인에 의하여 아동의 건강·복지를 해치거나 정상적 발달을 저해할 수 있는 신체적·정신적 성적폭력 또는 가혹행위 및 아동의 보호자에 의하여 이루어지는 유기와 방임이다.

2 | 가정폭력 및 아동학대 실태

- 가정폭력: 유형별로 신체폭력이 가장 많음, 신고가 잘 이루어지지 않고 경찰이 출동해도 화해하는 것으로 마무리 되는 경우가 많아 실태 파악이 어려움이 있다.
- 아동학대: 13~15세 아동이 가장 많고 약 80%가 부모의 학대가 원인, 유형으로는 중복학대, 정서학대, 방임 순으로 나타난다.

3 | 가정폭력 및 아동학대 대처

- 가정폭력에 대한 대처: 단순한 가정 내 문제가 아닌 범죄임을 인식, 초기 발생 시 단호하고 적극적으로 대처한다.
- 아동학대에 대한 대처: 아동학대 발견 ➜ 신고 ➜ 피해학생, 부모면담 ➜ 협력 및 지원을 한다.

Chapter 09

성폭력 예방 및 대처

1 | 성폭력이란 원하지 않는 성적 행위가 동의 없이 타인에게 가해지는 것

- 교사는 성폭력이 개인의 자유로운 성적 자기 결정권을 침해하는 범죄임을 알고, 학생들에게도 충분히 교육하여 알게 해야 한다.

2 | 성폭력 발생 시 피해자 중심의 가치관을 가지고, 피해자에게 일관성 있고, 신뢰성 있는 태도 유지

- 교사는 학생이 정서적으로 안정을 취하도록 배려해 주고, 외과나 산부인과 등의 병원으로 데려가 치료를 받을 수 있도록 해야 한다.

3 | 성폭력 예방을 위해 청소년을 둘러싼 사회적 환경을 바로 알고, 성지식을 정확하게 알려 주며, 양성평등 의식을 바르게 지도

- 교사는 꾸준히 성교육을 실시하여 정확한 성지식, 양성평등 의식, 성폭력의 기준 등을 학생들이 알도록 지도해야 한다.

Chapter 10

약물 및 유해물질 안전사고 예방 및 대처

1. 약물의 오 · 남용

1 | 마약류

- 사람의 정신에 변화를 일으키는 습관성 또는 중독성을 지니는 모든 물질
- 세계보건기구에는 개인에만 한정되지 않고 사회에도 해를 끼치는 약물로 정의되어 있다.
- 중추신경흥분제, 중추신경억제제, 환각제로 구분된다.

2 | 약물의 오 · 남용

- 약물 오용: 처방에 따르지 않고 임의로 사용하거나 처방된 약을 제대로 또는 지시대로 사용하지 않는다.
- 약물 남용: 쾌락을 추구하기 위해 의학적 상식, 법규를 법어나 의도적으로 약물을 사용하는 거나 과잉 사용한다.
- 약물 의존: 지속적인 사용으로 정신적, 신체적 변화를 일으켜 사용자로 하여금 약물을 중단하거나 조절하는 것을 어렵게 하는 상태이다.
- 약물 중독: 사용에 대한 강박적 집착으로 인해 조절이 불가능하여 해로운 결과를 알면서도 강박적으로 사용하는 행위이다.

3 | 마약류의 중독 위험성

- 성장호르몬 분비 억제로 인한 성장 발달 지연이다.
- 기억력, 사고력, 판단력이 저하된다.
- 반사회적 행동으로 발전한다.

2. 유해물질의 위험성

1 | 담배의 성분에 따른 유해성

- 흡연자들은 비흡연자들에 비해 인지 능력이 현저하게 나쁘다.
- '조골세포'에 필요한 산소공급을 억제하여 골다공증을 유발한다.

2 | 청소년기 흡연의 위험성

- 청소년 성장 발육 저해
- 일산화탄소의 부족으로 기억력이 감퇴해 학습능력 및 운동능력이 저하된다.

3 | 청소년기 음주의 위험성

- 성장 호르몬을 억제하여 성장 장애를 초래한다.
- 뇌신경 세포의 마비로 감각과 운동화 및 기억력이 감퇴한다.

4 | 카페인의 위험성

- 어린이, 청소년의 카페인 하루 권장량은 체중 1kg당 2.5mg 이다.
- 권장량 초과 시 사고와 언어의 혼동, 부정맥, 격정, 흥분, 근육 연축 등의 증상이 나타난다.
- 학생들이 고카페인 음료의 위험성을 충분히 인지할 수 있게 해야 한다.

5 | 카페인 중독 예방법

- 성분 분석표를 통해 카페인 함유량을 살펴본다.

- 하루 제한량을 넘지 않게 조절하여 섭취한다.
- 취침 전 카페인 섭취를 삼가 한다.

3. 약물 중독의 예방과 치료

1 | 약물 중독 원인

- 또래 집단에서 친밀한 관계를 형성하지 못하여 약물을 통해 만족감을 찾으려고 한다.
- 현실세계의 긴장과 불안, 고통과 괴로움을 해소하거나 완화하기 위해서 복용한다.

2 | 청소년 약물 오남용의 예방

- 스트레스 해결하기
- 꿈과 목표 갖기
- 건전한 여가 선용
- 필요할 때 도움 청하기
- 감정을 표현할 수 있는 훈련
- 음주와 약물의 한계 알기
- 자원봉사활동 참여

3 | 약물 중독 예방 대책

- 지역 공동체 차원에서 청소년 단체활동을 장려하고, 사회적인 정책이나 법률을 정비한다.
- 가정에서는 자녀와 함께 하는 시간을 늘리고, 긍정적인 행동변화에 대해 사랑과 관심으로 대한다.
- 학교에서는 약물 예방 관련 학교 프로그램 및 교사 대상의 준전문가적

교육을 실시한다.

4. 사이버 중독의 예방과 치료

1 | 사이버 중독

- 사이버중독의 중독은 인터넷 자체가 갖는 매력도 매우 크지만 그 매력에 끌리는 학생들의 개인적 요인을 잘 살펴보는 것이 중요하다.

2 | 사이버 중독의 문제점

- 자아정체성을 찾아 가는 혼란의 시기인 청소년기이다.
- 입시위주의 교육환경과 부모의 무관심 속에서 제대로 된 관계형성을 하지 못하고 현실의 욕구를 사이버 공간에서 이루려 하다 보니 중독이라는 심각한 현상을 초래한다.
- 정작 학생들 자신은 사이버중독의 심각성과 위험성을 잘 모르고 있다.

3 | 사이버 중독에 대한 정확한 지식 전달 필요

- 사이버 중독에 대한 정확한 지식 전달을 통한 예방교육과 가정. 학교, 정부, 지역사회가 연계한 프로그램을 통해 사이버 중독 상태의 학생들을 치료, 상담한다.
- 현실세계에서 인간다운 삶을 아름다운 관계를 통해 살아 갈 수 있게 할 노력이 필요하다.

Chapter 11

직업 안전사고 예방

1. 직업안전의식

1 | 직업안전의식의 중요성

- 안전하고 건강하게 자신이 하는 일을 할 수 있다.
- 건강하고 행복한 가정을 유지할 수 있다.
- 사람들이 불편을 겪지 않고 편리한 생활을 할 수 있다.

2 | 안전문화운동의 효율적인 추진 방법

- 기존 조직문화와의 접목을 통해 조직문화의 변화를 유도한다.
- 정보의 공개와 확대의 방식으로 추진한다.
- 조직 구성원이나 프로그램 참여자의 자율성을 기본으로 해야 한다.

2. 산업재해의 이해와 예방

1 | 산업재해의 의미와 발생원인

- 의미: 안전과 대응되는 재해는 인위적인 사고나 천재지변에 의해 발생되는 인명과 재산의 손실이다.
- 원인: 직접원인(물적, 인적 요인), 간접원인(교육적, 관리적, 환경적 원인)

2 | 재해예방의 4가지 원칙

- 손실 우연의 법칙
- 원인계기의 원칙
- 예방가능의 원칙
- 대책선정의 원칙

3. 직업병

1 | 직업병의 종류

- 유기용제중독
- 중금속 중독
- 진폐증(pneumoconiosis)
- 소음성 난청
- VDT(Video Display Terminal, 단말기) 증후군
- 수근관 증후군
- 경견완증후근
- 감염성 질환
- 정신질환

2 | 직업병의 예방과 대책

- 작업장의 환경관리
- 의학적 건강관리
- 교육
- 보호구 착용

4. 직업안전의 예방과 관리

1 | 사업주의 의무 준수사항

- 국가 시행 산업재해 예방 시책 준수
- 산업재해 발생 보고
- 산업재해 기록, 보존
- 산업안전보건법령 요지 게시
- 안전보건표지 부착 의무
- 안전보건상 필요한 조치

2 | 근로자의 의무 준수사항

- 안전보건 교육 참여
- 근로자 건강진단
- 보호구 착용
- 위반 사실 신고

3 | 보호구의 종류

- 안전모, 안전대, 안전화, 눈 및 안면보호구, 방음보호구, 호흡용 보호구, 특수보호구

Chapter 12

학교 건축시설 관리

1. 학교 건축시설 관리의 중요성

1 | 건축물의 특성

- 건축물은 건축된 이후 철거 시까지 오랜 시간 사용되며, 시간이 지남에 따라 노후화가 이루어지게 되므로 아무리 잘 지어진 건축물이라도 유지관리가 제대로 이루어지지 않을 경우, 노후화가 더 빠르게 진행되어 시설 이용상의 불편함뿐만 아니라 안전에도 매우 심각한 위험이 될 수 있다.

2 | 학교건물의 안전상의 특성

- 한 번 지어지면 대부분 공간변화 없이 짧게는 수십 년에서 길게는 백 년 이상 사용한다.
- 어린이 및 청소년들이 사용하는 시설이다.
- 시설의 안전성 및 편의성 측면에서 다른 건축물보다 각별한 관리와 상태유지가 필요하다.

3 | 건축물 특성의 구분

- 건축요소: 건물의 뼈대가 되는 벽, 바닥, 기둥, 보 등 주요구조부와 계단, 출입구, 복도 등 공간을 구성하는 즉, 건축물의 공간을 구성하는데, 필요한 요소들이다.
- 설비요소: 건축요소들로 구성된 건물 내의 각공간에 필요한 기능들을 위

해 그 속에 설치되는 설비들로서 전기배선, 상하수도 배관, 각종 냉난방 설비, 통신설비, 소방설비 등 이다.

2. 학교 공간별 안전 및 유지관리 점검

1 | 실내(교실 등) 바닥 유지관리

- 원목바닥재
  - 가급적 마른 걸레 등을 이용하여 청소를 한다.
  - 물청소 시 가능한 빠른 시간 내에 청소하고 건조한다.
  - 거친 바닥재의 경우 샌딩 및 왁싱 등의 바닥관리가 필요 ➜ 나무결이 피부에 박히는 부상 등 발생이 가능하다.
- 카펫타일 바닥재
  - 긁힘에 약한 성질 ➜ 어진 부위 등이 없는지 확인 필요하다.
  - 물기가 있는 경우 매우 미끄러움 ➜ 청소 후 물기를 제거한다.

2 | 벽체

- 타일 및 석재(오염 시 세척이 용이)
  - 육안으로 탈락 부위 및 깨지거나 금이 간 부분 등을 확인한다.
  - 석재부위나 타일부위를 두드려보아 벽체와의 이격이나 고정상태가 문제가 없는지 확인한다.
- 도색마감(오염 시 세척 어려움)
  - 학생들의 키높이 정도까지는 때가 잘 타지 않는 색상(짙은 색 또는 무채색 계열)로 구성한다.
  - 벽체에 균열이 있는지 여부를 확인한다.
  - 단순한 마감시멘트의 균열인 경우와 구조적 문제로 인한 균열로 구분되므로 자세한 확인이 필요하다.

3 | 계단

- 손잡이 및 난간의 파손 여부 및 흔들리거나 헐거워진 부분이 있는지 확인한다.
- 계단난간이나 손잡이 등을 구성하는 결속품 등의 결속상태를 확인한다.
- 비상시 건물 내의 인원이 동시에 피난할 때 이용해야 하는 시설이므로 별도의 가구나 집기를 계단 주변에 두지 않도록 한다.

4 | 체육관

- 적설관리
  - 누수, 지붕 마감재의 탈락 등에 대한 점검한다.
  - 적설(눈 쌓임)에 의한 지붕 붕괴 등에 대비한 점검이 필요하고 누수방지를 한다.
  - 상부도장(방수도장) 등의 벗겨짐이나 변색 부위가 있는지 여부 확인, 보수를 한다.

5 | 옥상

- 배수상태
  - 옥상바닥면 또는 물홈통 주변의 이물질이 없도록 관리한다.
  - 배수관의 고정상태 상시 확인한다.
- 방수상태
  - 옥상 바닥의 방수페인트 등의 시공상태를 확인한다.
  - 갈라지거나 방수도포 자체가 일부 탈락하는 부분을 보수 조치한다.
  - 옥상 직하층의 천장부분에 누수흔적 여부를 확인한다.

6 | 벽돌담 및 블록담장

- 토압 상승 시 균열이나 전도될 위험이 있다.
- 담장면 및 담장 주변의 상태를 점검 및 확인한다.
- 동절기 및 해빙기에 지반 이완에 따른 붕괴, 담장 주변 공사에 의한 진동이나 하부지반 이완 등에 의한 붕괴의 위험이 있다.

7 | 석축 및 옹벽

- 석축이나 옹벽의 균열 또는 일부 부분의 탈락 및 손상부위를 확인한다.
- 낙엽이나 토사 등으로 인한 배수구, 배수로 막힘을 관리한다.

8 | 방화구역

- 학교건물의 경우 설치대상이 아니다.
- 안전상 계단실이나 복도 등에 방화구획을 적용한 곳에서는 이에 대한 유지관리 필요하다.

3. 학교시설 안전관리 기준에 의한 시설점검

1 | 학교안전 사고예방 및 보상에 관한 법률 시행령

- 제7조(학교시설안전관리기준) ①교육과학기술부장관은 학교시설의 안전관리에 필요한 학교시설안전관리기준을 작성하여 이를 교육감 및 학교장등에게 통보하여야 한다. <개정 2008.2.29>
- ②교육감 및 학교장등은 제1항의 규정에 따라 학교시설안전관리기준을 통보받은 경우에는 소관 학교시설 등을 설치·유지 또는 관리하는데 있어 이를 준수하여야 하며, 학교장은 학교시설안전관리기준에 따른 점검결과를 연 1회 이상 교육감에게 보고하여야 한다.
- ③제1항의 학교안전관리기준에 관한 구체적인 사항 및 제2항의 규정에 따른 점검결과의 보고에 관하여는 대통령령으로 정한다.
- 제10조(학교시설안전관리기준) ①법 제7조제1항에 따른 학교시설안전관리기준은 별표 1과 같다.
- ②학교장은 제1항의 학교시설안전관리기준에 따른 점검 결과를 점검 후 2개월 이내에 교육감에게 보고하여야 한다.

2 | 학교시설 안전관리기준 내용

- 건축물: 등하교길 보차도분리, 교실바닥, 교실벽, 문, 창호, 특별교실, 복도, 계단 등 이다.
- 전기시설: 수변전설비, 분전반, 전기배선, 조명설비, 전열설비이다.
- 설비시설: 냉난방설비, 환기시설, 급배수설비 등 이다.
- 소방시설: 자동 화재탐지 설비, 옥내소화전설비, 피난설비이다.
- 가스시설: 저장시설, 배관이다.
- 실험실습시설: 실험실습설비 및 비품, 약품보관설비이다.

3 | 안전점검의 종류

점검 명칭	점검 대상	점검 시기	점검 주체
시설물 정기 안전점검	시설물 전체	매월 1회 년 3회	해당 학교 지역교육지원청
재난위험시설 점검	D급, E급 (지정시설에 한함)	주1회	지역교육지원청 주1회 해당학교 주1회
취약시기별 재해취약시설 점검	지정취약시기 (해빙기, 여름철, 겨울철)	주1회	관리책임자 지정(3명) (교육지원청 시설부서장, 해당시설 담당자, 해당학교 관리자)
전기 안전점검	전기시설	매월 1회	전기안전협회
소방시설 점검	소방시설	매월 1회	관할소방서 & 전문기관
가스점검	가스시설	반기별 1회	관할 도시가스 공급사
		연 1회 정기검사	한국가스안전공사
승강기 점검	승강기, 덤웨이터	매월 1회	학교 자체 & 위탁
		연1회 정기검사	한국승강기협회

Chapter 13

학교내 가스안전, 전기안전 소방안전

- 학교 내 가스안전은 가스사용 시 안전수칙 및 가스 배관 및 저장시설의 안전관리를 통해 이루어져야 한다.
- 학교 내 전기안전은 노후화된 배선 등의 교체가 시급하며, 각 학급 및 교실에서의 콘센트 및 전기기기의 용량 및 사용법, 안전수칙을 준수해 사용해야 한다.
- 소방시설은 비상시 사용해야 하는 설비이므로 평상시 그 작동 및 유지 관리가 매우 중요하다. 전문업체를 통해 관리될 수 있도록 하며, 화재 발생 시 학생들의 안전한 대피가 진행되도록 하고, 대응 및 진압이 이루어져야 한다. 평상시 화재진압훈련 및 교육 등의 준비가 잘 이루어져야 한다.

Chapter 14

학교 재난관리자로서의 역할과 책임

1. 재난관리자의 중요성

1 | 재난관리 정의

- 재난을 예방, 대비하여 신속하고 효과적인 대응 및 복구가 가능하게 하는 일련의 과정이다.
- 학교 내에서도 재난관리 및 재난관리자의 역할이 필요하다.

2. 재난관리의 이해

1 | 재난의 구분

- 자연재난: 자연재해로 인해 피해가 발생하는 경우이다.
- 사회재난: 전염병(메르스 등), 통신장애, 테러 등 국가적으로나 사회적으로 파급효과 및 피해가 커 재난측면에서 접근 및 대응을 해야 하는 상황이다.

2 | 재난관리

- 예방단계: 상되는 위험성을 줄이거나 제거하기 위해 장기적 관점에서 취

해지는 모든 활동이다.

- 대비단계: 비상시 효과적인 대응을 용이하게 하기 위한 사전 준비 활동이다.
- 대응단계: 재난발생 직전, 직후의 직접적 재난대응 활동이다.
- 복구단계: 재난발생 이전의 정상상태로의 복구를 위해 취해지는 활동이다.

3. 학교 재난관리자의 역할과 행동요령

1 | 학교에서의 재난관리

- 예상되는 위험에 대한 예방대비조치가 중요하며, 대응단계에서는 학생들의 안전확보를 최우선으로 하여 대응해야한다.

2 | 현장의 실무적 재난관리자인 교사

- 학생들의 대피 및 재난현장 확인, 대피 후 부상자 파악 및 조치 등을 중심역할로 인식해야 한다.

3 | 조류대발생(algal bloom)

- 하천, 호수, 바다 등에 조류가 매우 과다하게 번식하는 것으로 이 현상이 일어나면 보통 적조 또는 녹조 현상을 일으킨다. 수계에 질소와 인과 같은 영양염류가 풍부해야 하며, 물이 정체되어 있어 햇빛에 의해 표면의 수온이 증가할 때 조류이상이 발생한다. 보통 우리나라에서는 봄부터 가을철에 주로 발생한다.

4 | 외상성 스트레스

- 외상성 스트레스 또는 외상 후 스트레스 장애(또는 PTSD, Post-traumatic Stress Disorder) 란 생명을 위협할 정도의 극심한 스트레스(정신적 외상)를 경험하고 나서 발생하는 심리적 반응이다. '정신적 외상'이란 충격

적이거나 두려운 사건을 당하거나 목격하는 것을 말한다. 외상 후 스트레스 장애 환자는 그런 외상이 지나갔음에 불구하고 계속해서 그 당시의 충격적인 기억이 떠오르고 그 외상을 떠오르게 하는 활동이나 장소를 피하게 되며, 앞으로 닥칠 일에 대한 통제력을 상실하거나 상실할 것 같은 공포감을 느낄 수도 있다. 교사는 피해학생들의 상실감 및 외상성 스트레스를 완화해주기 위하여 피해학생들의 이야기를 들어주면서 위로하는 등 도움을 주도록 한다.

Chapter 15

응급처치의 기본과 실제

1. 응급처치

❶ 상황에서의 역할을 분담해 두어야 한다.

❷ 응급상황이나 안전사고 발생 시 도움을 구할 수 있는 곳의 전화번호를 쉽게 찾을 수 있도록 준비한다.

❸ 응급상황에서나 안전사고 발생 시 교사가 취할 수 있는 응급처치법을 알아두고 손쉽게 참고할 수 있는 응급처치 매뉴얼을 쉽게 꺼낼 수 있는 곳에 비치한다.

❹ 응급상황이나 안전사고 발생 시 사용할 수 있는 상비의약품과 기구를 준비한다.

❺ 치료 시 알아두어야 할 학생에 대한 개인 정보를 미리 수집하여 기록·보관해 두고 응급상황의 대처과정에 필요한 부모의 동의를 미리 받아두고 필요한 정보를 준비한다.

2. 응급 상황 시 대처방법

❶ 즉시 행동하고 침착한 상태를 유지한다.

❷ 다친 학생을 함부로 움직이지 말고, 신속하게 상황을 판단하여 움직이도록 한다.

❸ 응급처치를 할 수 있다면 도움을 받을 수 있을 때까지 사전에 계획한 응급조치 절차 계획에 따라 신속하게 행동한다.

❹ 간단하게 처치할 수 없는 경우라면 섣불리 접근하기 보다는, 119에 연락하여 상황을 명확하게 전달하고 도움을 준다.

❺ 전화를 할 때에는 중요한 정보에 대하여 천천히 그리고 명료하게 설명한다.

❻ 응급처치법을 모른다면, 응급상황을 다룰 수 있는 사람이 올 때까지 그 자리에 머무른다.

❼ 응급처치 할 사람이 오면 상황을 설명하고, 상황을 평가한다.

❽ 상해 학생의 부모에게 연락하고 응급처치 절차에 대한 부모의 동의를 받는다.

❾ 부모가 도착할 때까지 교사는 학생과 함께 있도록 한다.

❿ 24시간 내에 사고발생 관련 보고서를 작성, 사본 1부를 부모에게 준다.

3. 심폐소생술과 질식 시 응급처치

1 | 심폐소생술

- 의식확인
- 가슴압박
- 인공호흡

2 | 질식 시의 응급처치

- 먼저 무언가가 기도를 막은 것 같으냐고 물어보고 나서, 뒤쪽에서 양 겨드랑이 사이로 팔을 넣어 배를 감싼다.
- 배꼽과 명치 사이에 주먹을 대고 다른 손으로 주먹을 감싸 쥔다.
- 위쪽으로 5-10회 압력을 가하여 밀쳐 올린다.
- 기도를 막았던 이물질이 빠져 나왔는지 확인한다.
- 이물질이 제거되지 않았으면 의식을 잃을 때까지 계속 실시한다.

Part 01

연습문제

1. 안전의 기본에 대하여 서술하시오.

2. 국가재난안전시스템에 대하여 서술하시오.

3. 교통안전지도로서 안전하게 보행하는 개념, 특성, 안전수칙에 대하여 서술하시오.

4. 자동차의 특성 및 안전행동에 대하여 서술하시오.

5. 화재의 유형과 예방방법에 대하여 서술하시오.

6. 학교시설안전에 대하여 서술하시오.

7. 학교폭력에 대하여 서술하시오.

8. 성폭력예방 및 대처에 대하여 설명하시오.

9. 약물 오·남용에 대하여 설명하시오.

10. 직업안전의식에 대하여 설명하시오.

11. 재난관리자의 중요성에 대하여 설명하시오.

2장

교사와 학생을 위한 안전 교육

Chapter 01

물놀이, 알아야만 산다!

1. 바다에 존재하는 위험요소들

1 | 독성 해파리에 쏘였을 때 처치 방법

- 온도가 미지근한 바닷물을 부어서 씻는다.
- 식초를 부어주면 식초의 산성이 독성을 약화시켜 통증을 완화한다.
- 베이킹파우더를 물에 개어 상처에 바르면 독을 흡수하기 때문에 효과적이다.

2 | 바다로 피서를 떠날 때 기억해야할 3가지 필수 안전 상식

- 파도에 밀려온다면 물속으로 들어가 전신의 힘을 빼고 바닷물의 흐름에 몸을 맡긴다.
- 뜨거운 햇빛으로 팽창할 가능성 있어 공기가 덜 채워진 튜브(70%)가 안전하다.
- 깊은 바다에 고립되었을 때에는 물살에 몸을 맡긴 채 온몸에 힘을 빼고 눕는다.

2. 물에 빠진 사람을 구할 수 있는 물건

1 | 돗자리! (돌돌 말아서 던져주면 놀라운 부력으로 도움)

2 | 1.5리터 페트병 (3분의 1을 물을 채워서 던져주면 목표지점 던지기 용이) 또는 페트병을 3개 이상 페트병을 줄로 묶어 던져준다.

3 | 뜯지 않은 대형 과자 봉지

4 | 스티로폼 재질 슬리퍼

5 | 4.2리터 이상의 아이스 박스

6 | 캠핑용 침낭

3. 수영을 못해도 살아남는 방법

1 | 호수, 계속 등 잔잔한 물에 빠졌을 경우

- 몸을 웅크리고 새우등 뜨기로 하면 된다. (머리를 넣고 팔다리를 늘어뜨린다)

2 | 바다에 빠졌을 경우

- 온몸의 힘을 빼고 누워있는 자세이다. (지속적 호흡 가능)

Chapter 02

위기의 순간! 감전사고 대처방법

1. 가정 내 감전사고 예방법

가정 내 감전 사고 예방법

❶ 아이들이 콘센트나 멀티탭에 젓가락 같은 쇠붙이를 절대 넣지 못하게 한다.

❷ 콘센트에 안전 커버를 사용한다.

❸ 감전 위험이 있는 전자제품은 아이 손이 닿지 않는 곳에 보관한다.

❹ 정수기 등의 전기 배선이 바닥에 놓여 있다면 감전에 유의한다.

❺ 컴퓨터, 모니터, 텔레비전 등의 브라운관이 있는 전자제품 뒤쪽 덮개는 절대 열지 말아야 한다.

❻ 하나의 콘센트에 전열기 2개 이상은 절대 사용하지 말아야 한다.

❼ 전선의 피복이 벗겨졌다면 최대한 사용하지 말아야 한다.

❾ 누전차단기는 테스트 버튼을 눌러 꼭 확인해야 한다.

감전시 구조법

❶ 맨손 혹은 물에 젖은 물건으로 구조하지 말아야 한다.

❷ 금속제인 골프채, 알루미늄 돗자리 등은 절대 사용하지 말아야 한다.

❸ 반드시 물기가 없는 플라스틱, 나무 재질의 물건 또는 천 등을 이용해 구조한다.

❹ 의식과 맥박이 없다면 구급대원이 올 때까지 심폐소생술을 실시한다.

2. 가정 내 감전사고 구조법

가정 내 감전 사고 예방법

❶ 1단계 : 감전 요인으로부터 아이를 재빠르게 분리한다.

❷ 2단계 : 119에 연락한 다음 심폐 소생술 실시한다.

3. 감전 당한 사람을 살리는 방법

가정 내 감전사고 예방법

❶ 전원을 차단한다.

❷ 감전요인으로부터 감전된 사람을 떼어낸다.

❸ 인공호흡을 실시한다.

Chapter 03

엘리베이터 / 에스컬레이터 / 완강기

1. 엘리베이터 안전사고

1 | 엘리베이터 사고 시 안전한 자세

- 엘리베이터 급정지시 빨리 코너로 가서 안전바를 잡아야 한다. (벽에 몸을 바싹 붙이면 그 충격이 고스란히 전달되므로 벽에서 5~10cm 정도 거리를 두는 것이 안전)
- 서 있지 말고, 자세를 낮춰 앉아 있어야 한다. (바닥을 통해 충격이 전해질 수 있으니 절대 엉덩이를 붙이지 말고 쯔그려 앉을 것)
- 양팔을 벌려 안전바를 잡고 있어야 한다.

2 | 올바른 엘리베이터 탑승법

- 같은 버튼을 여러 번 반복해 누르거나 엘리베이터 내부에서 뛰는 행동을 하지 말아야 한다.
- 엘리베이터 문이 닫히는 경우 여유를 가지고 다음 차례를 기다린다.
- 엘리베이터가 멈추면 인터폰을 통해 경비실에 사고를 알리고 119에 전화해 구조를 요청해야 한다.
- 엘리베이터 위치를 모를 때는 숫자버튼 위에 있는 고유 번호를 통해 119상황실에 침착하게 구조요청을 해야 한다.

• 추락 사고를 대비하여 코너 쪽에 자세를 낮추고 앉아 양손으로 안전바를 잡고 차분히 구조대를 기다려야 한다.

2. 에스컬레이터 안전사고

에스컬레이터 안전수칙

❶ 에스컬레이터 위에서는 오로지 에스컬레이터에만 집중한다.
  • 핸드레일을 잡지 않거나 주의를 기울이지 않으면 사고의 위험

❷ 시선을 정면을 향하고 질서정연하게 이용한다.

❸ 올라타기 전 운동화 끈이 풀렸는지 확인한다.

❹ 디딤판의 노란선 안에 위치하고, 아동과 동반 시 아이의 손을 놓지 않는다.

3. 완강기 사용법

❶ 금속후크를 벽의 지지대 고리에 건다.

❷ 후크에 속도조절기를 건다.

❸ 후크 나사를 단단히 조인다.

❹ 지상에 사람이 없는 지 확인 후, 릴을 하강지점으로 던진다.

❺ 벨트를 반드시 가슴에 맞게 조인 후 겨드랑이 밑에 끼운다.

❻ 하강 지점을 확인한 후 벽을 보고 뒤돌아 내려가는데, 벽에 부딪히지 않도록 손으로 벽을 밀면서 천천히 하강한다.

Chapter 04

등산, 산에 존재하는 위험요소들

1. 산에 존재하는 위험요소들

여름 산에서 조난 시 체온 유지를 위한 자세

❶ 몸을 최대한 웅크리고 무릎을 세우고 손을 겨드랑이 아래에 넣는다.

❷ 바람을 막아줄 큰 나무, 큰 바위 아래 자리를 잡는다.

❸ 마른 낙엽을 모아 들어가야 한다.

계곡에서의 위험요소와 예방법

❶ 계곡물에 너무 오래 있지 말아야 한다. (저체온증 위험)

❷ 수영을 못하는 사람이 계곡에 빠졌을 때는 새우등 뜨기 자세를 해야 한다. (물속에 머리를 넣고 팔다리를 늘어드림)

❸ 다이빙은 절대 하지 말아야 한다.

❹ 계곡에서의 긴 머리는 위험하니 수영모자를 착용해야 한다.

2. 산에서 길을 잃었을 때 살아남는 방법

❶ 휴대폰으로 조난 신고를 할 때 자신의 위치를 설명할 수 있는 방법은 산에 있는 전신주를 찾아야 한다. (각각의 고유번호가 있어 위치 확인 가능)

❷ 한낮에 길을 잃었을 때는 되돌아가야 한다. (나무를 꺾거나 색종이 등으로 위치를 표시하는 것도 좋은 방법)

❸ 조난 시 안전하게 불을 피워서 구조요청을 한다.

❹ 밤에 길을 잃었을 때는 그 자리에서 멈춰 기다려야 한다.

3. 등산 시 조난대처법

❶ 등산로를 가급적 이탈하지 말아야 한다. (등산로 위치 표지판 꼭 확인)

❷ 산림청의 '숲에 온 등산로 안내' 어플을 이용한다.

❸ 해지기 1~2시간 전에 하산해야 한다.

❹ 조난 대비용 물품을 챙긴다. (랜턴, 고열량 비상 식량, 물, 비상의약품, 여분의 옷, 면보다는 기능성 등산복 착용)

❺ 433법칙을 지켜야 한다. (등산 시 40%, 하산 시 30%, 만약을 대비해 30% 힘을 비축)

Chapter 05

야외 캠핑 시 유의사항

1. 캠핑장벌 쏘임

❶ 벌은 500m 밖에서도 과일 향을 맡을 수 있으니 야외에서 주스 병은 꼭 닫는다.

❷ 손톱으로 무리하게 박힌 벌침을 뽑으면 더 깊게 박힐 수 있으니 주의한다.

❸ 벌에 쏘였을 경우, 신용카드를 이용해 벌침을 제거하고 얼음으로 찜질한다.

❹ 만약, 벌집을 건드렸을 경우 납작 엎드린 채 움직이지 않는다.

2. 알루미늄 중독

❶ 알루미늄 포일로 음식을 조리하는 것은 금물이다.

❷ 낡은 조리도구는 과감히 폐기한다.

❸ 사용 전 새 냄비는 꼭 물을 붓고 끓인 후 사용한다. (냄비 표면의 피막 견고해짐)

❹ 금속제 뒤집개 대신 나무나 실리콘 뒤집개를 사용한다.

3. 질식의 위험

❶ 질식사를 막을 수 있는 유일한 방법은 환기한다.

❷ 화로나 가스 난방기는 텐트와 멀리 떨어져 사용한다.

❸ 잠을 자기 전 환기시키고, 통풍구를 열어 둔다.

❹ 가스나 휘발유를 사용하는 난방용품은 피하는 것이 안전하다.

❺ 바닥에 시트를 여러 겹 깔아서 냉기를 차단한다.

❻ 따뜻한 물주머니를 사용해 체온을 유지한다.

❼ 건전지 랜턴을 사용한다.

❽ 침낭 사용 시 애벌레 침낭을 사용한다. (침낭 안에서 양말을 꼭 벗을 것 - 저체온증 예방)

Chapter 06

행복한 가정을 위한 안전사고 예방

1. 전자레인지에 넣으면 위험한 음식물

❶ 액체를 가열했을 때는 전자레인지를 멈추고 20초~30초 뒤에 컵을 꺼낸다.

❷ 컵에 물과 함께 커피가루나 티백을 미리 넣고 가열한다.

❸ 밤처럼 단단한 껍데기가 있는 음식을 미리 칼집을 낸 뒤 가열한다.

❹ 금선, 은선 장식 테두리가 있는 용기는 넣지 않는다.

❺ 만약 전자레인지 내부에 불이 붙었을 경우 문을 바로 열지 말고 정지 버튼을 누른 뒤 코드를 뽑는다.

2. 가정 내 분리수거 사고

❶ 항상 쓰레기봉투에 위험물을 확인하는 습관을 가진다.

❷ 이미 버려진 쓰레기봉투는 함부로 다루지 말아야 한다.

❸ 위험이 있는 물건을 따로 분리해 분리수거함에 버린다.

❹ 깨진 유리는 신문지 또는 헝겊으로 싸서 잘게 깨서 버린다.

❺ 부탄가스통, 라이터 등은 가스를 모두 빼고 구멍을 낸 후 분리수거한다.

3. 고층건물 물건 투척의 위험성

❶ 자녀들에게 작고 가벼운 물건이라도 높은 곳에서 떨어뜨리지 않도록 평소 주의시킨다.

❷ 피우던 담배를 고층 건물 밖으로 버리는 행위를 하지 말아야 한다.

❸ 베란다, 복도 등 물건이 떨어지기 쉬운 장소에 화분이나 물건을 올려놓지 말아야 한다.

❹ 고층에서는 아무리 작은 동전, 열쇠도 아래 사람에게 던져주지 말고 직접 전달한다.

Chapter 07

학교 안전가이드

1. 운동장에서 일어날 수 있는 사고

계단사고 예방법

❶ 난간과 미끄럼 방지턱을 설치, 수시로 점검해야 한다.

❷ 철저한 질서교육을 해야 한다.

놀이기구 사고 예방법

❶ 정기적인 안전점검은 필수이다.

❷ 30cm이상 모래를 깔아 충격을 흡수하도록 한다.

아동성범죄 예방법

❶ 상황별 대처법을 반복하여 철저하게 교육해야 한다.

2. 학교 내 미끄러짐 사고

❶ 미끄러운 재질의 바닥이 있는 곳에서는 슬리퍼보다 실내화를 신는 것이 안전하다.

❷ 만약 슬리퍼를 신을 경우 발등 전체를 감싸고 발목의 흔들림을 최대한 줄여주며 바닥에 쿠션감이 있는 슬리퍼를 선택한다.

❸ 바닥이 마모된 낡은 슬리퍼는 적당한 간격으로 교체한다.

❹ 슬리퍼를 신고 심한 장난을 치거나 뛰지 않도록 하고, 특히 바닥에 물기가 많은 화장실에서 넘어지지 않도록 주의함 , 운동화나 구두를 꺾어 신지 않는다.

3. 학교 내 유리창 깨짐 사고

❶ 유리창이나 유리문 주변에서 아이들의 과도한 활동을 금지할 한다.

❷ 유리창에 기댈 경우 파손 될 수 있으므로 기대지 말아야 한다.

❸ 일반 판유리 대신 강도가 3~5배 강한 강화유리를 사용한다.

❹ 파손 시 유리 파편이 튀지 않는 접합 유리를 설치한다.

❺ 얇은 판유리에 안전필름을 붙여 파손 시 위험을 줄인다.

❻ 유리가 깨진 경우 가까이 있지 말고 창틀에 있는 유리조각을 만지지 말 아야 한다.

Chapter 08

보행자들의 교통사고 위험 노출

1. 횡단보도 보행자 예측 출발 사고

횡단보도 안전하게 걷는 법

❶ 횡단보도 앞에서 우선 멈춘다.

❷ 녹색신호가 되면 마음속으로 셋을 센 후 차량의 좌, 우를 확인하고 건넌다.

❸ 사고 위험을 줄이기 위해 우측통행한다.

❹ 어린 자녀와 건널 때는 아이의 손목을 잡고 같이 건넌다.

2. 횡단보도 노약자 사고

노약자 횡단보도 안전하게 걷는 법

❶ 횡단보도 앞에서 우선 멈춘다.

❷ 셋을 세며 좌우 살펴본다.

- 나에 왼쪽, 둘에 오른쪽에서 차가 오는지 살피고, 셋에 전방을 확인한 후 건넌다.

❸ 횡단 중에도 좌우측의 자동차에 주의한다.

❹ 차가 진입하지 않는 우측 통행을 한다.

❺ 안전을 위하여 실버존을 이용한다.

3. 보행자의 천국, 영국

1 | 로드마킹기법

- 차선을 직선이 아닌 사선으로 표시해 도로가 점점 줄어지는 것처럼 착시 효과를 준다. (차선을 따라가다 보면 자연스레 속도를 줄이게 됨)

2 | 초커도로

- 도로 양 끝에 화단을 만들어 도로 폭을 줄여 놓는다. (화단 때문에 운전자에게 심리적 압박으로 속도를 줄이게 됨)

3 | S자 도로

- S자 모양 차선이다. (속도를 줄이게 되고 운전자의 시야를 확보함)

4 | 지브라 도로

- 지그재그 모양 차선이다. (횡단보도 양방향 15m거리에 표시되는데, 예고 표시이자 주정차 금지 의미임, 영국에서 가장 먼저 시행하여 현재는 여러 나라에서 시행되고 있음)

5 | 노란 신호등

- 보행자 우선 신호등으로 보행자가 한발이라도 건너면 노란 불이 켜지면서 차량은 멈추게 하는 것 이다. (이를 위반하거나 사람을 치였을 때는 벌금 5000파운드이다.)

6 | 보행섬 설치

- 횡단보도 중앙에 노약자나 장애인 등 보행이 어려운 사람이 두 번에 걸쳐 보행하도록 만든 횡단보도이다.

7 | 누름식 횡단보도

- 차량이 적은 횡단보도에서 버튼을 누르면 신호가 바뀌어 건널 수 있도록 만든 횡단보도이다.

8 | 학교 앞, 제한속도 표지판을 설치하여 자기 속도 표시장치로 속도가 30KM 이하이면 웃는 얼굴, 그 이상이면 우는 얼굴이 표시되도록 하는 것이다. (빨간 두 줄 차선은 절대 주 정차 금지구역이다.)

Chapter 09

자전거, 알고 타야 안전합니다

1. 자전거 교통사고의 위험성

자전거 교통사고 예방법

❶ 자동차 전용도로는 절대 진입을 금지한다.

❷ 보조장비를 착용한다.

❸ 자전거 전용도로를 이용한다.

❹ 이어폰 및 휴대전화 사용을 금지한다.

❺ 음주운행은 절대 금지한다.

2. 자전거 사고

❶ 헬멧과 무릎, 팔꿈치 보호대등의 보호 장구를 착용한다.

❷ 자전거 타기 전 ABC를 체크한다. (A: 타이어 공기 주입 상태 점검 B: 앞, 뒤 브레이크 작동확인 C: 페달과 체인 점검)

❸ 이어폰 휴대전화 사용을 금지한다.

❹ 자동차 전용도로의 사용을 금지한다.

❺ 일반도로에서는 우측차선을 이용한다.

❻ 자전거 사전 점검은 필수이다.

3. 독일의 자전거 안전의식과 시스템

자전거 타기 10계명

❶ 당신은 차량운전 중임을 명심하라

❷ 잘 보고 잘 보이도록 하라

❸ 자전거 도로에서 더 긴장하라

❹ 인도에 진입하지 마라

❺ 필요한 공간을 확보하라

❻ 자전거 전용도로가 큰 도로보다 위험하다

❼ 예측가능하게 하라

❽ 겉으론 명확하게 속으로 안전하게 하라

❾ 도로에서 자신감을 가져라

❿ 자전거 상태들을 체크하라

Chapter 10

반드시 알아야 할 오토바이 안전교육

1. 고등학생 오토바이 사고

❶ 만 16세 이상이면 면허취득이 가능하다.

❷ 헬멧 착용은 필수이고 턱 끈을 반드시 맨다. (짧은 거리에도 착용 필수)

❸ 안전한 탑승인원은 1명이고 최대 2인 이하만 탑승한다. (적정 탑승 인원 초과 금지)

❹ 무면허 절대금물

❺ 복장불량은 금물이다. (헬멧, 무릎보호대, 장갑 안전장비 착용)

❻ 교통 법규를 지킨다.

2. 헬멧 재사용의 위험성

❶ 머리에 잘 맞는 헬멧을 사용한다.

❷ 품질검사를 통과한 규격헬멧을 고른다.

❸ 턱걸이 끈은 헐렁하지 않게 바르게 조여 맨다.

❹ 한 번이라도 큰 충격을 받은 헬멧은 겉모양에 큰 손상이 없더라도 사

용을 금지한다.

❺ 충격을 받지 않은 헬멧이라도 시간이 지나면 노후 될 수 있으니 최소 5년에 한 번은 바꾼다.

❻ 사용 이력을 알 수 없는 중고 헬멧은 사용을 금지한다.

3. 오토바이 안전수칙

❶ 헬멧 착용은 기본 턱 끈을 매는 것이 필수이다.

❷ 짧은 거리를 가더라도 헬멧, 무릎보호대, 장갑 등을 착용한다.

❸ 가장 안전한 탑승 인원은 1인, 최대 탑승 인원은 2인이다.

❹ 한손으로 물건이나 짐을 든 채 운전하는 것 금물 짐을 잘 고정시키고 반드시 두 손으로 운전한다.

❺ 경각심을 갖고, 바쁘더라도 안전을 위해 교통법규를 준수한다.

Chapter 11

자동차 사고 시 살아남는 법칙

1. 자동차 사고 시 살아남는 법칙

빙판 도로길 미끄러짐 사고 예방법

❶ 겨울철에는 되도록 대중교통을 이용한다.

❷ 고가도로, 교량, 입체 교차로는 일반 도로보다 노면 온도가 5°C가량 낮아 결빙현상이 있어 서행이 필수이다.

❸ 눈, 빙판 도로에서는 급제동, 급가속, 급한 핸들 조작을 절대 금지한다.

❹ 빙판도로에서는 브레이크는 2~3번 정도 나눠 밟는다.

❺ 스노체인 사용법을 꼼꼼히 확인하고 사용한다.

❻ 제설 작업이 완료된 도로도 주의한다.

❼ 타이어 마모 상태, 와이퍼, 부동액 등 차량을 점검한다.

2. 자동차 사각지대의 위험성

사각지대로 인한 자동차 사고 예방법

❶ 차에서 내려 직접 주변을 살펴보는 습관을 들인다.

❷ 시야를 방해하는 실내장식, 짙은 선팅, 트렁크 문을 못 닫을 정도의 짐을 쌓지 않는다.

❸ 감지센서가 있어도 차량 1m 안의 사물만 감지하므로 방심하지 말아야 한다.

❹ 후방 카메라를 설치해 사각지대를 최소화 한다.

❺ 아이에게 차량 주변에서 놀거나 다가서는 것은 위험하다는 내용을 반복 교육한다.

❻ 차 밑의 공을 꺼내거나 차 주변에 서있는 행동을 절대 하지 말아야 한다.

2. 냄새로 구별하는 자동차 이상증상

❶ 자동차 운전 중 갑자기 달콤한 냄새가 난다면?

- 부동액 유입으로 인한 엔진과열, 갑작스런 작동이상으로 차가 멈출 수 있다.

❷ 자동차에서 고무 타는 냄새가 난다면?

- 팬 밸트 이상, 냉각 순환 계통 마비되어 차량 화재 위험, 파워핸들이 작동되지 않아 충돌사고의 위험이 있다

❸ 자동차에서 가죽 타는 냄새가 난다면?

- 제동장치(브레이크 라이닝) 이상으로 제동장치가 작동되지 않아 충돌 사고의 위험이 있다.

❹ 자동차에서 식초 냄새가 난다면?

- 배터리 이상

❺ 오래된 자동차에서 플라스틱 타는 냄새가 난다면?

- 전기배선 이상

❻ 자동차 안에서 기름 타는 냄새가 난다면?

- 엔진주변에 오일이 떨어져 타는 냄새

Chapter 12

지하철 사고 시 대처 방법

1. 지하철 출입문 이물질 사고

전동차 끼임 사고 예방법

❶ 장난으로 전동차 출입문에 이물질 끼우지 말아야 한다.

❷ 닫히려는 문사이로 우산, 가방, 손, 발등을 넣지 말아야 한다.

❸ 출입문이 닫힐 때에는 노란선 바깥쪽으로 물러나 있어야 한다.

❹ 3~4분 간격으로 배차되므로 여유 있게 생각하는 자세를 가져야 한다.

❺ 지하철 문 사이에 옷이나 가방이 끼었을 경우에는 전동차 앞뒤로 배치된 인터폰으로 기관사에게 즉시 연락해야 한다.

❻ 기관사 역시 출발 전 한 번 더 확인해야 한다.

2. 지하철 이용시 금지 물건

❶ 전차선등의 접촉으로 안전사고 및 열차운행에 지장을 줄 우려가 있는 물건들 이다.

❷ 헬륨풍선류이다. (예: 인화물질, 위험물, 알루미늄 잠자리채 및 낚시대, 알루미늄 풍선)

3. 지하철 화재 발생 시 대처 방법

❶ 객실 내 소화기를 이용해 불길을 잡는다. (객실 내 소화기는 양쪽 노약자 보호석 하단에 두 개씩 비치)

❷ 소화기 이용법

- 고정밴드를 제거한다.
- 소화기 안전핀을 뽑는다.
- 호스를 불꽃방향으로 향한 후레버를 눌러 분사한다.

Chapter 13

버스 안전수칙

1. 시내버스 끼임 사고

❶ 승객

- 닫히는 문틈에 손이나 발을 절대 넣지 말아야 한다. (문이 닫히기 직전 손이나 발을 넣었다 그대로 끌려갈 수 있음)
- 교통 카드는 내리기 한두 정거장 전에 미리 찍어두어야 한다.

❷ 버스 운송 회사 (운전자)

- 운전자는 승객이 모두 안전하게 승·하차 했는지 확인 뒤에 출발한다.
- 3일에 한 번씩 뒷문 안전 센서를 점검한다.

2. 버스 안전사고

버스 승차 시 안전수칙

❶ 버스 안에서는 무조건 안전손잡이를 잡는다.

❷ 자신의 위치에서 최대한 가까운 위치의 벨을 누르고 버스가 멈추는 순간까지, 움직이지 말고 기다린다.

❸ 버스기사는 승객들이 의자에 앉거나 안전손잡이를 잡았는지 확인 후 출발, 문 앞에 승객이 없더라도 버스를 세운 후, 잠시 기다리면서 내

리는 승객이 없는지 확인 후 출발한다.

3. 앞서가는 싱가포르 대중교통

❶ 버스정류장에 분리대를 설치하였다.

❷ 승객들의 편의를 위한 정류장안의 선풍기가 설치되어 있다.

❸ 자동차가 승객들을 덮치는 것을 방지하기 위한 봉이 설치되어 있다. (1991년, 버스가 정류장으로 돌진으로 1명 사망, 4명 부상, 약 1500개의 정류장 설치)

❹ 버스가 정류장 안에 최대한 밀착 버스 탑승 발판 높이와 거의 비슷한 높이의 정류장턱이 설치되어 있다. (노약자나 어린이들의 안전을 배려)

Chapter 14

어린이 중독 사고

1. 어린이 게임 중독

❶ 게임 중독 증상: 하루 일과가 게임 중심으로 돌아가고 친구와 놀거나 밥을 먹고 자는 것보다 게임이 먼저인 경우가 많다.

❷ 게임을 한다고 야단을 치는 것보다 자녀가 하는 게임에 관심을 갖고 함께 참여한다.

❸ 게임의 폭력적인 내용은 모두 꾸며낸 것이며 현실에서는 하면 안 된다는 것을 인지한다.

❹ 부모가 자녀와 하는 게임도 시간을 정해놓고 해야 한다. (게임 인터넷 중독 예방 센터에서는 하루 평균 1시간 이내로 정해놓고 있다.)

2. 어린이 카페인 중독

❶ 카페인 중독 증상: 밤에 잠을 잘 못자는 경우, 소변이나 설사를 자주 할 경우, 소화가 잘 안되고 속쓰림을 느낄 경우, 초조해 하거나 흥분이 쉽게 라라 앉지 않을 경우, 가슴이 심하게 두근거리거나 근육 경련이 발행할 경우이다.

❷ 커피나 녹차가 함유된 음료, 초콜릿이 든 과자, 카페인이 든 탄산음료

나 이온음료를 함께 먹지 않는다.

❸ 아이가 카페인이 함유된 간식을 먹었다면 3일 이상의 간격을 두고 다른 간식을 먹어야 한다.

❹ 카페인 중독이 의심된다면 전문가와 상담 뒤 카페인양을 조절한다. (갑자기 카페인을 중단하면 금단현상이 일어날 수 있으니 아이의 상태에 따라 조절한다).

3. 어린이 액세서리 납 중독

❶ 아이가 검증되지 않은 액세서리를 하지 못하도록 한다.

❷ 칼슘이 부족한 식사를 하지 않도록 주의한다.

❸ 납중독을 치유하는 두부를 먹인다.

Chapter 15

반드시 끊어야 할 담배

1. 간접흡연의 위험성

❶ 간접흡연이 직접 흡연보다 안 좋은 이유

- 흡연자의 몸 속에는 담배 필터를 통해 독성이 걸러진 연기가 들어가지만 간접흡연자들은 담배 필터를 거치지 않은 생담배 연기를 흡입하게 되기 때문이다.

❷ 간접흡연에 장기간 노출되는 경우

- 폐암을 비롯하여 각종 암, 뇌, 심장질환 등의 원인이 된다.
- 아이들에게는 기관지염, 중이염, 폐렴, 천식을 일으키는 원인이 되며, 영, 유아 돌연사의 원인이 된다.

❸ 흡연자는 공공장소에서 흡연을 금하고 흡연구역을 이용하여 흡연한다.

❹ 흡연 후에는 옷을 갈아입거나 손을 씻고 양치를 한 뒤에 가족과 접촉해야 한다.

2. 흡연으로 인한 탈장

❶ 탈장의 증상: 배꼽, 사타구니, 옆구리 등에 부드럽고 둥근 모양이 튀어나오고 기침, 배변, 무거운 것을 들 때처럼 배에 힘을 주면 그 모양이

도드라지게 나타나지만 치명적인 손상을 입기 전에는 통증이 거의 없다.

❷ 생활 습관을 개선하는 것이 가장 중요하다.

❸ 금연하는 것이 최선의 방법이다.

❹ 음주와 불규칙적인 식습관을 고친다.

3. 흡연자에게 쉽게 나타나는 동상

❶ 옷이나 장갑, 신발이 젖었을 때는 그대로 두지 말고 마른 옷으로 갈아입는다.

❷ 추운 곳에 장시간 있을 경우 한 자세로 가만히 서있지 말고 수시로 움직인다.

❸ 외출 시 두꺼운 외투 하나만 입지 말고 얇은 옷을 여러 벌 겹쳐 입는 것이 좋다.

❹ 신발과 양말은 넉넉한 것을 신는 게 좋다.

❺ 겨울철 열 손실을 막기 위해 모자를 착용하는 것이 효과적이다.

❻ 추운 날씨에 흡연과 음주는 하지 말아야 한다.

Chapter 16

꼭 알아야 하는 질병, 우울증

1. 우울증의 위험

1 | 자살에 대한 5가지 오해

- 자살에 대해 이야기 하는 것은 위험하다(자살하는 것과 자살에 대해 이야기하는 것은 다르다).
- 자살한다고 말하는 사람은 절대 자살하지 않는다(우울증 앓고 있는 누군가 자살하고 싶다고 말하는 것은 위험 신호 즉시 치료를 권유한다).
- 자살할 마음을 먹은 사람들은 자살한다(자살 충동을 느끼더라도 치료와 대화로 회유가 가능하다).
- 자살할 위험이 높은 전형적인 모양이 있다(세대와 연령을 가리지 않고 우울증에 걸릴 수 있다).
- 자살은 갑자기 하는 것이기 때문에 미리 막을 수 없다(자살은 행동 변화와 전조 현상이 있으므로 예측 가능하다).

2 | 우울증의 증상에 대처하는 법

- 우울증을 앓고 있는 환자의 얘기를 들을 때 당황하거나 강하게 부정하는 것은 금물이다.
- 우울증을 앓고 있을 때 술을 마시는 것은 절대 금물이다.

• 우울증은 마음의 병이 아니라 뇌의 질병이라는 것을 인식한다.

• 능력 이상으로 과한 목표를 세우거나 기대하지 말아야 한다.

• 말이 통하는 사람과 대화를 자주 나눈다.

2. 우울증예방법

❶ 속마음을 털어놓을 수 있는 상대와 대화를 많이 나눈다.

❷ 성취감을 느낄 수 있는 취미를 만들어 스트레스 감소시킨다.

❸ 집에 혼자 있는 것을 삼가하고 가족의 관심과 사랑을 받는다.

3. 살 빼는 약의 위험성

안전하게 살을 빼고 불필요한 약의 부작용에 시달리지 않는 방법

❶ 인증된 전문 의료기관을 찾아 살을 빼려는 목적을 분명히 한다.

❷ 약물치료는 보조적인 역할이지 식이요법과 운동을 같이 병행한다.

❸ 복용하는 약에 대한 성분·용도 부작용이 궁금하다면 대한약사회(http://www.kpanet.or.kr/) 의약품정보 코너 확인한다.

Chapter 17

응급처치, 이것만 기억해라!

1. 올바른 응급처치법

과다출혈 시 가장 효과적인 지혈

❶ 직접 압박법

- 한 손으로 상처를 받히고 상처 위에 깨끗한 천이나 거즈를 댄 후, 위 아래를 동시에 압박하며 상처부위를 심장보다 높게 올려 상처 부위로 피가 몰리지 않게 한다.

❷ 피가 많이 스며들어도 붕대나 거즈를 교체하지 말고 계속 덧대가며 지혈한다.

❸ 환자가 갈증을 호소하더라도 절대 물을 주지 말아야 한다. (수술을 위해 전신마취를 할 경우 문제가 생길 수 있다)

2. 잘못된 응급처치의 위험

딸꾹질을 멈추게 할 수 있는 안전한 행동

❶ 뒷목 경추 5번 위치 목 끝나는 지점에 냉찜질을 한다.

❷ 숨을 크게 들이마신 상태로 숨을 멈추고 참을 수 있을 만큼 숨을 참는다.

❸ 혀 아래 안쪽 깊숙한 곳을 지압하듯 지그시 잡아 부드럽게 뺀 뒤 30초간 잡고 있는 행동을 반복한다.

❹ 손가락을 양쪽 귀에 넣어준다.

❺ 따뜻한 설탕물을 마신다. (나이가 어린 아이들에게 제일 적합한 방법이다.)

3. 사람 잡는 응급처치

뇌경색이나 뇌졸중환자의 올바른 응급처치법

❶ 119에 신고한다.

❷ 환자를 바로 눕힌 후 고개를 옆으로 돌려 구토나 질식을 방지한다.

❸ 방지 넥타이나 허리끈을 푼다.

Chapter 18

이물질에 대한 응급처치법

1. 눈에 이물질이 들어갔을 때

각막이물 대처법

❶ 그라인더, 연마, 연삭, 목공, 드릴 작업을 할 때는 반드시 보안경을 착용한다.

❷ 가정에서 못을 박을 때는 집게나 펜치로 못을 고정 후 망치질을 한다.

❸ 밤을 딸 때에는 차양이 달린 모자를 착용한다.

❹ 작업 시 눈에 이물질이 박혔을 때는 눈을 지그시 감고 병원으로 이동시킨다.

2. 목에 이물질이 걸렸을 때

1세 이하의 질식사고 대처법

❶ 발을 때려 의식이 있는 지 확인한다.

❷ 아기를 무릎 위에 올려놓고 한 손으로 떨어지지 않게 잡는다(머리가 가슴보다 낮게).

❸ 아기의 어깨 사이의 등을 위로 밀듯이 손바닥으로 5번 세게 친다.

❹ 아기를 반대편 무릎으로 뒤집는다.

❺ 두 손가락으로 가슴 부위를 2~3cm정도 힘껏 누른다.

❻ 이물질이 나올 때까지 3번 동작을 반복한다.

3. 귀에 이물질이 들어갔을 때

❶ 파리가 들어갔을 경우에는 불빛을 비춘다.

❷ 바퀴벌레가 들어갔을 경우에는 올리브 오일이나 식용유를 넣어야 한다(올리브오일은 약한 귀의 피부를 보호하는 윤활유 역할을 해 바퀴벌레가 귀 안에서 움직이더라도 큰 상처를 예방할 수 있으며 바퀴벌레는 올리브오일 때문에 익사하게 되므로 안전하다. 바퀴벌레 제거는 병원 가서 빼내도록 한다).

Chapter 19

남을 살리는 응급처치 I

1. 화상 입은 사람을 살리는 방법

1 | 열탕화상: 뜨거운 물이나 국물에 살같이 대인 경우

- 뜨거운 물에 젖은 옷을 벗긴다.
- 옷을 벗긴 후 상온의 물을 10분 정도 뿌려준다(상처윗부분에서 뿌리기).
- 화상 부위를 깨끗한 거즈로 덮은 후 병원치료를 받는다.

2 | 화염화상: 불에 살같이 데인 경우

- 화상 입은 곳의 옷과 피부상태를 확인한다.
- 옷이 살갗에 눌어붙은 경우 찬물을 부어 열기를 식힌 후 병원치료를 받는다(옷을 벗길 경우 2차 세균감염 및 패혈증 발생 우려).

3 | 화학화상: 화학약품에 의한 피부의 손상 가능한 연속적으로 흐르는 물로 세척하고, 상처의 깊이에 따라 처치한다.

2. 유독 화학물을 마셨을 때

1 | 락스, 배수관세척제, 빙초산을 마셨을 때

- 환자가 의식이 있다면 물이나 우유, 음료수 등을 마시게 해 독성을 희석시킨다. (1~2잔)
- 상체를 일으켜 앉혀 놓는다.
- 환자가 의식이 없다면 옆으로 눕게 해 턱은 앞으로 머리는 뒤로 해 기도를 확보한다.

2 | 부동액이나 워셔액을 마셨을 경우 환자의 입을 벌리고 손가락을 넣어 재빨리 구토하게 한다(단, 마신지 한 시간 이내에 처치할 것).

3 | 농약을 마셨을 경우

- 환자가 의식이 있을 경우 오염물이 많이 섞여있지 않은 진흙물을 마시게 한 뒤 토하게 하는 것을 반복한다.

4 | 공통적으로 해야 하는 응급처치법

- 119에 신고한다.
- 무엇이든 마시게 한다. (1~2잔)
- 마신 음독 물을 구급요원에게 알려준다.

3. 과다출혈 & 절단사고

1 | 날카로운 무언가에 베였을 때

- 깨끗한 거즈나 수건으로 상처부위를 직접 압박한다.
- 출혈이 지속될 경우 압박부위를 넓히고 압박강도를 세게 하고 계속 덧대는 방법으로 지혈한다.

• 상처부위를 심장보다 높게 한다.

2 | 몸에 무언가가 박혔을 때

• 절대로 박힌 이물질을 제거하지 말고 깨끗한 거즈나 수건으로 상처부위를 직접 압박, 병원 치료를 한다.

3 | 신체 일부가 절단된 경우

• 절단 부위를 지압 후 절단부위를 심장보다 높이 올려주며 절단된 부위를 보존하여 병원 이송한다. (절단부위가 오염된 경우 흐르는 물이나 생리식염수로 씻은 후 물을 촉촉이 묻혀 꽉 짠 손수건에 절단부위를 감싼 후 비닐봉지에 밀봉해 얼음물에 보관하여 병원으로 환자와 함께 이송한다.)

Chapter 20

남을 살리는 응급처치 Ⅱ

1. 과호흡 증후군의 올바른 응급처치

1 | 과호흡 증후군은 너무 빨리 호흡을 내뱉어 체내 이산화탄소가 부족해지는 것이므로 비닐봉지를 대게 되면 내뱉는 이산화탄소를 도로 마시게 되어 호흡이 정상으로 돌아온다.

2. 하임리히법

1 | 만 1세 이하의 하임리히법은?

- 1세 미만의 경우에는 머리를 아래쪽으로 향하게 하여 등을 다섯 번 치고 몸을 돌려 젖꼭지 만나는 점 아랫 부위를 손가락으로 강하게 압박한 후 입속과 의식을 확인하며 반복한다.

2 | 혼자 있을 때 질식의 위험에 처해 있다면?

- 돌출된 부위를 찾아서 돌출 부위에 횡경막 아래쪽 압박 부위를 대고 여러 번 힘껏 친 후 이물질을 배출한다.

3 | 기도 폐쇄된 질식 환자를 발견했을 때 조치법은?

- 의식 확인 후 119에 신고한다.

- 한쪽 다리를 환자의 다리 사이에 지지한 후 주먹 쥔 손은 배꼽과 명치 아래 중간 위치에 대고 다른 한 손으로 주먹을 감싸 빠르게 위로 향해 밀쳐 올린다 (횡경막을 올려주는 느낌으로).
- 환자에게 이물질이 나오거나 환자가 의식을 잃을 때까지 하임리히법을 시행한다. 환자가 의식이 없을 경우 즉시 심폐소생술을 한다. 의식이 돌아오면 병원 진찰을 받는다.

3. 심폐소생술

1 | 의식을 잃은 희생자를 발견하였을 경우: 인공호흡

- 어깨를 두드려 환자의 상태를 확인한다.
- 도움 및 119에 신고를 요청한다.
- 환자의 머리를 젖히고 턱을 들어 올려 기도를 확보한 후 호흡을 확인한다.
- 환자의 코를 막고 입을 맞대 1초에 한 번씩 두 번 가슴이 올라올 정도로 공기를 불어넣는다.
- 인공호흡을 할 때마다 환자가 숨을 쉬는 지 확인한다.
- 상의 탈의 후 흉부압박을 시행한다.
  - 양 쪽 젖꼭지의 중앙에 손바닥을 대고 압박한다.
  - 두 팔을 일직선으로 뻗어 4~5cm눌러준다.
  - 분당 100회의 속도로 30번 압박한다.

2 | 폐소생술의 3단계

- 의식확인 및 기도확보를 한다.
- 흉부압박(30번)을 한다.
- 인공호흡(2번)을 한다.

Chapter 21

수해피해 알면 예방할 수 있다

1. 장마철 신호등 감전사

비오는 날 감전사고 예방법

❶ 작동되지 않은 신호등이나 가로등을 멀리 피해간다.

❷ 맨홀이나 웅덩이는 피한다.

❸ 고무장화를 사용한다.

2. 도시 침수 감전사

장마철 안전한 침수 대비책

❶ 주택 침수 시 전기와 가스 등을 차단하고 대피한다.

❷ 감전 위험이 있는 맨홀과 신호등은 피한다.

❸ 얕은 웅덩이라도 피해간다.

❹ 물이 빠진 집에 돌아왔을 때는 가스 누출의 위험이 있으니 집을 두 시간 이상 환기시킨다.

3. 쓰나미에서 살아남는 방법

쓰나미의 전조현상

❶ 위아래로 움직이는 해수면이 있다.

❷ 부글거리는 바다거품이 있다.

❸ 썰물현상이 있다.

❹ 물고기들의 떼죽음을 당한다.

쓰나미 발생 시 대처 방법

❶ 가장 중요한 것은 높은 곳으로 이동하는 것이다. (해안에서 멀리 도망치려 하는 것보다. 해안과 가깝더라도 높은 건물의 옥상으로 이동하는 것이 더 좋다.)

❷ 쓰나미는 한 번으로 그치지 않고 3~4시간 정도 지속되며 점차 약화됨을 기억해야 한다. (첫 번째 쓰나미가 지나갔다고 해서 함부로 밑으로 내려오면 안 된다.)

❸ 화재나 감전 사고를 대비해서 가스밸브를 잠그거나 플러그를 뽑는다.

❹ 라디오나 TV의 정보에 귀를 기울인다.

Chapter 22

강풍에 의한 안전 조치법

1. 슈퍼 태풍

❶ 강한 바람에 날아갈 수 있는 입간판은 행인에게 심각한 위협을 초래할 수 있으니 설치하지 말아야 한다.

❷ 일기 예보를 체크해 미리 대비해야 한다.

❸ 산사태의 위험이 있는 계곡엔 출입을 금지해야 한다.

❹ 유리 파손 방지를 위해 신문이나 테이프 붙여야 한다.

2. 태풍으로부터 유리창을 보호하는 방법

❶ 아파트 5층 이하에서는 두께 11mm이상의 유리를 사용해야 한다. (10층까지는 12mm, 15층까지는 15mm, 20층까지는 17mm이상의 두꺼운 유리를 사용한다.)

❷ 20층 이상의 고층일 경우 단단한 강화유리를 사용한다.

❸ 유리창이 얇은 경우 젖은 신문지를 붙여 사고에 대비한다.

❹ 간판 등 태풍에 날아갈 위험이 큰 물건이 있다면 단단히 고정시켜야 한다.

❺ 외출을 자제하고 가능한 유리창이나 유리문 옆은 피해 있어야 한다.

❻ TV, 라디오 등을 통해 강풍정보를 수시로 확인한다.

3. 강풍으로 인한 차량전복사고

❶ 강풍이 불 때는 다리 위나 고가대로 운행은 피한다.

❷ 기상청에서 사흘에서 나흘 전에 미리 기상예보를 확인하고 차량을 운행한다.

❸ 운행 도중 강풍이 분다면 고속도로 전광판에 풍속 정보를 확인한 뒤 운행 속도를 낮추고 핸들을 두 손으로 꽉 잡고 운행한다. (롤링 현상에 대비하기 위해서 이다.)

❹ 터널을 빠져 나오는 순간 갑자기 불어오는 바람에 차체가 흔들려 운전자가 당황하지 않도록 반드시 두 손으로 운행한다.

❺ 복층 구조의 다리를 지날 때는 바람의 방향, 세기를 확인할 수 있는 윈드 콘을 확인 후 속도를 낮추고 운전한다.

❻ 차체가 큰 차량이 가까이 있다면 속도를 줄여 안전거리를 유지한다.

Chapter 23

폭살로 인한 사고

1. 폭설로 인한 건물 무너짐 사고

눈에 의한 붕괴사고 예방법

❶ 눈이 20cm 이상 쌓이기 전에 눈을 치운다.

❷ 비닐하우스는 자주 눈을 제거해주고 특수지지대를 설치하며 빈 비닐하우스는 비닐을 제거한다.

❸ 눈이 많이 내렸다면 무리한 제설작업은 위험하니 119나 지역재난대책본부에 도움을 요청한다.

❹ 중부지방, 강원도나 산간 지역 등은 3, 4월까지 방심하지 말고 주위를 기울인다.

2. 눈사태

눈사태 발생시 대피법

❶ 배낭, 장비를 벗고 눈사태 방향에서 90° 방향으로 대피하라.

❷ 눈에 묻혔을 경우 숨 쉬기 위한 최대한의 공간 확보하라

❸ 무리하게 소리를 치거나 발버둥 치면 산소가 급격히 저하되므로 안정을 취하고 구조를 기다려라.

3. 눈에 반사된 자외선으로 인한 설맹

설맹의 예방법

❶ 최근 6개월 이내 각막수술을 받았다면 눈 건강을 위해 눈 쌓인 산이나 스키장을 피한다.

❷ 눈 쌓인 산을 등반할 때는 자외선 차단용 선글라스를 착용한다.

❸ 스키장에는 자외선차단 고글을 착용하고, 선글라스는 착용하지 말아야 한다.

❹ 설맹으로 눈이 안 보일 때는 검은 천이나 덮개로 눈을 가려준다.

Chapter 24

지진, 우리나라도 더 이상 안전할 수 없다!!

1. 우리나라의 지진 위험

지진 대피 방법

❶ 가스나 난로 등의 불을 끈다.

❷ 탈출로 확보를 위해 문을 연다.

❸ 떨어지는 물체로부터 몸을 보호하기 위해 물건 밑으로 몸을 숨긴다.

❹ 진도 7이상 되면 건물로부터 빠져 나온다(푹신한 방석으로 머리를 보호한다).

지진 발생 시 장소별 대처방법

❶ 빌딩가: 떨어지는 유리창, 간판 등으로부터 머리를 보호하고 가까운 곳으로 대피한다.

❷ 철근 콘크리트 구조의 아파트: 문들이 비틀어져 갇히는 경우가 있으므로 문을 열어 출입로를 확보한다.

2. 지진 대처법

지진이 감지될 때 이동방법

❶ 건물 밖으로 이동할 때는 비상구를 이용한다.

❷ 머리를 보호해 건물잔해, 파편으로부터 보호한다.

❸ 건물 잔해, 전깃줄에 가까이 가는 건 위험하다.

❹ 2차 감염을 막기 위해 수건으로 호흡기를 막고 이동한다.

❺ 도로 역시 위험할 수 있으므로 가급적 운전은 삼간다.

초기 지진에 대피하는 3가지 방법

❶ 지진의 진동이 넘어뜨리기 전에 내가 먼저 엎드려라.

❷ 최대한 몸을 가리고 보호해라.

❸ 붙잡고 기다려라.

3. 일본의 지진 안전교육

❶ 지진 체험 교육을 한다.

❷ 지진 사고관련 전시를 한다.

❸ 지진 현장 실제 모형관을 본다.

❹ 화재 시 대피 시뮬레이션을 보여준다.

Chapter 25

생존법칙, 침수 시 탈출 방법

1. 지하주택 침수

❶ 하수의 역류를 막는 역지변을 설치한다.

❷ 침수자동경보기를 설치한다.

❸ 모래주머니를 준비한다.

❹ 축대, 담장을 점검한다.

❺ 방송의 기상특보 체크하여 안전한 곳으로 대피한다.

2. 자동차 침수

자동차 침수를 피할 수 있는 방법

❶ 앞 차량이나 주변 차량을 보고 침수된 도로의 진행 여부 파악을 한다. (앞 차량 머플러 침수 여부를 확인한다.)

❷ 머플러가 잠기지 않았다면 저단 기어로 변경 시속 20~30km로 서행한다.

❸ 침수된 도로에 들어선 경우에 내 차의 침수된 정도를 알고 진행 여부

를 파악한다.

- 차 안 물 높이가 발등 밑: 당황하지 말고 계속 주행한다.
- 차안 수위가 발목 이상: 엔진 제어 장치에 영향을 주어 시동이 꺼질 수 있다.

자동차 침수사고 예방법

- 일기예보 호우 상황 인지 시 차량 운행을 자제한다.
- 침수 도로를 만났을 경우 안전한 길로 우회한다.
- 불가피한 상황 시, 침수 도로 물높이 파악 후 진입 및 우회를 판단한다.
- 침수도로는 과속을 금지한다.
- 에어컨을 끈다.
- 시동이 꺼졌을 시 재시동 금지, 도움을 요청한다.
- 고무가 낡았거나 사고 발생 시 물 유입이 가능하니 고무 패킹을 반드시 점검한다.

3. 자동차 침수에 대처하는 올바른 방법

❶ 에어컨을 틀지 말 것

- 엔진에 사용되어야 할 에너지가 분산되어 엔진상태가 불안해져 시동이 꺼질 수 있다.
- 에어컨을 틀고 있는 상태라면 반드시 꺼야 한다.

❷ 브레이크를 밟지 말 것

- 순간적으로 엔진에 부담을 주어 시동이 꺼질 수 있다.

Chapter 26

건물화재의 위험성

1. 고층 아파트 화재 시 대피요령

❶ 발코니를 확장하지 않은 경우: 발코니로 대피한다.

❷ 발코니를 확장한 경우: 스프링클러를 설치하고 별도의 대피공간을 마련한다.

2. 도시에서의 화재 대피요령

- 납작 엎드린 채 젖은 수건으로 코와 입을 막는다.
- 손잡이를 만져 보았을 때 뜨겁지 않으면 조심스럽게 열고 밖으로 나가고, 뜨거우면 문을 열지 말고 다른 길을 찾는다.
- 엘리베이터는 절대 이용하지 말고 비상계단 이용한다.
- 창문으로 뛰어 내리는 등 섣부른 행동 하지 않기 차례대로 줄지어 대피한다.
- 가장 가까운 탈출 경로를 미리 숙지한다.
- 노래방일 경우, 대피로 관련 방송을 본다.
- 화재 사각지대(쪽방촌)는 자동확산 소화용구 및 휴대용 손전등과 방연마스크를 비치한다.

3. 고층건물 화재 대피방법

❶ 가장 먼저 119에 신고한다. (주의사람에게 알린다.)

❷ 집안에서 화재 발생 시 소화기 및 담요로 불을 끄고 옆집과 연결된 발코니의 경량칸막이를 부수고 대피한다.

❸ 발코니에 검은 연기가 보이면 불길과 연기가 올라올 수 있으니 절대 창문을 내다보지 말아야 한다.

❹ 계단실에 연기가 차 있지 않으면 아래층으로 통해 밖으로 대피하고, 계단실에 연기가 차 있으면 옥상으로 대피한다.

❺ 대피하기 전 젖은 손수건(수건 등)으로 입과 코를 막고 낮은 자세로 이동하고, 손등으로 손잡이를 만져 뜨거운지 확인한다.

❻ 손잡이가 뜨거우면 문 사이를 옷 등으로 막고 집안에서 구조대를 기다린다. 엘리베이터는 금물! 꼭 계단을 이용한다.

Chapter 27

산불에서 살아남는 방법

1. 작은 불씨로 인한 산불의 위험성

산불 대처법

❶ 산림관서 및 119, 경찰서에 신고한다.

❷ 작은 불이라면 공기를 차단해 진화한다.

❸ 주변에 바람과 마른 낙엽이 많다면 섣불리 진화하지 말고 피한다.

❹ 산불이 났을 때 바람이 부는 반대방향으로 피한다.

❺ 불타버린 지역이나 낮은 지대 또는 큰 바위 뒤로 가 몸을 최대한 낮춘 후 이동한다.

❻ 물웅덩이가 있다면 진흙을 묻혀 불길을 피한다.

❼ 불에 휩싸였다면 옷에 물을 묻혀 몸을 가리고 엎드린다.

2. 산불을 예방하는 방법

❶ 라이터 및 휴대용 버너를 휴대하지 말아야 한다.

❷ 건조한 4~5월에는 아예 담배를 가지고 산에 오르지 말아야 한다.

❸ 주변의 활엽수 길을 찾아 탈출한다.

❹ 알루미늄 돗자리 속으로 몸을 피한다.

3. 산불에서 살아남는 방법

❶ 즉시 진화기관에 위치와 산불현황을 긴급히 알려야 한다.

❷ 물수건을 만들어 입을 막아야 한다.

❸ 바람이 부는 반대방향으로 신속히 이동한다.

❹ 타버린 곳이나 나무가 적게 있는 곳이나 불길이 약한 곳으로 대피한다.

❺ 지면보다 낮은 지역에서 낙엽이나 마른 가지 등을 긁어낸 후 불길이 지나갈 때 까지 손, 얼굴 등을 가리고 낮게 엎드린다.

❻ 불이 붙을만한 물건을 모두 버리고 온 몸에 물을 충분히 적셔 몸을 최대한 낮춘 채 뚫고 지나간다.

Chapter 28

화재 시 생존법칙

1. 화재 시 질식을 예방하는 비닐 봉지

비닐봉지를 이용한 질식 사고 예방

❶ 젖은 수건을 구하기 힘든 경우 비닐 봉지를 이용한다.

❷ 건물 층수가 높지 않고, 나가는 길을 잘 알고 있는 곳에서 사용이 가능하다.

❸ 비닐 봉지에 깨끗한 공기를 담아 코와 입을 막고 숨을 쉬며 대피한다.

❹ 10리터짜리 비닐봉지로 60kg 성인이 3분 정도 숨 쉬기가 가능하다. (단, 연기가 없는 곳에서 시작해야 숨 쉬는 데 지장이 없다.)

2. 집안 화재 시 대처

피셔맨 매듭법 묶는 방법

❶ 두 개의 로프를 준비한 후 한쪽 로프가 다른 로프를 휘감은 후 고리 안쪽으로 통과한다.

❷ 반대쪽 로프도 같은 방법으로 감아서 안쪽으로 통과한다.

❸ 매듭이 맞물리도록 천천히 당기면 완성이다.

3. 화재 시 질식사에서 살아남는 방법

❶ 화재 시 젖은 수건을 사용해야 하는 이유

- 뜨거운 열기가 호흡기로 들어가는 것을 막아주고, 물기가 섬유조직의 틈새를 매워 밖에서 들어오는 유독가스를 막아주고 녹여준다.

❷ 화재 시 사용할 수건이나 물이 없다면?

- 면소재의 옷과 음료, 타액, 소변이라도 이용하여 코와 입을 막는다.
- 낮은 자세로 대피한다.

Chapter 29

누출 및 폭파사고

1. 방사능 물질, 라돈

라돈의 위험성

❶ 라돈의 독성은 일산화탄소 100이상의 높은 치사율을 지닌다.

❷ 무색무취에 잘 알려지지 않아 위험성을 다수가 무심코 지나친다.

실내의 라돈가스를 제거하는 방법

❶ 장시간 동안 집중 환기를 한다.

❷ 겨울철은 10분 이하로 해 환기 횟수를 늘린다.

❸ 면적이 넓은 거실은 마주보는 창을 열어 쌍방향으로 환기를 한다.

❹ 살짝 금이 간 곳은 가정용 실리콘으로 틈을 메워준다.

❺ 심하게 갈라진 곳은 실리콘으로 막은 뒤 방수제를 덧발라준다.

2. 불산가스 누출사고

❶ 불산가스 흡입으로 호흡이 곤란한 경우

- 입으로 인공호흡해서는 안 된다.

• 의료기기를 통해 산소를 공급해야 한다.

❷ 불산이 피부에 묻은 경우

• 흐르는 물이나 생리식염수로 30분 이상 충분히 씻어야 한다.
• 눈에 들어갔을 경우 렌즈를 착용 했다면 바로 빼야한다.

❸ 불산을 목으로 삼킨 경우

• 물이나 우유를 충분히 마셔 불산을 희석시켜야 한다. '
• 억지로 토할 경우 식도에 화상을 입을 수 있다.

3. 수소풍선 폭발사고

수소풍선의 위험을 피하는 법

❶ 가스통에 수소 혹은 'hydrogen'이라 쓰여 있는지 확인 한다.

❷ 길에 버려진 풍선 발견 시 폭발 위험이 있으므로 건들지 말아야 한다.

❸ 불꽃, 높은 온도 등에 노출하지 말고 큰 충격을 주지 말아야 한다.

Chapter 30

사고, 기적의 탈출법

1. 비행기 추락 시 생존법

비상착륙 시 생존확률을 높일 수 있는 방법

❶ 비상구에서 가장 가까운 좌석을 선택한다.

❷ 복도 쪽 좌석을 선택한다.

❸ 가족들은 꼭 모여 앉아야 한다.

❹ 좌석벨트 푸는 법을 숙지한다.

❺ 자세를 최대한 낮추어야 한다.

비행기 사고 시 생존을 위한 방법

❶ 몸에 있는 장신구를 제거한다.

❷ 좌석벨트를 확인한다.

❸ 비상착륙 시 각종 안전 행동 요령을 숙지한다.

❹ 의자를 직각으로 세우고 테이블을 올린다.

❺ 신속한 탈출을 위해 비상구의 위치를 미리 파악한다.

2. 올바른 구명조끼 착용법

❶ 머리를 넣어 조끼를 입고 허리끈을 조인다

❷ 탈출구에 서거나 완전히 비행기에서 빠져 나온 후 끈을 당겨 바람을 넣어야 한다.

❸ 뾰족한 물건은 소지하지 않아야 한다.

❹ 항공기에서 200M이상 떨어진 곳으로 대피해야 한다.

❺ 구명조끼를 입지 못했을 시 두 팔을 벌려 뒤로 누우면 물 위에 떠 있을 수 있다.

3. 기적의 탈출법

등산용 칼로 불을 피우는 방법

❶ 모닥불 주변을 돌로 에워 싸야 한다.

❷ 투명한 화강암을 고른다.

❸ 등산용 칼을 화강암에 부딪쳐 불씨를 발생시킨다.

❹ 솜이나 천 등불이 잘 붙는 소재에 불씨를 가깝게 하여 불을 피운다.

Part 02

연습문제

1. 바다에 존재하는 위험요소들에 대하여 설명하시오.
2. 가정 내 감전사고 예방법에 대하여 설명하시오.
3. 엘리베이터 안전사고에 대하여 설명하시오.
4. 산에 존재하는 위험요소들에 대하여 설명하시오.
5. 전자레인지에 넣으면 위험한 음식물에 대하여 설명하시오.
6. 운동장에서 일어날 수 있는 사고에 대하여 설명하시오.
7. 횡단보도 보행자 예측 출발사고에 대하여 설명하시오.
8. 자전거 교통사고의 위험성에 대하여 설명하시오.
9. 자동차 사고기 살아남는 법칙에 대하여 설명하시오.
10. 우리나라의 지진 위험에 대하여 서술하시오.

3장

교권과 안전한 학교를 위한 법

Chapter 01

교원에게 법률교육이 왜 필요할까요?

1. 교원에 대한 법률교육의 필요성

❶ 교원의 교육권과 권위 보장의 이해

- 헌법에서 보장하는 교원의 교육권과 교원의 권위에 대하여 교원 스스로가 먼저 제대로 알고 이해함이 교원의 교육권과 권위 보호의 기본이 된다.
- 교원의 교육권과 권위 보장을 위해, 그리고 교원이 교원 스스로를 지키기 위해 일정한 법률에 대한 이해가 필요하다.

❷ 학교현장에서 법률이 필요한 교원

- 학교현장에서 어느 교원이든 법적 사건을 겪을 수 있기 때문에 교원이라면 누구에게나 법률 교육이 필요하다
- 교권과 신분 보장 역시 특정 교원을 위한 권리가 아니라 교원 모두를 위한 것이기 때문에 이를 이해하기 위한 교육은 모두에게 필요하다.

❸ 학생의 체벌 및 징계에 대한 이해: 교원과 관련한 법령을 이해하고, 관련 판례들을 통해, 학생지도, 징계 등 체벌의 범위 및 한계를 알 수 있게 되고, 교육 현장에서 학생들을 지도할 때에 실질적인 도움이 된다.

❹ 교원의 구체적 의무 및 책임 확인: 「교육기본법」, 「교육공무원법」, 「국가공무원법」, 「공무원행동강령」, 「부정청탁 및 금품 등 수수의

금지에 관한 법률」 등 관련 법령의 내용과 함께 규정된 교사의 의무 및 책임을 확인한다.

❺ 교원의 관리감독의무에 대한 법적 이해: 학교안전사고 또는 학교폭력 등 구체적 사안에 따라 관련된 법령이나 사례를 통하여 교원의 관리감독 의무에 대한 이해력을 제고한다.

2. 교원과 관련된 주요 법률

❶ 헌법: 「헌법」 제31조 제4항 및 제6항에 의거 교원의 지위에 관한 기본적 사항은 법률로 정하도록 규정한다.

❷ 교육기본법: 교육에 관한 국민의 권리·의무 및 국가·지방자치단체의 책임을 정하고 교육제도와 그 운영에 관한 기본적 사항을 규정한다.

❸ 교원의 지위 향상 및 교육활동 보호를 위한 특별법: 교원에 대한 예우와 처우를 개선하고 신분보장과 교육활동에 대한 보호를 강화함으로써 교원의 지위를 향상시키고 교육 발전을 도모한다.

❹ 교육공무원법: 교육을 통하여 국민 전체에게 봉사하는 교육공무원의 직무와 책임의 특수성에 비추어 그 자격·임용·보수·연수 및 신분보장 등에 관하여 교육공무원에게 적용할 국가공무원법 및 지방공무원법에 대한 특례를 규정한다.

❺ 초·중등교육법: 학교의 종류, 학교의 설립 및 경영 등 학교 교육에 관란 기본적인 사항을 규정함과 동시에 교원의 자격, 교직원의 임두 등을 규정한다.

❻ 「부정청탁 및 금품 등 수수의 금지에 관한 법률」 : 공직자 등에 대한 부정청탁 및 공직자 등의 금품 등의 수수(收受)를 금지함으로써 공직자 등의 공정한 직무수행을 보장하고 공공기관에 대한 국민의 신뢰를 확보하는 것을 목적으로 한다.

❼ 공무원 행동강령」 : 「부패방지 및 국민권익위원회의 설치와 운영에 관한 법률」 제8조에 따라 공무원이 준수하여야 할 행동기준을 규정한다.

❽「학교폭력예방 및 대책에 관한 법률」: 학고폭력의 예방과 대책에 필요한 사항을 규정함으로써 피해학생의 보호, 가해학생의 선도·교육 및 피해학생과 가해학생간의 분쟁조정을 통하여 학생의 인권을 보호하고 학생을 건전한 사회구성원으로 육성한다.

❾「학교안전사고 예방 및 보상에 관한 법률」: 학교안전사고를 예방하고, 학생·교직원 및 교육활동참여자가 학교안전사고로 인하여 입은 피해를 신속·적정하게 보상하기 위한 학교안전사고보상공제 사업의 실시에 관하여 필요한 사항을 규정한다.

Chapter 02

교원은 법으로 보호 받나요?

1. 교원의 정의

❶ 교원: 각급 학교에서 학생을 가르치는 사람을 통틀어 이르는 말, 교사뿐 아니라, 수석교사, 교감, 교장, 대학 교수, 총장, 학장 등을 총칭

❷ 교사: 주로 유치원, 초·중·고등학교에서 일정한 자격을 갖추고 학생을 가르치는 사람이다.

❸ 교직원: 교사와 다양한 직군의 이들을 총칭한다.

❹ 교육공무원: 「국가공무원법」 제2조에 의거, 경력직공무원 중 특정직공무원, 특히 교육공무원에 해당한다.

❺ 사립학교 교원

- 사립학교가 공교육의 일익을 담당하는 점에서 국·공립학교와 본질적인 차이가 있을 수 없기 때문에 사립학교와 국·공립학교 사이에는 학교의 동질성이 있다.
- 사립학교 교원은 임용절차에 관한 규정만을 달리 할 뿐 그 밖의 자격요건, 복무, 연수의무, 신분보장 및 사회보장 등에 있어 교육공무원과 동일하게 처우하고 있어서 사립학교 교원과 교육공무원인 국·공립학교 교원 간에는 교원의 동질성을 인정한다.

2. 교원의 신분보장

❶ 신분보장: 법률에서 규정하는 경우를 제외하고 공무원이 자신의 의사에 반하는 신분상의 불이익처분을 받지 않도록 보호하는 제도를 의미한다.

❷ 「교육기본법」 제14조 제1항: '학교교육에서 교원(教員)의 전문성은 존중되며, 교원의 경제적·사회적 지위는 우대되고 그 신분은 보장된다.

❸ 「교원의 지위 향상 및 교육활동 보호를 위한 특별법」: 교원에 대한 예우와 처우를 개선하고 신분보장과 교육활동에 대한 보호를 강화함으로써 교원의 지위를 향상시키고 교육 발전을 도모하는 것을 목적으로 제정된 법률이다.

❹ 「교육공무원법」: 교권의 존중과 신분보장, 당연퇴직, 정년 등을 규정한다.

❺ 「국가공무원법」: 국·공립학교 교원은 교육공무원에 해당하고, 교육공무원은 공무원 중 교육과 관련된 직무를 수행하는 자를 의미하기 때문에 국·공립학교 교원도 국가공무원법의 적용을 받는다.

❻ 「사립학교법」: 의사에 반한 휴직·면직 금지, 당연 퇴직사유, 면직사유 등 열거, 불체포특권을 보장한다.

3. 교원의 지위와 기간제 교사에 대한 법적 이해

❶ 교원의 지위: 교원의 직무의 중요성 및 그 직무 수행 능력에 대한 인식의 정도에 따라 그들에게 주어지는 사회적 대우 또는 존경과 교원의 근무조건, 보수 및 그 밖의 물적 급부 등을 모두 포함하는 의미이다.

❷ 기간제교사 계약직 교원, 정년이 보장된 정규 교원을 제외하고 계약에 의하여 임용되는 비정규직 교원을 의미한다.

Chapter 03

교원은 어떤 처우를 받게 되나요?

1. 교원정책과 교원의 처우

❶ 교원정책의 필요성: 교사의 교수 효과성을 극대화하기 위하여 우수한 교사를 양성·확보하고, 교사의 사기를 증진시키는 교원정책이 필요하다.

❷ 교원의 처우 내용

- 처우: 대상자의 취급이나 대우 방법을 결정하는 것을 의미한다.
- 교원의 처우: 교원에 대한 대우 방법을 의미한다.
- 유네스코「교원의 지위에 관한 권고」에서 교원의 처우에 관한 기본적인 사항을 규정한다.

유형	내용
보수 및 복지·후생에 관한 사항	교원의 봉급, 건강진단, 연수휴가, 특별휴가, 병가와 산휴, 사회보장, 의료, 질병수당, 공무상해수당, 고령수당, 폐질수당, 유족수당
교육환경 및 그 밖의 조건에 관한 사항	가정의 책임을 가진 여교원, 교원의 권리, 근무시간, 농촌 또는 벽지교원을 위한 특별조치, 교원을 위한 사회보장수단

2. 교원의 보수, 복지, 후생

❶「공무원보수규정」에 기본적 사항을 규정한다.

❷ 예산의 범위 내에서 봉급에 필요한 수당 지급: 정근수당, 성과상여금, 가족수당, 자녀학비보조수당, 육아휴직수당, 특수지근무수당(교육공무원의 경우 도서벽지수당), 업무대행수당, 시간외근무수당, 휴일근무수당, 정액급식비, 명절휴가비를 지원한다.

❸ 공무원 연금제도에 의하여 공무로 인한 질병·부상과 재해에 대하여는 공무상요양비, 재해부조금, 사망조위금의 단가 급여를 지급하고, 공무원의 퇴직·장애 및 사망에 대하여는 퇴직급여, 장해급여, 유족급여 및 퇴직수당의 장기급여를 지급한다.

❹ 사립학교 교원의 보수, 복지·후생에 관한 사항 : 교육공무원과 동일한 처우 및「사립학교교직원연금법」에 의한 연금제도를 운영한다.

❺ 기간제 교원의 보수, 복지·후생에 관한 사항

- 「교육공무원법」에서 적용되지 않는 사항을 규정 : 교권의 존중과 신분보장, 당연퇴직, 휴직, 휴직기간 등, 강임자의 우선승진임용 제한, 정년, 고충처리, 징계위원회의 설치, 징계의결의 요구의 적용대상이 아니다.
- 공무원연금 또는 사학연금의 대상이 아니며, 국민연금의 가입대상이다.

3. 교원의 교직환경 및 조건

❶ 교직환경 조성을 위하여「공무원수당 등에 관한 규정」에 의한 일·가정 양립, 농촌 또는 벽지교원을 위한 지원 등을 규정하고 있다.

Chapter 04

교원의 권리와 의무는 무엇일까요?

1. 교권의 개념

1 | 넓은 의미

- 교육권, '교육을 받을 권리'와 '교육을 할 권리'를 모두 포괄하는 개념이다.
- 학생의 학습권, 학부모의 교육권, 학교 설립자의 교육 관리권을 모두 포함한다.

2 | 좁은 의미: 교사의 교육권

- 적극적 권리: 자율성과 학문의 자유, 사회적 지위와 경제적 생활 보장, 근무조건을 개선한다.
- 소극적 권리: 신분보장의 권리, 소청심사청구권, 불체포특권, 교직단체활동권이다.

2. 교사가 지켜야 할 의무

1 | 적극적 의무

- 교육 및 연구 활동의 의무: 학생 교육 및 교과연구로 전문성과 능력을 갖춘다.
- 선서, 성실, 복종의 의무: 국가공무원법을 준용하여 성실한 수행에 대해 선서한다.
- 품위 유지의 의무: 공직자이자 봉사자로서 품위를 유지한다.
- 비밀 엄수의 의무: 학생의 개인적 신상과 비밀을 지켜야 할 의무가 있다.

2 | 소극적 의무

- 정치활동의 금지: 학생들의 가치관 및 신념에 일방적 영향을 미칠 수 있으므로 금지한다.
- 집단행위의 제한: 단체행동권으로써 쟁의행위가 금지된다.
- 영리업무 및 겸직의 금지: 직무상의 능률 저해를 방지하기 위해 제한된다.

3. 교원지위법의 내용

- 교원의 지위향상 및 교육활동 보호를 위한 특별법」으로 교원의 처우를 개선하고 신분보장을 강화하여 교원의 지위를 향상하기 위해 제정한 법이다.

Chapter 05

교원의 의무를 제대로 수행하지 못한다면?

1. 교사가 받는 불이익 처분의 유형과 절차

1 | 교사가 받는 불이익 처분 유형

- 당연퇴직: 「국가공무원법」 제33조에 규정한 결격사유에 해당할 경우 당연퇴직한다.
- 직권면직: 일정한 사유가 있는 임용권자가 교원의 의사와 관계없이 교원의 신분을 박탈하는 처분으로 「국가공무원법」 제70조 제1항의 사유에 의한다.
- 직위해제: 교사의 직위 보유 및 직무 수행이 공정성과 국민의 신뢰 저해의 우려가 있을 경우 잠정적으로 직무에 종사할 수 없도록 하는 처분이다.
- 징계
  - 징계 사유: 위법한 행위와 직무태만, 교사로서의 품위를 손상한 때에 받게 된다.
  - 징계 종류: 중징계로는 파면, 해임, 정직이 있고, 경징계로는 감봉과 견책이 있다.

2 | 징계의 과정

- 교육공무원징계위원회를 거쳐야 하며, 징계대상자는 이곳에서 자신을 변호할 기회를 가진다.
- 징계의결에 대한 불복
  - 불복사유: 절차상의 하자와 실체적 하자를 이유로 신청할 수 있다.
  - 교원소청심사위원회: 자신이 받은 징계가 브당하다고 생각하는 경우에 행정소송 제기가 가능하다.

2. 공무원 행동강령과 교사가 지켜야 할 법

❶ 공정한 직무수행: 공정한 직무수행을 해치는 지시에 대한 처리, 이해관계 직무의 회피, 특혜의 배제, 예산의 목적 외 사용 금지, 청탁 금지 등이다.

❷ 부당이득의 수수금지 등: 이권 개입 등의 금지, 직위의 사적 이용 금지, 알선·청탁 등의 금지, 직무 관련 정보를 이용한 거래 등의 제한, 금품 등의 수수 금지 등이다.

❸ 건전한 공직풍토의 조성: 외부강의 등의 사례금 수수 제한, 금전의 차용 금지, 경조사의 통지를 제한한다.

Chapter 06

학생 생활지도와 징계는 어떻게?

1. 학생 생활지도의 개념

1 | 생활지도란?

- 교과지도를 제외한 학생들의 전반적인 영역에서의 지도를 의미한다.
- 학생 개인의 교육적·사회적·신체적 성장과 잠재력의 발달에 도움을 준다.

2 | 생활지도의 필요성

- 정보화 시대에 다양한 직업의 등장으로 생활지도의 한 측면인 진로지도 필요성이 증가한다.
- 맞벌이 부부의 증가로 가정에서 이루어지는 생활지도가 과거에 비해 축소되어 사회에 필요한 규범을 익히는 사회화 기관으로서 학교의 역할이 커진다.
- 사회적 약자인 학생들이 과거에 비해 훨씬 많은 위험에 노출된 상황에서 학생들을 보호하기 위한 예방차원에서의 생활지도가 필요하다.

3 | 생활지도의 원리

- 생활지도는 모든 학생들을 대상으로 한다.
- 처벌보다는 선도와 예방을 목적으로 한다.
- 학생들의 자율성과 자기발달 능력을 바탕으로 한다.

2. 학생 생활지도와 학생인권의 관계

1 | 인권

- 인간이기 때문에 당연히 갖는 권리로 인간의 천부적 권리를 의미하여 헌법을 비롯한 여러 법에서 이를 기본권의 형태로 보장한다.

2 | 학생의 인권

- 의미: 학생 역시 기본권의 주체로서 인권을 가지며, 그 외 국제인권조약이 인정하는 권리를 가진다.
- 유엔(UN) 아동 권리 협약: 유엔에서 전 세계 아동들의 권리를 보호하기 위해 1989년에 만든 협약으로 아동의 생존권, 보호권, 발달권, 참여권 등 네 가지의 주요한 인권영역을 제시하고 있다.

3 | 학생 인권 조례

- 교육과정 및 생활지도 전면에서의 인권 침해 현상 개선을 위해 제정한다.
- 학생의 인권이 학교 교육과정에서 실현될 수 있도록 함으로써 학생들에게 인간으로서의 존엄과 가치 및 자유와 권리를 보장하는 것을 목적으로 한다.

Chapter 07

교권침해란 무엇일까요?

1. 교권침해의 의미와 현실

❶ 교권의 범위

- 교육권: 수업권, 학생생활지도권, 학교경영참여권, 자기개발권이다.
- 교원에 대한 예우나 신분보장에 관한 신분권이다.
- 보수 등을 청구할 수 있는 권리인 재산권이다.
- 교직단체활동권과 같은 노동권이다.

❷ 「교육공무원법」 제43조

- 교권은 존중되어야 하며, 교원은 그 전문적 지위나 신분에 영향을 미치는 부당한 간섭을 받지 아니한다.
- 교육공무원은 형의 선고나 징계처분 또는 이법에서 정하는 사유에 의하지 아니하고는 본인의 의사에 반하여 강임·휴직 또는 면직을 당하지 아니한다.
- 교육공무원은 권고에 의하여 사직을 당하지 아니한다.

❸ 「교원의 지위 향상 및 교육활동 보호를 위한 특별법」 개정안 내용: 교원의 교육활동 보호의무, 교육활동 침해행위에 대한 조치, 교육활동 침해행위의 축소·은폐 금지, 교원치유센터의 지정 등 교원의 보호를 위한 제도적 장치를 마련한다.

❹ 교권침해: 학생, 학부모뿐만 아니라 동료교사. 언론, 상급기관 등에 의하여 교사의 권리나 권의가 부당하게 간섭받거나 침해되는 것으로서, 정상적인 교육활동을 방행하는 행위이다.

2. 교권침해의 유형

❶ 주체별 교권침해 유형: 학생에 의한 교권침해, 학부모에 의한 교권침해, 직장동료 및 교직원에 의한 교권침해, 교감·교장 등 처분권자에 의한 교권침해 및 제3자에 의한 교권침해이다.

❷ 교권 종유에 따른 침해유형: 교원으로서의 교육할 권리 침해, 전문직 종사자로서의 권리 침해, 인간으로서의 기본권 침해이다.

❸ 사안별 교권침해 유형: 폭언, 폭행 등 부당행위에 의한 교권침해, 명예훼손에 의한 교권침해, 학교폭력 등 사건 처리과정에서의 교권침해, 학교안전사고와 관련한 교권침해, 교직원의 갈등에 의한 교권침해, 신분상 불이익처분에 의한 교권침해이다.

Chapter 08

교권침해에 대한 대응방안은? (주체별)

1. 주체별 교권침해의 유형 및 내용

1 | 주체별 교권침해

- 교권침해는 가해 주체가 누구인지에 따라, 학생에 의한 교권침해, 학부모에 의한 교권침해, 직장동료 및 교직원에 의한 교권침해, 교감·교장 등 처분권자에 의한 교권침해 및 제3자에 의한 교권침해 등으로 구분한다.

2 | 주체별 교권침해의 유형과 특징

- 학생에 의한 교권침해: 주로 수업방해, 폭언 및 욕설, 폭행, 성희롱, 명예훼손 등의 형태로 나타나고 있다.
- 학부모에 의한 교권침해: 학교안전사고 처리과정, 학교폭력사안 처리과정, 학생지도 과정에서 주로 발생하며, 교권침해의 종류로는 명예훼손이 가장 높은 비율을 차지한다.
- 처분권자에 의한 교권침해: 교감·교장 등의 상급자 또는 그 이상의 처분권자에 의한 부당한 교권침해의 유형으로는 부당·과다한 징계처분, 사직권고, 보직·담임박탈 등의 불합리한 처분, 수업시간 축소나 수업권 배제 등 교육권 침해 등의 사례가 있다.

- 교직원에 의한 교권침해: 교직원에 의한 교권침해 행위의 원인 및 유형으로는 학교·급에 대한 경영간섭, 인사·시설 등 학교운영 관련 문제, 학생지도 간섭, 사생활 침해 및 명예훼손으로 나타나며, 대부분 상대방의 말이나 행동 등으로 감정 및 자존심에 상처를 입고 이것이 시초가 되어 갈등과 피해로 이어지는 경우가 다수이다.
- 제3자에 의한 교권침해: 학교·학급에 대한 경영간섭, 학생지도 간섭, 명예훼손 및 사생활 침해 등으로 나타나며 간혹 언론의 오보, 과잉보도 등에 의하여도 교권이 침해될 수 있다.

2. 주체별 교권침해 시 대응방안

❶ 학생에 의한 교권침해: 교권보호위원회 또는 학생선도위원회를 통해서 교권침해 사안을 다룰 수 있다.

❷ 학부모에 의한 교권침해: 교권보호위원회 개최를 신청할 수 있으며, 학교안전사고 등의 경우 학교안전공제회 공제청구절차의 숙지가 필요하다.

❸ 처분권자에 의한 교권침해: 부당한 징계처분 등에 대하여는 교원소청심사위원회에 소청심사 청구, 소청심사에 혹하지 않는 인사·조직·처우 등 각종 직무조건 관련 문제는 고충심사위원회에서 처리 가능하며 그 밖에 교육청 감사당담관 등에 의한 구제가 가능하다.

❹ 교직원에 의한 교권침해: 다른 동료 교원, 상급 관리자 혹은 교육청 담당자 등에게 상담을 요청하고 내부 중재 노력을 실시하며, 내부 중재가 어려울 경우 고충심사 청구나 학교 내 징계위원회 등으로 처리가 가능하다.

❺ 제3자에 의한 교권침해: 언론보도로 인한 교권침해는 언론사에 직접 요청을 하거나, 언론중재위원회에 조정 및 중재를 요청할 수 있음. 정정보도청구, 반론보도청구, 손해배상청구, 추후보도청구권 등을 행사할 수 있으며, 기타 제3자에 의한 교권침해의 경우 민·형사상 소송 제기가 가능. 이때 각 교육청에서 지원하는 무료법률상담 및 학교안전공제회 또는 교원단체를 통해 변호사를 선임하여 대응할 수 있다.

Chapter 09

교권침해에 대한 대응방안은?(행위별)

1. 주행위별 교권침해의 내용과 대응방안

❶ 교권의 개념적 측면에 따른 분류: 교원으로서 교육할 권리 침해 유형, 전문직 종사자로서의 권리 침해 유형, 인간으로서의 기본권 침해 유형이다.

❷ 폭언·폭행에 의한 교권침해 이론

- 폭행: 사람의 신체에 대하여 물리력을 행사하는 것이다.
- 폭언: 경멸의 의사가 포함될 경우 모욕죄에 해당한다.
- 대응방안
  - 학생에 의한 폭언·폭행 등의 교권침해: 학교교권보호위원회 및 학생선도위원회에 의해 처리한다.

❸ 명예훼손에 의한 교권침해

- 명예훼손: 사실 또는 허위의 사실을 적시하는 방법으로 다른 사람의 명예를 훼손하는 경우를 의미하며 그 내용이 사실이라고 하더라도 처벌받을 수 있다.
- 대응방안: 일반적 명예훼손의 경우는 폭언·폭행과 동일, 단 사이버 명예훼손의 경우에는 사이버 범죄신고 및 사이트 등에 삭제 의뢰 및 피

해구제 신청이 필요하다.

❹ 성희롱·성폭력에 의한 교권침해

- 성희롱: 직장 내에서 상대방의 의사에 반하는 성과 관련된 언동으로 불쾌하고 굴욕적인 느낌을 갖게 하거나 불이익 등 유·무형의 피해를 주는 행위이다.
- 성폭력: 다음을 모두 포함하는 개념이다.
  - 공연음란죄
  - 약취, 유인 및 인신매매의 죄 중 추행
  - 강간과 추행의 죄 중 강간, 유사강간, 강제추행, 미성년자등에 대한 간음, 미성년자에 대한 간음, 추행
- 대응방안: 성희롱 사안의 경우 자율분쟁에 의한 방법, 국가인권위원회에 진정, 행정기관을 이용한 분쟁처리 및 사법기관에 의한 문제 해결이 가능하다.

2. 교권침해와 범죄

❶ 교권침해와 형법상 범죄행위: 폭행죄, 상해죄, 협박죄, 공무집행방해죄, 무고죄, 신용훼손죄, 업무방해죄 등이며, 이 경우 형사소송 등으로 해결이 가능하다.

❷ 교권침해와 특별법상 범죄행위

- 성폭력범죄의 처벌 등에 관한 특례법: 업무상 위력 등에 의한 추행, 통신매체를 이용한 음란 행위, 카메라 등을 이용한 촬영 등이 문제될 수 있다.
- 정보통신망 이용촉진 및 정보보호 등에 관한 법률: 사람을 비방할 목적으로 정보통신망을 이용하여 사실·허위사실로서 공공연하게 사람의 명예를 훼손할 경우 범죄가 성립된다.

Chapter 10

교권을 보호해 주는 기구는?

1. 교권침해 보호 기구

❶ 교권보호위원회: 교원의 교육활동을 보호하고, 학생의 학습권을 보호하기 위하여 구성된 기구로서 학교장의 교육활동 보호를 지원하며, 교육활동 침해를 예방하고 이미 발생한 분쟁을 조정하는 기능을 한다.

❷ 교권보호지원센터: 학교현장에서 발생한 교권침해 및 학교사고 등을 스스로 예방하고 불가피하게 발생한 사고에 대하여 적절한 수습과정을 거쳐 대처할 수 있도록 다양한 정보를 제공하고 지원하는 기구이다.

❸ 법률지원단: 학교폭력이 발생한 경우 또는 교육활동과 관련하여 교원과 학생 또는 학부모 등 사이에 분쟁이 발생한 경우, 해당 교원에게 법률상담을 제공하기 위하여 변호사 등 법률전문가가 포함된 법률지원단을 구성하여 운영하며, 각 시·도 교육청별로 교원을 위한 무료법률상담을 진행한다.

❹ 고충심사위원회: 교육공무원의 인사, 조직, 처우 등 각종 직무조건과 기타 신상문제에 대하여 인사상담이나 고충의 심사를 처리한다.

❺ 교원소청심사위원회: 부당한 처분이나 대우를 받은 교원을 지원하기 위한 곳으로서 교원소청 및 중앙고충처리의 업무를 담당한다.

❻ 기타: 학교안전공제회, 교원치유센터, 성희롱 심의위원회, 국가인권위원회 등이다.

2. 교권침해 시 법적 해결 방안

❶ 교권침해는 민·형사 등 법적 문제를 포함하는 경우가 많다.

❷ 사법기관에 의하여 분쟁처리가 이루어지는 경우가 존재한다.

❸ 사법기관의 분쟁처리 예시

- 학부모, 제3자 등이 부당하게 교원을 형사 고발이나 민·형사 소송을 하는 형태이다.
- 교권침해 행위가 범죄에 해당할 경우 반대로 교원이 민·형사 소송을 제기한다.
- 위원회에서 받은 처분에 불만족하 경우 행정소송을 제기한다.

Chapter 11

교권침해사례, 어떻게 해결했을까요?(학생에 의한 침해)

1. 수업방해 및 지도 불이행사건

❶ 학생의 진술 및 해당 교사의 경위서를 정리하여 담임교사에게 알린다.

❷ 학부모의 내교 요청 및 학교교권보호위원회를 개최한다.

❸ 학교교권보호위원회 및 선도위원회 심의결과 통보, 해당 학생을 지도한다. (필요 시 전문상담치료 프로그램 참여 추천한다.)

2. 학생의 폭언사건

❶ 해당 경위서 작성하여, 학교측에 사안을 보고한다.

❷ 사안 조사 및 학부모 내교 요청, 학교교권보호위원회를 개최한다.

❸ 학교교권보호위원회 및 선도위원회 심의결과 통보, 해당 학생 지도

- 해결 확인 / 재발방지 / 추후 지도 (추수 지도)를 이행한다.
- 가해 학생의 전문상담치료 프로그램 안내 및 상담활동을 실시한다.
- 피해 교사의 정신적·심리적 안정감 회복 / 교원 '힐링 프로그램'을 통해 치유한다.

3. 일반폭행사건

부당 행위 발생	해당 교사 사고 경위서 및 일지 작성, 목격자 진술 확인 및 피해 교사 보호(안전 조치 및 격리 보호)
사실 확인 자료수집	자료수집(목격자 진술서 진단서, 서면 확보), 사실 확인(동기, 내용, 시기, 배경 등), 관련 학생 보호자에 통보, 교육청 사안 보고(교권보호지원센터)
상담 활동	해당 활동교사 및 해당 학생, 해당 학생 보호자 상담, 주변 학생 상담
교권보호위원회 개최	학교교권보호위원회 개최 및 심의, 학생선도위원회 개최 및 심의, 교육청 코권보호위원회 및 상근변호사에 법률상담
결과통지	심의 결과 통지
사후 처리	1. 재발 방지 대책 강구 2. 가해 학생의 전문상담치료 프로그램 안내 및 상담활동 실시 3. 피해 교사의 정신적·심리적 안정감 회복, 교원 '힐링 프로그램'을 통한 치유

4. 중한폭행사건

❶ 해당 사건 등 교권침해의 심각한 사건들로 인하여 2017년 8월「교원의 지위 향상 및 교육활동 보호를 위한 특별법」이 개정되어 시행되었다.

❷ 학생의 폭행, 폭언과 관련하여 유의해야할 사항

- 학생지도는 교육적인 목적으로 행한다.
- 물리적·언어적 폭력 금지한다.

- 학생상담 및 지도 시 가급적 학생과 동성인 교사가 담당한다.
- 대체벌은 독후감이나 반성문 작성 등 학생생활인권 규정에 따라 지도한다.
- 불필요한 오해를 일으킬 수 있는 지나친 학생의 신체접촉을 지양한다.
- 훈육·훈계의 목적과 불가피성 등을 학생에게 이해시켜 공감대를 형성한다.

5. 빗자루 집단 폭행사건

❶ 학교교권보호위원회, 교육청의 징계뿐 아니라 형법 및 민법 소송을 통한 법적 대응도 가능하다.

❷ 감정적 대응이 아닌 차분한 대처가 중요하며, 동료교원 및 학교장에 즉시 도움을 요청한다.

❸ 사안이 중대한 만큼 진단서 등의 증거자료를 반드시 확보할 필요성이 있다.

Chapter 12

교권침해사례, 어떻게 해결했을까요? (학부모에 의한 침해)

1. 학생지도 관련 학부모의 무고사건

❶ 학교교권보호위원회 개최 및 교원 단체에 도움을 요청한다.

❷ 필요 시 민사상·형사상 소송 제기가 가능하다.

- 세밀한 증거자료를 확보한다.
  - 협박이나 모욕, 명예훼손 등과 같은 글이나 표현이 담긴 문자, SNS 메신저, SNS 글, 혹은 커뮤니티 글 등을 캡처하거나 출력하여 증거를 확보한다.
- 민원 제기에 충분히 설명하고 당당하게 표현한다.
  - 학부모 혹은 학생에 대한 민원은 충분히 설명한다.
  - 지속적으로 이유 없이 혹은 무조건적 민원 제기 및 요구를 한다면 당당하게 대응하여, 학부모의 소극적 대응을 이용한 악의적 행위를 방지한다.
- 민원내용의 적절성, 제기 방법 및 절차 등을 세심히 살피고 교육자로서 품위와 당당한 자세를 가진다.

2. 학부모의 교사 폭행사건

❶ 사건 경위서 작성 및 피해 교사 보호, 학교장 보고를 즉시 이행한다.

❷ 자료 수집 및 사실 확인, 교육청에 사안을 보고한다.

❸ 학교교권보호위원회 개최, 교육청 교권보호위원회에 상담을 한다.

❹ 폭행 관련 유의사항

- 사전행위단계(모욕, 폭언)로 부터 상대방을 최대한 진정시키면서, 이성적으로 대처한다.
- 사전행위단계에서 확대를 예방하기 위하여 주변에 도움을 요청하고, 경찰에 신고하는 등 적극적으로 대응한다.
- 폭행사건이 발생하면, 학교장은 전담 경찰에게 신고하고, 즉시 교육청에 알림, 전문가와 고소, 고발 등의 사법절차를 포함한 해결방안에 대하여 상담한다.

3. 학부모의 집단폭행사건

❶ 검찰은 구속기소하고 법원은 학부모 A씨에게 징역 8월의 실형을 선고하였으며, 함께 불구속 기소된 A씨의 아내 등 2명에게는 징역 6월, 집행유예 2년을 선고했다.

❷ 이 사안의 판결을 두고 한 공보판사는 "미래를 이끌어가야 하는 어린 학생들 앞에서 이들을 가르치는 교사를 폭행해 교권을 침해하는 것은 우리의 미래를 없애는 심각한 사건이며 이런 범죄가 다시는 발생하지 않도록 재판부가 경종을 울린 판결로 보인다"라고 설명한다.

❸ 체벌은 가급적 자제, 정당한 지도와 훈육으로 학생 지도한다.

4. 교사의 아동학대 전가사건

❶ 아동학대의 경우 최근 중대하게 다루어지는 사건을 이용하여, 교사의 아동학대로 몰아세우는 방식의 교권침해가 발생할 수 있다.

❷ 사안이 발생한 경우, 최대한 증거자료를 확보한 후, 교총이나 교육청 그리고 교권보호위원회에 도움을 요청한다.

❸ 「아동복지법」에 따라 소액의 벌금형만이라도 선고 받으면 교직에서 퇴출 한다. (해임 및 10년 간 관련 기관 취업을 제한한다.)

5. 교사에 대한 허위의 명예훼손 사건

❶ 판사는 업무방해와 「정보통신망 이용촉진 및 정보보호 등에 관한 법률」 위반 등 혐의로 기소된 학부모에게 징역 8월, 집행유예 2년을 선고한다.

❷ 욕설이나 명예훼손, 특히 정보통신망을 이용한 명예훼손은 「형법」에서 규정하고 있는 범죄 행위, 교원은 당당하게 이에 대하여 공론화하여 교권침해에 대해 구제 받을 수 있다.

❸ 교육관련 관계 기관들은 법률 제정 및 개정을 위하여 꾸준히 움직이고 있다.

❹ 교권침해 발생 시, 교권보호위원회를 적극 이용한다.

Chapter 13

교권침해사례, 어떻게 해결했을까요?(교원등에 의한 침해)

1. 제왕적 교장의 폭언사건

❶ 교원에 의한 교권침해 예방을 위한 유의사항

- 경직되고 오래된 사고에서 탈피하고 비판적 사고를 수용한다.
- 교육과정에 대한 이의제기 시 교육적 측면에서 접근한다.
- 관리자의 경우, 권위주의적 사고에서 벗어난다.
- 유연한 대화한다.
- 학생의 학습권 보호와 학교의 정상적 교육활동 유지를 우선순위에 둔다.
- 징계 사유 등 교사의 신분, 처분, 징계 관련된 관계법령 숙지한다.
- 금품 수수는 1원도 하지 않는다.

2. 교장의 폭행사건

❶ 폭행행위는 형법으로 처벌받는 위법행위로 해당 교육청에서는 파면 결정을 한다.

❷ 교원 또는 관련 교육기관에 의한 교권침해 대응요령에 따른다.

- 교원 간 갈등으로 사건 발생 시 즉시 상담을 요청한다.
- 목격자의 증언 확보하기 또는 관련 증거를 수집한다.
- 해결이 어렵거나 비밀이 유지되어야 하는 사안의 경우, 비밀이 보장되는 교육청 홈페이지 감사담당관 내부고발 사이트를 활용한다.
- 상담을 통한 해결이 어려울 경우, 교육청 보통고충심사위원회에 고충심사를 요구한다.
- 고충심사 의결 내용에 불복할 경우 처분이 있는 것을 안 날로부터 30일 이내에 교육부에 설치된 교원소청심사위원회에 재심을 요구한다.
- 교원소청심사위원회에 재심 의결 내용에 불복할 경우 행정소송 절차를 진행한다.
- 사정이 있는 경우, 교육청에 긴급 전보 요청도 가능하다.

3. 교장의 성희롱과 막말사건

❶ 품위유지의무 위반으로 해임 처분한 사례가 있다.

❷ 동성간에도 성희롱 성립이 가능하다.

❸ 해임 등의 징계 절차와 별개로 피해자가 원하는 경우, 별도의 법적 절차가 가능하다.

4. 교감에서 평교사로?

❶ 「사립학교법」 제56조

- 사립학교 교원은 형의 선고·징계처분 또는 이 법에 정하는 사유에 의하지 아니하고는 본인의 의사에 반하여 휴직 또는 면직 등 불리한 처분을 받지 아니한다. 다만, 학급·학과의 개폐에 의하여 폐직이나 과원

이 된 때에는 그러하지 아니하다.

- 사립학교 교원은 권고에 의하여 사직을 당하지 아니한다.

❷ 「교원의 지위 향상 및 교육활동 보호를 위한 특별법」 제6조(교원의 신분보장 등)

- 교원은 형(刑)의 선고, 징계처분 또는 법률로 정하는 사유에 의하지 아니하고는 그 의사에 반하여 휴직·강임(降任) 또는 면직을 당하지 아니한다.

- 교원은 해당 학교의 운영과 관련하여 발생한 부패행위나 이에 준하는 행위 및 비리 사실 등을 관계 행정기관 또는 수사기관 등에 신고하거나 고발하는 행위로 인하여 정당한 사유 없이 징계조치 등 어떠한 신분상의 불이익이나 근무조건상의 차별을 받지 아니한다.

❸ 징계처분 혹은 신분피해 구제절차

- 피해 발생

- 징계사유 및 절차 확인
  - 징계사유는 구체적·명시적이어야 함
  - 징계처리 절차가 적절하게 진행되었는지 확인함

- 교원소청심사위원회 소청심사 청구
  - 처분이 있었던 것을 안 날로부터 30일 이내
  - 법률상담

- 소송진행

- 사건의 종결

5. 사립학교 교사 해임사건

❶ 학교의 해임 요청에 대한 불복으로 교원소청심사위원회에 해임처분의 취소를 청구하였지만 기각당하여, 교원소청심사위원회를 대상으로 해임처분 최소소송을 제기한 사건이다.

❷ 1심, 2심, 3심 모두 부당해고를 인정하여 해당 교사를 복직시켰다.

❸ 국공립 뿐 아니라, 사립학교의 교원의 경우 법적으로 보호받는 대상이다.

❹ 유의사항

- 동료교사 혹은 목격자 등 사건 내용을 아는 사람으로부터 자신에게 유리한 증언을 확보하고 증거자료를 수집한다(자필확인서, 학부모의 진정서 또는 탄원서, 징계사유에 반박할 수 있는 업무일지, 출장 일지 등의 자료).
- 징계사유가 기재된 징계 의결 요구서 교부를 요구한다(내용증명 활용).
- 징계위원회 출석 요구서의 수령을 거부하더라도 1회 교부한 것이 되므로 유의한다.

6. 교사에 대한 사직강요사건

❹ 경찰에서 업무방해, 강요죄의 혐의로 불구속 입건 한 사례이다.

❷ 해당 교육청은 일부 교사들에게 사직서를 강요하는 등 학사행정에 관하여 부당 개입을 하면서 교원징계위원회를 불법 운영한 책임을 물어 이사장을 '경고' 조치하였고 학교장 파면과 교감 해임, 고교 행정실장과 중학교 교무부장에 대한 정직을 요구하였다.

Chapter 14

교권침해사례, 어떻게 해결했을까요?(물리적 침해)

1. 교내 조직폭력배 동원 위협사건

❶ 재판부는 피고인들이 조직폭력배를 과시하며 위세를 행사하는 과정에서 교사의 수업을 방해한 사실을 인정하고, 범행을 저지하기 위해 적극적으로 노력하는 등 실행에 미친 영향력을 제거했다는 사정을 엿볼 수 없어 유죄로 인정한다고 판시하였다.

❷ 또한 교사의 수업권 및 학교 질서 유지에 대한 자율권이 폭력으로 침탈당했다고 판시하였다.

❸ 공동협박: 「폭력행위 등 처벌에 관한 법률」(약칭: 「폭력행위처벌법」)에 의거하여 가중처벌 받는 범죄행위이다.

2. 학부모의 흉기 위협사건

❶ 학부모가 교감에게 흉기를 들이대면서 협박한 사건, 교감은 사건 발생 후 충격으로 입원치료를 하였다.

❷ 교감은 교권회복위원회의 결과와는 관계없이 학부모를 고소하였고, 경찰은 교감의 고소 여부와 관계없이 사건을 수사하였다.

3. 이모들의 집단 폭행사건

❶ 해당 교사는 형사소송과 민사소송 제기하였다.

❷ 형사처벌로 이모1은 벌금 150만원과 이모2는 선고유예를 선고하였다.

❸ 민사소송

- "원고가 학생을 체벌한 행위는 교육적인 목적으로 행해진 것으로 정당행위에 해당하는 것으로 보이고, 설사 체벌 방법과 정도에 있어 사회관념상 객관적 타당성을 결한 것이라 해도 그 사유만으로 피고들의 행위가 정당화 될 수 없으며, 비난가능성 또한 면키 어렵다"고 판시하였다.
- "원고가 피고들의 폭행과 업무방해행위로 정신적 고통을 받았을 것임은 경험칙상 명백함으로 피고인들은 금전으로나마 위차할 의무가 있고, 원고가 동료교사들과 학생들이 지켜보는 교무실에서 폭행을 당함으로써 다른 어느 곳에서보다 존중받아야 할 교사로서의 권위가 심각하게 훼손됐다"고 판시하였다.
- "다만 자신들의 조카가 선배들로부터 폭행당한 피해자 임에도 부장교사 K씨로부터 체벌 당했다는 것에 격분해 우발적으로 원고를 폭행한 것으로 500만원으로 정함이 상당하다"고 판시하였다.

4. 학생의 지도불만 폭행사건

❶ 학교에서는 즉각 선도위원회를 열고 출석정지 10일 처분을 내렸고, 교권보호위원회는 학생과 학부모가 피해 교사에게 사과하도록 하고, 강제 전학조치라는 중징계 조치를 하였다.

❷ 소년범에서의 소년의 연령 구분

- 범죄소년: 법률에 저촉되는 행위를 한 14세~18세 소년, 형사처벌이 가능하다.
- 촉법소년: 10세~13세 소년, 형사처벌 받지 않음, 보호처분의 대상이다.

- 우범소년: 범죄나 비행을 저지를 우려가 있는 10세~18세 소년, 보호처분의 대상이다.

5. 교사 감금사건

❶ 학원 정문을 닫고 강의실 문조차 잠겨있거나, 피해 교사의 의사에도 불구 나가지 못하도록 물리력을 행사하였다면 감금의 죄에 해당할 수도 있다.

❷ 감금죄

- "「형법」 제276조(체포, 감금, 존속체포, 존속감금) 제1항 사람을 체포 또는 감금한 자는 5년 이하의 징역 또는 700만 원 이하의 벌금에 처한다."에 해당하는 죄다.
- 사람을 일정한 장소 밖으로 나가지 못하게 하여 장소적으로 제한하는 범죄행위를 의미한다.

❸ 강요죄

- 「형법」 제324조 규정과 같이 폭행 또는 협박으로 사람의 권리행사를 방해하거나 의무 없는 일을 하게 하는 것을 의미한다.

6. "녹차와 상해" 사건

❶ 해당 학부모를 경찰에 연행하였고 재판에 회부되어 상해죄를 인정받아 징역 1년, 집행유예 3년의 형을 선고이다.

❷ 상해죄

- 단순 폭행행위를 넘어서 피해자의 신체의 완전성을 훼손하거나 생리적기능에 장애를 발생시킨 경우를 의미한다.
- 폭행죄보다 엄하게 처벌하였다.

Chapter 15

교권침해사례, 어떻게 해결했을까요? (언어적 침해)

1. 학생의 욕설사건

❶ 교사는 학생을 선도위원회에 회부하였고, 심의 결과 특별교육 5일의 징계를 처분하였다.

❷ 수업을 고의적으로 지연 및 방해하는 경우는 경고를 준 뒤 나아지지 않는다면 보호자 상담, 대책 논의를 하는 방안이 있다.

❸ 학생생활규정에 의거 선도위원회 결정에 따라 선도조치를 행할 수 있다.

2. 학부모의 폭언사건

❶ 자녀 문제에 흥분한 A학부모가 벌인 난동으로, 해당 학부모는 3학년 전체 학생과 전체 교직원, 학교운영위원회, 학부모회에 공개 사과 및 서면 사과를 하면서 마무리 된 사안이다.

❷ 학부모가 교권을 침해하는 경우는 욕설, 폭언, 협박, 무고, 각종 민원 제기 등이 있으며, 하동학대로 몰아세우거나 언론을 통한 명예훼손, 정보통신망을 통한 모욕, 명예훼손 등이 있다.

❸ 대응방법이 법적인 절차 외에 사실상 극히 드물기 때문에 관련 증거자

료를 반드시 확보해야 한다.

3. 교장·교감의 폭언사건

❶ 시교육청은 자체 감사결과를 토대로 즉시 직위해제를 하였고, 교원 징계위원회를 열어 A교장을 교감으로 강등하고 B교감은 해임하는 등의 중징계를 내리며 사안이 종료되었다.

❷ 관리자급의 교원이 다른 교원을 상대로 언어적으로 교권을 침해하는 행위는 명예훼손, 모욕 뿐 아니라 구체적으로 별다른 이유 없이 병가를 내어주지 않는 등의 행위, 비민주적 학교운영, 수업 방해 등의 형태로 발생하였다.

❸ 상호 존중하는 사고가 필요하다.

4. 허위사실 유포사건

❶ A교사는 무혐의 처분을 받았고, 교사가 학부모를 맞고소하여 학부모가 잘못을 인정하고 자녀를 자진 전학시켜 고소를 취하하며 마무리 되었다.

❷ 이 사안은 사실이 아닌 허위의 내용을 방송 등의 전파 가능성 있는 방법으로 공공연하게 적시한 대표적인 사례이다.

❸ 우리 「형법」에서는 공연히 사실을 적시하여 명예를 훼손하는 경우에 비하여 허위의 사실을 공연히 적시하는 경우 가중 처벌하고 있다.

❹ 관련법조항

- 「형법」 제156조(무고) 타인으로 하여금 형사처분 또는 징계처분을 받게 할 목적으로 공무소 또는 공무원에 대하여 허위의 사실을 신고한 자는 10년 이하의 징역 또는 1천500만 원 이하의 벌금에 처한다.
- 「형법」 제307조(명예훼손)

- 공연히 사실을 적시하여 사람의 명예를 훼손한 자는 2년 이하의 징역이나 금고 또는 500만 원 이하의 벌금에 처한다.
- 공연히 허위의 사실을 적시하여 사람의 명예를 훼손한 자는 5년 이하의 징역, 10년 이하의 자격정지 또는 1천만 원 이하의 벌금에 처한다.

• 「형법」 제311조(모욕) 공연히 사람을 모욕한 자는 1년 이하의 징역이나 금고 또는 200만 원 이하의 벌금에 처한다.

• 「민법」 제750조(불법행위의 내용) 고의 또는 과실로 인한 위법행위로 타인에게 손해를 가한 자는 그 손해를 배상할 책임이 있다.

5. 학부모의 과도한 민원제기 사건

❶ B학부모의 인권위원회 제소는 기각 처리되었고, A교사의 B학부모에 대한 법적 대응은 학생에 대한 배려차원에서 하지 않았다.

❷ 학부모의 행위는 교육활동에 대한 교권침해이며, 법적 대응도 필요한 사안으로 판단되었다.

❸ 「정보통신망 이용촉진 및 정보보호 등에 관한 법률」 (약칭: 「정보 통신망법」)

• 제70조(벌칙)

- 사람을 비방할 목적으로 정보통신망을 통하여 공공연하게 사실을 드러내어 다른 사람의 명예를 훼손한 자는 3년 이하의 징역이나 금고 또는 3천만 원 이하의 벌금에 처한다.
- 사람을 비방할 목적으로 정보통신망을 통하여 공공연하게 거짓의 사실을 드러내어 다른 사람의 명예를 훼손한 자는 7년 이하의 징역, 10년 이하의 자격정지 또는 5천만 원 이하의 벌금에 처한다.
- 제1항과 제2항의 죄는 피해자가 구체적으로 밝힌 의사에 반하여 공소를 제기할 수 없다.

6. 언론사의 왜곡 보도 사건

❶ 대법원은 기사의 일부 내용이 진실하지 않고, 그 기사 내용이 진실이라고 믿을만한 상당한 이유가 없음을 이유로 허위사실 적시에 의한 명예훼손에 해당한다면서 지역 신문사의 손해배상 책임이 있음을 인정하였다.

❷ 타인에 의하여 명예훼손을 당한 경우의 대응방법

- 민사상 손해배상 청구나 형사상 명예훼손죄로 고소, 고발한다.
- 방송, 신문 등 언론기관에 의하여 명예훼손을 당한 경우 언론중재위원회를 통하여 조정하였다.
- 인터넷 등의 정보통신망을 통하여 명예훼손을 당한 경우 방송통신심의위원회를 통하여 분쟁을 조정한다.

❸ 언론중재위원회의 결정은 확정판결과 동일한 효력을 가진다.

Chapter 16

교권침해사례, 어떻게 해결했을까요?(성폭력 등 특수유형 침해)

1. 학생에 의한 성추행 사건

❶ 학교는 징계위원회를 열고 여교사에게 부적절한 언행을 한 학생과 그 장면을 촬영하여 인터넷에 올린 학생에게 출석정지 10일의 징계를 결정하였다.

❷ 학생이 하는 성희롱 언동은 형사 처벌의 대상은 아니나 「학교폭력예방 및 대책에 관한 법률」에 의거하여 처벌받을 수 있으며, 행위에 따라서는 「형법」이나 성폭력범죄의 처벌 등에 관한 특례법」에 의하여 처벌받을 수 있다.

2. 동료교원에 의한 성희롱 사건

❶ 기혼 여성인 동료교사에 대하여 동료교원인 실장이 성희롱적 발언을 한 사건이다.

❷ 국가인권위원회 권고사례로서 진정인과 피진정인과의 관계에서 업무관련성이 인정되며, 기혼인 진정인에게 애인이 있으면 데이트하라고 말한 것은 기혼자에게 또 다른 이성 관계를 함의하는 것이고 진정인에게 수차 몸매와 관련하여 언급한 것은 여성의 외모에 대한 비유나 평가로

서 모두 부적절한 성적 언동으로 평가 될 수 있다고 판단한 사례이다.

❸ 경미한 성희롱 사안의 경우에는 자율적인 분쟁조정 등으로 해결이 가능하나, 강제추행 등 중대한 성폭력 사안의 경우에는 반드시 성희롱심의위원회를 개최하여 처리하지 않고, 임의로 사안을 종결하는 경우 학교장은 관리자로서의 재량권 일탈, 남용에 해당한다.

3. 관리자 등에 의한 성폭력 사건

❶ 회식자리 등에서 여교사의 몸을 수차례 만지고 추행한 교장이 구속기소 된 사건이다.

❷ 해당 교육청은 "성추행과 국가공무원법을 위반한 교장의 범죄는 사안이 무거워 중징계가 불가피하다."고 한다.

- 또한 구속 기소되어 재판을 받은 교장에게 법원은 징역 6월에 집행유예 1년, 40시간의 성폭력 프로그램 이수 및 신상공개처분을 결정하였다.

❸ 성희롱·성폭력 등의 문제가 학교 내에서 해결되지 아니할 경우, 고용노동청이나 국가인권위원회에 진정을 제기하는 방법 외에 형사고소 또는 민산소송을 통하여 법적 구제절차를 밟을 수 있다.

4. 카메라를 이용한 촬영 사례

❶ 치마를 입고 걸어가는 하체를 찍은 동영상을 친구에게 전달 받아 단체 채팅방 등에 게시한 사건이다.

❷ 해당 사례의 경우 실제로 교사-학생 간 발생한 사례는 아니라 유사한 사례를 각색한 것으로 피고인에게 벌금 300만원 및 성폭력치료프로그램 24시간 이수명령을 선고하였다.

❸ 성범죄를 근본적으로 예방하고 성범죄자에 대한 처벌 강화 및 재범 방지 증의 제도적 보완을 위하여 「성폭력범죄의 처벌 등에 관한 특례

법」을 제정하였으며 카메라 등을 이용하여 타인의 신체를 그 의사에 반하여 촬영한 영상을 게시한 경우 처벌하고 있다.

❹ 타인의 신체를 그 의사에 반하여 촬영한 촬영물을 반포·판매·임대 또는 공연히 전시·상영한 자는 반드시 그 촬영물을 촬영한 자와 동일인이 아니어도 처벌할 수 있다.

5. 정보통신망을 이용한 성범죄 사례

❶ 교사들이 스터디 목적으로 함께 이용하는 블로그에 음란한 게시물을 올린 교원에 대한 사례이다.

❷ 해당 사례의 경우 실제 교원-교원 간 발생한 사례는 아니나 유사한 사례를 각색한 것으로서 피고인에게 벌금 300만원이 선고되었다.

❸ 정보통신망 이용촉진 및 정보보호 등에 관한 법률」에 의하여 위법한 정보 등을 유통할 경우 처벌하고 있으며, 위법한 정보의 유통행위는 명백한 교권침해행위에 해당한다.

Chapter 17

학교폭력의 감지와 대처방법은?

1. 학교폭력의 심각성

❶ 학교폭력이 심각해짐에 따라 학교폭력을 사전에 감지하고 예방하는 것이 절실히 필요하다.

2. 학교폭력, 조기에 감지하기

❶ 학교폭력 조기 감지: 문제 행동을 사전에 예방하기 위해서 '누가 학교폭력 문제행동에 관련될 가능성이 있는가'를 사전에 예측하는 것이다.

❷ 검사, 진단 평가를 통한 학교폭력 조기 감지

- 또래 평정에 의한 사회 측정 검사를 한다.
- 또래 지명(peer nomination)에 의한 사회 측정 검사를 한다.
- 학교폭력 (집단 따돌림) 피해자 및 가해자 구별 질문지이다.
- 학급 단위 학교폭력 조기 감지 질문지이다.
- 학교폭력 조기 감지를 위한 자기진단 체크리스트이다.

❸ 관찰을 통한 학교폭력 조기 감지: 관찰을 통한 학교폭력 조기 감지를 위해서는 피해 학생과 가해 학생에 대한 조기 감지 단서를 잘 파악하

고 있어야 한다.

3. 학교폭력 감지 시 대처 방법

❶ 감지 시 보고의무: 교사가 학교폭력을 감지한 경우 학교장에 보고하여야 하며, 학교장은 지체 없이 전담기구 또는 소속 교원으로 하여금 사실여부를 확인하도록 해야 한다.

❷ 유기적 협력을 통한 해결

- 학교폭력은 교사 개인이 해결할 수 있는 것이 아니다.
- 학교 내 학교폭력 상황을 해결할 수 있도록 유기적인 협력 필요하다.
- 학교폭력 전담기구 소속 교사들(교감, 책임교사, 상담교사, 보건교사 등)과 담임교사 등은 유기적으로 연결되어 정확히 학교폭력 상황을 파악해야 한다.

❸ 사안처리절차: 사전예방 ➜ 초기대응 ➜ 사안조사 ➜ 조치결정 ➜ 조치수용 ➜ 조치불복

Chapter 18

학교폭력 전담기구는 어떤 일을 할까요?

1. 학교폭력 전담기구의 구성과 역할

❶ 전담기구의 특징

- 학교폭력 사안을 접수하고 이를 보호자에게 통보하며 학교폭력 사안 조사와 그 결과보고, 집중보호 또는 관찰대상 학생에 대한 생활지도 등을 수행한다.
- 각급 학교의 학교폭력 예방에서의 핵심 기능을 수행한다.

※전담기구는 각급 학교에 필수적 설치

❷ 전담기구의 구성원

- 교감
- 전문상담교사: 순회상담교사, 상담을 주로 하는 교사 등을 포함하는 넓은 의미이다.
- 보건교사
- 책임교사: 생활지도부 부장교사와 부에 속해 있는 교사를 모두 포함한다.

❸ 전담기구 업무

- 학교폭력에 대한 실태 조사: 실태 조사의 시기나 방법 등은 전담 기구에서 결정한다.

- 학교폭력예방 프로그램의 구성 및 실시한다.
- 학교장이나 학교폭력대책자치위원회의 요구 시 학교폭력 조사 결과를 보고한다.
- 피해 사실의 확인을 위한 학교폭력 사건의 조사를 한다.

2. 학교폭력 사안 조사 절차 및 방법

❶ 사안 조사 책임자 및 담당자

- 조사 책임자: 학교장
- 조사 담당자: 학교폭력 전담기구 또는 소속 교원

❷ 사안의 3단계 진행 과정: 발생 ➜ 조사 ➜ 보고

❸ 단계별 조치사항

- 학교폭력 사건 발생 인지: 117 학교폭력 신고센터로부터의 통보 또는 교사, 학생, 학부모 등의 신고를 통해 사건 발생을 인지한다.
- 신고 접수 및 학교장 보고: 신고 접수 사안을 신고 대장에 기록, 학교장과 담임교사에게 보고, 학생 보호자에게 통지한다.
- 즉시조치(필요 시 긴급조치 포함): 피해 학생과 가해 학생 격리, 피해 학생의 신체적·정신적 피해 치유를 위한 조치 우선 실시 등이다.
- 사안 조사: 가해 및 피해사실 여부 확인을 위한 구체적인 사안 조사 실시, 사건보고서 작성 등이다.

※ 성폭력의 경우 비밀유지에 특별히 유의

- 보호자 면담: 관련 학생의 보호자 면담을 통해 각각의 욕구사항 파악, 향후 처리 절차 등을 통보한다.
- 조사 결과 보고: 학교의 장 및 자치위원회에 보고한다.
- 자치위원회의 심의·의결한다.

❹ 사안 조사 절차: 면담 조사 ➜ 정보 수집 ➜ 사실 확인 ➜ 욕구 파악 ➜ 면담일지 및 보고서 작성 ➜ 사안 보고

Chapter 19

피해, 가해 학생측의 상담은 어떻게?

1. 학교폭력 상담의 개념과 특성

❶ 학교폭력 상담의 정의: 학교폭력 상담은 일반적으로 위기상담을 의미한다.

❷ 학교폭력 상담의 목표: 근본적인 해결방안을 모색하여 학생들이 학교 및 일상생활에 적응하고 나아가 건강한 대인관계와 사회성 발달을 통해 궁극적으로 건강하고 건전한 사회구성원으로 성장하도록 지원하는 것이다.

❸ 학교폭력 상담의 기본 원칙: 신속성, 개별화, 구체화, 적극성, 중립성, 자료화, 연계성의 원칙이다.

2. 피해 학생측에 대한 교사의 상담

❶ 피해 학생 상담 방법

- 피해 학생 상담 시 먼저 위로와 지지를 통해 정서적 안정을 준다.
- 피해 상황 및 피해자의 요구를 파악하고, 피해 학생을 보호해줄 것이라는 확신을 준다.
- 이후 사안 처리 절차 및 보호조치 등의 과정을 설명해 준다.

❷ 피해 학생의 보호자에 대한 상담 방법

- 피해 학생의 보호자 상담 시 먼저 감정을 이해해주고 지지해주는 것이 필요하다.
- 피해 사실을 보호자가 정확히 알고 있는지 확인 후, 추가 의견이나 자료가 있는지 확인한다.
- 그 후 사안 처리 과정에 관한 설명을 하고, 피해 학생의 보호와 안전 및 학교 적응을 위해 노력할 것임을 알려 준다.

3. 가해 학생측에 대한 교사의 상담

❶ 가해 학생에 대한 상담 방법

- 가해 학생 상담 시 가해 학생이 잘못을 인지하도록 하고 어떤 경우에도 폭력은 용납할 수 없음을 알려 준다.
- 가해 학생이 왜 폭력을 가했는지 면밀히 원인을 탐색하며 듣고 이해해주는 공감이 필요하다.
- 정확한 사건 상황을 구체적으로 파악한 후 가해 학생에게 어떤 과정을 거쳐 조치를 받게 되는지 사건 처리 절차를 알려 준다.
- 추후에 가해 행동이 재발되지 않도록 주의를 주고, 재발할 경우 심각한 수준의 처벌을 받을 수 있음을 알려 준다.

❷ 가해 학생의 보호자에 대한 상담

- 가해 부모로서의 정서적 불안과 갈등에 대하여 정서적인 공감대를 형성하고 충분히 지지함을 표현한다.
- 가해 부모로서의 심적 부담감과 불안감이 안정되면 자녀의 가해 행동에 대한 책임을 분명히 밝히고 가해 행위에 대한 적절한 보상과 반성의 자세의 중요성을 알린다.
- 그 후 학교폭력 사안 처리의 진행절차에 대해 안내하고, 필요 시 향후 치료비 및 정신적 피해 보상금 등의 합의금 등을 함께 논의한다.

Chapter 20

교사의 보호·감독의무란 무엇일까요?

1. 교사의 보호·감독의무

❶ 교육법에 따라 학부모 등의 법정감독의무자를 대신하여 보호·감독하는 의무를 의미한다.

❷ 보호·감독의무는 법에 명시적으로 규정되어 있지 않지만 교육관계법령의 정신 내지 교사의 직무에서 당연 발생한다.

❸ 학생의 책임능력 여부와 교사의 책임

상황	교사의 법적 위치	교사의 법적 책임
책임능력 없는 학생들을 지도·담당하는 교사	보호자를 대신는 감독자의 지위	사안 발생만으로 교사의 책임이 인정될 수 있음. 다만 교사가 자신이 보호·감독 의무를 게을리 하지 않았다는 것을 입증하면 책임이 면제
가해 학생이 책임능력이 있는 경우	교사 스스로 보호·감독 할 지위	사안 발생만으로 교사의 책임을 인정하지 않음. 다만 피해에 대한 입증을 피해자 측이 하면 교사의 책임이 인정

2. 교사의 손해배상 책임

❶ 학교에서의 교육활동 또는 이와 밀접한 생활관계이다.

예) 쉬는 시간, 점심시간, 청소시간 등 ➜ 직접적인 교육활동 시간은 아니지만 교육활동 시간과 밀접한 관계라고 할 것이다.

예) 소풍·수학여행, 고적 답사 등 야외활동 ➜ 장소가 교실이 아닐 뿐 교육활동에 해당하는 시간이다.

❷ 학교폭력이 발생할 것을 알았거나 알 수 있었어야 한다.

❸ 두 가지 요건이 충족되어도 구체적인 경우 보호·감독의무를 위반하였는가를 검토한다.

Chapter 21

학교폭력사례, 어떻게 해결했을까요?(학생에 대한 조치)

1. 약자에 대한 상습적인 폭행

❶ A군이 동급생 B, C를 수하처럼 데리고 다니면서 괴롭히고 폭행한 사건이다.

❷ 학교폭력대책자치위원회에서 A군을 전학조치 하고, 전문의료기관에서 상담치료를 받도록 권고하였다.

❸ 담임교사는 해당 학급 학생들에게 바람직한 인간관계 형성 등을 내용으로 교육한다.

❹ 피해 학생에 대해서는 담임교사의 보호에 대하여 신뢰를 갖도록 상담을 하는 등의 조치를 한다.

❺ 담임교사의 깊은 관심과 세심한 배려가 요청된다.

2. 선후배 학생들 간의 금품 갈취

❶ 선배들이 금품 갈취 등을 목적으로 후배에게 폭력을 행사한 사건이다.

❷ 학교폭력대책자치위원회에서 가해 학생들에게 사회봉사활동 처분을 내렸다.

❸ 담임교사의 지도를 통하여 피해 학생을 지원한다.

❹ 문제행동을 일으킨 학생들에 대한 전문적인 상담 지원이 필요하다.

❺ 특별활동 부서 운영에 대한 물적·심리적 지원을 확대하여 학생들의 기본적인 욕구를 충족시킨다.

❻ 스트레스를 해소할 수 있는 제반 여건을 마련한다.

❼ 금품 갈취나 폭력 발생을 예측할 수 있는 설문조사를 주기적으로 실시한다.

3. 방관자와 학교폭력

❶ A양이 학급 학생 4~5명에게 지속적인 폭력을 당하였으나, 학급의 다른 학생들도 폭력 행사에 침묵으로 동조하면서 A가 학교를 나가지 못하게 된 사건이다.

❷ 학교폭력대책자치위원회는 가해 학생에게 전학 및 사회봉사 조치를, 피해 학생에게는 심리상담 및 치료를 받도록 조치하였다.

❸ 방관자로 침묵하는 학생들의 변화가 중요하다.

❹ 방관자의 침묵은 가해 학생들에 대한 용인이나 승인으로 여겨지기 때문에 피해 학생에게 더 큰 상처를 주는 경우가 많다.

❺ 가해 학생의 학교폭력을 보았을 때 주변 학생들이 적극적으로 이를 제지하거나 방어하려는 노력을 할 수 있도록 지속적인 교육을 통해 방관자의 침묵을 깨는 것이 필요하다.

❻ 사전 예방 지도

- 담임교사는 학교부적은 성향을 보이는 학생에 대한 생활태도와 교우관계 등에 대한 파악 및 지속적인 관리를 해야 한다.
- 또래상담을 활용하여 상담자 역할을 할 수 있는 또래를 연결하고, 학급 내에서의 생활 모니터링을 통해 징후를 인식한다.
- 학교부적응 현상을 보이는 학생에 대해서는 학부모와 협의하여 전문

상담기관이나 지역사회복지관 및 전문 의료센터 등에 심리상담 및 치료 등을 의뢰하여 원인 진단 파악 및 치료 방안을 강구한다.

4. 집단 괴롭힘

❶ 학생 5명이 평소 말을 잘 알아듣지 못하고 성격이 소심한 A양을 집단으로 괴롭힌 사건이다.

❷ 가해 학생에게 사회봉사명령이 내려졌다.

❸ 집단 괴롭힘의 경우에는 초기에 감지하여 개입하는 것이 중요하다.

❹ 학기 초, 학년 초에 학생 기초자료와 개별상담을 실시한다.

- 선도가 필요하다고 파악된 학생에 대해서는 상담교사와 학부모 그리고 지역사회 전문가 등과 연계를 통한 지속적인 상담지도가 요구된다.
- 전문가를 통해 학생의 가족관계, 부모의 교육방식, 보호능력 등에 대한 평가를 하는 등 지도 방안을 강구한다.

❺ 학급에 대한 창의적 갈등해결 프로그램 또는 분노·공격성 관리 프로그램 등을 적용한다.

- 주기적으로 학교폭력 관련 자료를 보고, 소감문을 쓰거나 토론하게 유도하는 방법도 좋은 방안이다.

5. 동아리 내에서의 학교폭력

❶ 동아리 선배들이 같은 동아리의 후배들을 폭행한 사건이다.

❷ 학교폭력대책자치위원회는 동아리를 해체하고 가해 학생을 전학 조치를 하였다.

❸ 동아리 내에서의 학교폭력은 다수의 학생들에게 지속적으로 이루어진다는 면에서 크게 우려된다.

❹ 사후에 적발했을 경우

- 이미 피해가 크고, 해당 학생을 처리하기에 어려움이 있다.
- 보복 등의 문제가 이어질 수 있으므로 사전에 적발하여 해체하고 지속적으로 관리하는 것이 더 바람직하다.

6. 언어폭력 및 집단 따돌림이 원인으로 발생한 폭행

❶ A양이 B양의 비밀을 말하면서 집단 따돌림을 당하고, 이에 격분한 A가 의자를 던져 B양이 다친 사건이다.

❷ 학교폭력대책자치위원회는 A양에게 교내봉사명령을 내렸지만, A양의 학부모가 전학을 원하여 전학 조치되었다.

❸ 학생들의 개인주의 성향이 증대되고, 리셋(Reset) 증후군 증가, 인내력과 자기통제력 저하 등으로 인하여 갈등과 대립 및 소외현상이 증대하는 만큼 이에 대한 세심한 관심과 배려로 더불어 사는 공동체의식 함양을 위한 실질적은 교육을 실시할 필요가 있다.

❹ 학년 초에 학생을 조별로 나누어 환경미화 활동이나 체육 활동, 동아리 활동, 학교청소나 지역사회 봉사활동 등에 적극적인 참여를 권장하는 등 전체 학급을 대상으로 한 다양한 학교활동을 전개하는 방법도 공동체 의식을 함양시킬 수 있는 좋은 방안이다.

❺ 또래상담, 개인상담, 사이버상담 등을 하거나, 지역의 전문상담기관이나 학부모와의 긴밀한 상호관계를 유지하는 것도 향후 발생할 수 있는 위험을 방지하는 데 효과적이다.

Chapter 22

학교폭력사례, 어떤 책임이 발생했을까요?(교사의 책임)

1. 신체폭력에 관한 보호·감독 책임(부정 사례)

❶ 피고 A가 수업시간 중에 원고 B를 폭행하여 상해를 입게 한 사건에서 법원은 학교의 교장이나 교사의 보호·감독의무를 학교에서의 교육활동 및 이와 밀접 불가분의 관계에 있는 생활관계에 한정한다고 판시한다.

❷ 그 의무범위 내의 생활관계라 하더라도 교육활동의 때, 장소, 가해자의 분별능력, 가해자의 성행, 가해자와 피해자의 관계, 기타 여러 사정을 고려하여 사고가 학교생활에서 통상 발생할 수 있다고 하는 것이 예측되거나 또는 예측가능성(사고발생의 구체적 위험성)이 있는 경우에 한하여 교장이나 교사는 보호·감독의무 위반에 대한 책임을 진다고 보아 위 사건의 경우 그 예측가능성을 부정하였다.

2. 신체폭력에 관한 보호·감독 책임(인정 사례)

❶ 수업시간 중에 발생한 신체폭력 사건에 대하여 학교에서의 교육활동 중에 발생한 것이므로 교장이나 교사의 일반적 보호·감독의무가 미친다고 보았다.

❷ 이 사건, 사고는 학교 수업시간 중에 담당교사가 수업을 진행하는 면전에서 일어났다는 점 등을 종합하여 보면, 피고 C교육감이나 그 소속 교사들의 예견가능성의 범위를 벗어난 영역에서 발생하였다고 보기는 어렵다고 판시하여 교사의 보호·감독 의무 위반을 인정하였다.

3. 신체폭력에 관한 보호·감독 책임(장소 및 시간)

❶ 교사의 보호·감독의무는 법적으로 '학교에서의 교육활동 및 이와 밀접한 생활관계인 경우'에 존재하고, 수업시간이나 소풍·수학여행 등 야외활동인 경우에도 장소가 교실이 아닐 뿐 교육활동 시간이라고 보았다.

❷ 쉬는 시간, 점심시간, 청소시간 등은 직접적인 교육활동 시간은 아니지만 교육활동 시간과 밀접한 생활관계에 해당하는 경우라고 할 수 있다.

4. 언어폭력에 관한 보호·감독 책임(부정 사례)

❶ 교육활동과 관련된 생활관계인 경우라고 하여도 교사가 폭력상황을 예견하였거나 예견할 수 있는 상황이어야 한다.

→ 교사가 '학교폭력이 발생할 것을 알았거나 알 수 있었어야' 한다.

❷ 쉬는 시간에 학생 간에 우발적으로 발생한 폭력사건에 대해 교사가 책임을 지지 않는 것은 비록 교육활동과 밀접한 생활관계에서 발생하였지만 이러한 폭력이 발생할 것을 교사가 사전에 알았거나 알 수 있다고 볼 수 없기 때문이다.

5. 집단 따돌림에 관한 보호·감독 책임(인정 사례)

❶ 원고 B가 학생들(A)의 집단 괴롭힘을 견디지 못하고 조현병의 발병과 함께 학교를 자퇴한 사안에서 법원은 종합적으로 고려해보면, 피고 학생들(A)의 집단 괴롭힘과 원고 B의 조현병 발병 사이에 상당인과관계가 있다고 봄이 타당하다고 판단하고 피고 부모들에게 공동불법행위를 인정함과 동시에 교사는 학교에서의 교육활동 및 이와 밀접분가분의 관계에 있는 생활관계에서 사고가 통상 발생할 수 있을 것으로 예측되거나, 또는 사고발생의 구체적 위험성에 대하여 예측 가능성이 있는 경우에는 친권자 등 법정감독의무자를 대신하여 학생들을 보호·감독하여야 할 의무가 있으므로 위 피고들은 공동불법행위자로서 서로에 대하여 부진정연대관계[1])에서 배상하여야 한다고 판시하였다.

1) 부진정연대관계: 본인의 의사와 관계없이 우연히 연대책임 관계가 성립하게 되는 경우를 뜻함

Chapter 23

학교안전사고란 무엇일까요?

1. 학교안전사고의 개념과 유형

❶ '학교안전사고'란 학교를 둘러싸고 발생하는 모든 사고를 의미한다.

❷ 「학교안전법」 상 학교안전사고

- 사고: 교육활동 중에 발생한 사고로서 학생·교직원 또는 교육활동참여자의 생명 또는 신체에 피해를 주는 모든 사고이다.
- 질병: 학교장의 관리·감독에 속하는 업무가 직접 원인이 되어 학생·교직원 또는 교육활동참여자에게 발생하는 질병이다.
  - i) 학교급식이나 가스 등에 의한 중독
  ii) 일사병
  iii) 이물질의 섭취 등에 의한 질병
  iv) 이물질과의 접촉에 의한 피부염
  v) 외부 충격 및 부상이 직접적인 원인이 되어 발생한 질병

❸ 「학교안전법」 상 학교안전사고에 해당하는 경우, 학교안전공제회를 통해 보상을 받을 수 있고 그 외의 학교안전사고인 경우 민사소송을 통하는 등으로 구제책을 마련하여야 한다.

❹ 「학교안전법」 상 학교안전사고의 분류: 시간 기준

- 사고: "교육활동 중"에 발생한 사고에 해당하는 것이다.

- 정규 교과활동: 정규 교과활동이 학교의 교육과정 또는 학교장이 정하는 교육계획 및 교육방침에 따라 학교장의 관리·감독하에 행하여지는 수업·특별활동·재량활동·과외활동·수련활동·수학여행 등 현장체험활동 또는 체육대회 등의 활동인 경우를 말한다.
- 등·하교 시간: 통상적인 경로 및 방법에 의할 것, 학교 외의 장소에서 교육활동이 실시될 경우에는 집합 및 해산 장소와 집 또는 기숙사 간의 왕복시간도 포함된다.
- 휴식시간 및 교육활동 전후의 통상적인 학교체류시간이다.
- 학교장이 인정하는 활동을 하는 시간:
  i) 학교장이 인정하는 각종행사 또는 대회 등에 참가하여 행하는 활동
  ii) 학교장이 인정하는 직업체험, 직장견학 및 현장실습 등에 참여하는 것이다.
  iii) 학교장의 지시에 의하여 학교에 있는 시간에 발생한 사고이다.
- 기숙사에서 생활하는 시간

• 질병: 학교장의 관리·감독에 속하는 업무가 직접 원인이 되어 발생한 5가지 질병이다.
  - 학교급식이나 가스 등에 의한 중독, 일사병, 이물질의 섭취 등에 의한 질병, 이물질과의 접촉에 의한 피부염, 외부 충격 및 부상이 직접적인 원인이 되어 발생한 질병이다.

2. 학교안전사고 발생 시 대응방법

❶ 관련 매뉴얼의 활용

❷ 사안 발생 시 긴급한 구호활동

❸ 학교장 보고 및 사고기록지 작성

❹ 학교안정공제회 사고 통지 및 보상 청구

❺ 사안 확대 시 대응

❻ 사건종결

Chapter 24

학교안전공제회는 어떤 일을 할까요?

1. 학교안전공제회의 역할

❶ 학교안전공제 사업과 학교안전공제회

- 「학교안전법」에 따라 학교안전사고로 인해 생명·신체에 피해를 입은 학생·교직원 및 교육활동참여자에 대한 보상을 하기 위하여 학교안전사고보상공제사업을 실시한다.
- 학교안전사고보상공제사업 실시를 위하여 해당 시·도에 학교안전공제회를 설립한다.
- 학교안전공제회는 학교안전사고보상공제사업을 실시하기 위한 「학교안전법」 상 기관이다.
- 학교안전공제회는 법에서 정한 설립목적과 사업범위를 벗어난 사업을 실시해서는 안 된다.

❷ 학교안전공제회의 사업

- 공제가입자에 대한 공제료의 부과 및 징수이다.
- 학교안전사고의 예방 및 공제가입자 또는 교직원 등의 지원에 관한 사업이다.
- 공제급여의 지급 및 학교폭력 피해 지원이다.
- 학교안전공제 보상심사위원회의 운영이다.

- 수익사업 등이다.

❸ 학교는 학교안전공제회에 당연 가입되며, 가입자는 학교의 장으로 본다.

❹ 학교안전공제의 피공제자: 학생, 교직원, 교육활동참여자이다.

2. 학교안전공제회의 지급 대상

❶ 공제급여의 종류

- 요양급여, 장해급여, 간병급여, 유족급여, 장의비가 있다.
- 이 외에 위로금, 안전사고와 관련하여 지출한 비용, 법원의 판결 등으로 확정된 보상액 또는 배상액은 공제급여에 준하여 지급하도록 한다.

❷ 공제급여의 청구 및 지급

학교안전하고 발생 통지	학교장
공제급여 청구	학부모가 직접 또는 학교장을 통하여
학교안전공제회의 공제급여 지급여부 결정	14일 이내
불복 시 학교안전공제보상심사위원회에 심사 청구	90일 이내
학교안전공제회의 공제급여 지급요부 결정	60일 이내
불복 시 학교안전공제보상재심사위원회에 재심사 청구	90일 이내
학교안전공제보상재심사위원회의 심사 청구 결정	60일 이내

❸ 공제급여 지급의 제한

- 피공제자가 자해 또는 자살한 경우이다.
- 요양기관의 지시 불이행 등으로 인해 부상·질병 또는 장해의 상태가 악화되었거나 요양기관의 치료를 방해한 것이 명백한 경우이다.
- 「자동차손해배상 보장법」 상 손해배상을 받은 경우이다.

- 공제급여를 청구할 수 있는 자가 다른 법률에 따라 이 법의 공제급여에 상당하는 보상 또는 배상을 받은 경우이다.

❹ 학교안전공제회의 구상권의 행사

- 누군가 일으킨 학교안전사고로 인하여 피공제자가 사망하거나 신체적 피해를 입게 되어서 학교안전공제회가 공제급여를 지급하였다면, 학교안전공제회는 그 학교안전사고를 일으킨 자 또는 그 보호자 등에게 공제급여에 상당하는 금액의 지급을 청구할 수 있다.
- 「학교안전법」은 '학교안전공제회는 피공제자의 고의 또는 중대한 과실로 인하여 학교안전사고가 발생한 경우, 피공제자 또는 공제가입자 아닌 자의 고의 또는 과실로 인하여 학교안전사고가 발생한 경우 구상권을 행사할 수 있다'고 규정하고 있다.

Chapter 25

학교안전사고, 교사의 책임은?

1. 학생안전사고 발생 시 교사의 책임

❶ 보호·감독의무: 교사는 학교의 교육권이 미치는 범위 안에서 학생을 보호하고 감독할 의무를 지며, 보호·감독의무를 위반하여 학생안전사고가 발생한 경우, 불법행위책임 및 감독자책임을 지게 된다.

❷ 불법행위책임 - 사립학교 교사의 민사상 책임

- 불법행위책임: 사립학교 교사는 교사의 고의 또는 과실로 인한 위법행위로 학생에게 손해가 발생한 경우, 그 손해를 배상할 책임이 있다.
- 사용자책임: 사립학교의 교사가 학생에게 불법행위책임을 지는 경우, 학교법인은 민법상 사용자 책임을 부담하여 교사의 불법행위로 인한 손해를 배상할 책임이 있다.

❸ 불법행위책임 - 국·공립학교 교사의 민사상 책임

- 국·공립학교의 교사가 직무를 집행하면서 고의 또는 과실로 법령을 위반하여 학생에게 손해를 입힌 때에는 국가나 지방자치단체가 학생의 손해를 배상해야 한다.

❹ 감독자책임 - 미성년자의 책임무능력과 감독자의 책임(「민법」 제755조)

- 책임능력 없는 미성년자의 불법행위로 인한 손해배상책임은 미성년자를 감독할 법정의무 있는 자 또는 대리감독자가 부담한다.
- 교사는 대리감독자로서 책임이 있는데, 미성년자에 대한 보호·감독의무를 게을리 하지 않았음을 증명하면 면책될 수 있다.

2. 교사의 책임유무 판단 기준

❶ 교사의 보호·감독의무: 학교에서의 교육활동 및 이에 밀접불가분의 관계에 있는 생활관계에서 사고가 학교생활에서 통상 발생할 수 있다고 하는 것이 예측되거나 또는 예측가능성이 있는 경우에만 존재하므로 이러한 조건을 갖춘 경우에만 교사에게 보호·감독의무 위반에 대한 책임을 물을 수 있다.

❷ 교사의 불법행위로 인한 교사의 책임의 근원: 교사의 고의 또는 과실에 있는데, 특히 교사에게 과실이 있느냐 여부는 교사로서 교육활동 중에 요구되는 주의의무를 위반했는가(주의의무 위반여부), 그리고 그 사고에 관하여 교사에게 예측가능성이 있었느냐를 기준으로 판단한다. (예측가능성). 따라서, 주의의무를 위반하였더라도 교사가 사고를 예측할 수 없는 상황이었다면 불법행위책임이 성립하지 않고, 손해에 대한 책임이 없다.

❸ 교사의 감독자책임의 판단: 책임능력이 없는 미성년자의 불법행위에 대해 학교에서의 교육활동 및 이와 밀접불가분의 관계에 있는 생활관계에서 교사가 예측할 수 있는 사고였는가에 따라 달라진다.

Chapter 20

학교안전사고사례, 어떤 책임이 발생했을까요?(학교 내 사고)

1. 체육시간에 야구부원이 던진 공에 맞아 다친 사고

❶ 체육시간은 일반 교과시간보다 사고발생 요인이 더 많으므로, 교사는 학생들에게 각 활동의 목표와 요령 및 위험성을 명확히 알려야 한다.

❷ 신체적 부담이 있는 활동(달리기 등)을 진행하기 위해서는 충분한 준비운동을 시행해야 한다.

❸ 체육활동에 위험이 될 외부요인(주변 활동자 등) 및 내부요인(학생의 건강 등)을 점검하고, 사고발생 가능성이 있는 부분을 차단하는 데 주의를 기울여야 한다.

- 체육활동을 하는 주변에서 활동하고 있는 다른 집단 또는 개인이 있다면, 사고예방 차원에서 합류하지 않도록 주의를 주어야 할 의무가 있다.
- 학생의 개별성향을 미리 파악하여 위험요인에 취약한 학생들은 수준별로 개인지도를 해야 한다.

2. 과학실에 몰래 들어가 실험을 하던 중 폭발사고로 사망한 사고

❶ 과학실, 기타 각종 기술 또는 기능을 실습하는 장소 및 도구는 일반 교과를 학습하는 장소 및 도구보다 사고발생의 잠재적 위험성이 높다.

❷ 관리를 담당하는 교사는 사고발생 가능성을 인지하고, 사전에 차단해야 할 주의의무가 있다.

❸ 기본적으로 사고발생 가능성이 높은 장소는 관리자가 상주한 상태에서만 개방하되, 특히 위험물질은 별도의 잠금장치를 해 두어야 할 필요가 있다.

❹ 사고위험이 있는 장소 또는 물질의 잠금장치 열쇠를 보관하는 경우에는 그 장소 또는 물질에 대한 관리책임자로서 특별한 주의를 기울여야 한다.

3. 방과 후 수업에 등교 중 성폭행을 당한 사고

❶ 학교에 수상한 자가 침입했을 경우는 각 학교의 위험 등 발생 시 대처요령(위기관리 매뉴얼 등)에 따라야 한다.

❷ 담임교사는 성범죄가 발생한 경우 반드시 관할 경찰서와 상부기관에 보고해야 한다.

❸ 상황에 따라 필요한 경우에는 학생 및 교직원의 대피를 유도하고, 경찰·소방서 등 관계기관이나 교육청에 통보 및 보고해야 한다.

❹ 학교에 침입할 우려가 있는 수상한 자의 정보가 있는 경우에는 관계기관과 신속히 제휴하여 경찰의 순찰 등이 실시될 수 있도록 해야 한다.

❺ 학생의 담임교사가 아니라고 하더라도, 학생에 대한 보호·감독 의무가 있으며, 특히 저학년 학생에 대하여는 넓은 범위의 보호·감독 의무가 인정되므로 학생이 안전하게 등교할 수 있드록 지도할 주의의무가 있다.

4. 정규학습 시작 전에 아크릴판에 맞아 학생이 다친 사고

❶ 학생들이 등교하여 자율학습을 준비하는 시간은 수업 시간은 아니지만, 교육활동과 밀접불가분의 관계에 있으므로 그 시간 중 교실 내에서의 학생 행위에 대하여 교사는 일반적 보호·감독의무를 부담한다.

❷ 호기심이 많은 학생들이 장난 등의 돌발적인 행동을 할 가능성이 많다고 하여, 신체에 커다란 충격을 줄 수 있는 위험한 행위를 하리라는 구체적인 위험성이 있다고 보기는 어려움이 있다.

❸ 특별한 사정이 없는 한 돌발적이거나 우연한 사고의 경우에는 교사의 예측가능성이 부정되고, 그로 인해 학생에게 피해가 발생했더라도 교사가 보호·감독의무 위반의 책임을 부담하지 않는다.

Chapter 27

학교안전사고사례, 어떤 책임이 발생했을까요?(학교 외 사고)

1. 현장학습 중 호텔 수영장에 빠져 사망한 사고

❶ 학교측은 현장체험학습과 관련된 교육자료·현장정보 등을 학생들에게 미리 제공하고, 안전사고 예방교육 등을 실시해야한다.

❷ 인솔자가 부득이하게 현장체험학습에 지인을 참가시킬 필요가 있을 때는 공적 결재를 얻는 등으로 공식적인 절차를 밟아야 한다.

❸ 인솔자

- 비상시에 대비한 상비약품을 준비하여 소지하고, 이동·체험활동 장소의 각종 시설 등에 대해 안전점검을 실시해야 한다.
- 이동 또는 체험활동 중 상황별로 적합한 생활지도 및 학생안전교육 매뉴얼을 활용하여 안전교육을 실시해야 한다.
- 숙박시설의 관리 책임자 및 안전요원과 긴밀한 협조체제를 구축하여 사고에 대비해야 한다.
- 현장체험학습 중 개별 활동을 금지하고, 물놀이 시설이 있다면 그에 대해 제한하거나 안전교육을 시행해야 한다.
- 일정이 종료될 때까지 현장을 이탈하지 않도록 하고, 교장선생님의 허락을 받았다고 하더라도 개인적인 업무를 위하여 행동하는 것을 지양해야 한다.

• 숙박형 체험활동의 경우, 저녁일정의 종료 보호·감독의무의 종료 시점이라고 보기는 어려움이 있다.

2. 현장학습 중 폭력에 의해 상해를 입은 사고

❶ 고적답사를 겸한 졸업여행은 현장체험학습의 하나로 교육활동 중이라고 볼 수 있으므로, 그 시간 중의 학생의 행위에 대하여 교사는 일반적 보호·감독의무를 부담한다.

❷ 교사로서는 학생들이 졸업여행을 떠나게 되어 평소와 달리 기분이 들뜨고 해이해지기 쉬운 상황에서 심한 장난을 한다든가 서로 간에 시비가 발생할 가능성이 있었다 하더라도 학교 측의 안전교육이나 사전 지시에 따르지 않고 돌발적으로 벌어진 폭력사고에 대해 예측가능성이 없다.

❸ 법원은 담임교사, 학교장 등이 출발 전날 및 숙소에 도착한 직후, 학생들에게 다양한 주의를 주었음에도 불구하고 돌발적인 사고가 발생한 것은 교사가 사고를 예측할 수 없었다고 보아, 이에 대한 보호·감독의무를 부담하지 않는다고 판시하였다.

3. 현장학습 후 대열을 이탈한 학생이 익사한 사고

❶ 현장학습이 종료된 후에도, 학생들이 안전한 장소에 도달하기 전까지 인솔교사는 보호·감독의무를 부담한다.

❷ 학생 중 한 명을 대표로 하여 나머지 학생을 인솔하여 가도록 하는 경우, 학생들이 대열을 이탈하여 사고를 발생시킬 위험이 예측되고, 이로 인해 사고가 발생하면 인솔교사의 직무상의 불법행위가 인정될 수 있다.

❸ 보이스카웃 하계야영대회를 마치고 하산하는 것은 보이스카웃 하계야영대회라는 교육활동에 부수하는 활동으로서 교육활동과 밀접한 관련

이 있는 활동 중으로 볼 수 있다.

❹ 현장학습 종료 시 근처에 하천폭포가 있었다면 인솔교사는 호기심 많은 학생들이 폭포로 들어가 사고를 발생시킬 수 있다는 점을 예측할 수 있었을 것이므로, 인솔교사는 이에 대해 적절한 조치를 취하여 학생들을 보호·감독할 의무가 있다.

4. 학교가 주관한 달리기 대회에서 달리던 학생이 쓰러져 사망한 사고

❶ 학교에서 주최한 달리기 대회에 학생들의 참여를 유도하면서 대회 출석 및 달리기 참가 여부, 완주시간, 순위 등 참가 결과에 따라 차등을 둔 일정 점수를 정규 교과목인 체육점수에 반영하기로 하였다면, 학생들이 무리하여 달릴 수 있다는 점을 예측하여 적절한 조치를 취하여 학생들을 보호·감독할 의무가 있다.

❷ 학생들의 신체에 부담이 가는 행사를 주최할 때, 고려할 사항들

- 사전에 학생들의 건강상태를 확인하여 참가 대상을 정해야 한다.
- 행사를 시작하기 전에는 충분하고 적절한 준비운동을 시켜야 한다.
- 응급환자가 발생하는 경우를 대비, 신속한 응급구조가 가능하도록 응급구조체계를 갖추어야 한다.

Chapter 28

아동학대란 무엇일까요?

1. 아동학대의 의미와 유형

❶ 「아동복지법」 제3조 제7항에 따르면 아동학대란 보호자를 포함한 성인이 아동의 건강 또는 복지를 해치거나 정상적 발달을 저해할 수 있는 신체적·정신적·성적 폭력이나 가혹행위를 하는 것과 아동의 보호자가 아동을 유기하거나 방임하는 것을 말한다.

❷ 신체적 학대: 보호자를 포함한 성인이 아동에게 우발적인 사고가 아닌 상황에서 신체적 손상을 입히거나 또는 신체손상을 입도록 한 모든 행위이다.

❸ 정서적 학대: 보호자나 양육자가 아동에게 언어적·정신적 위협, 감금이나 억제, 기타 가학적인 행위를 하는 것이다.

❹ 성적 학대: 보호자를 포함한 성인이 자신의 성적 충족을 목적으로 18세 미만의 아동에게 행하는 모든 성적 행위이다.

❺ 방임: 보호자가 아동에게 위험한 환경에 처하게 하거나 아동에게 필요한 의식주, 의무교육, 의료적 조치 등을 제공하지 않는 행위이다.

2. 아동학대의 심각성

❶ 2015년 학대로 인한 사망 19건(0.2%): 사망 후 접수 15건, 조사 중 사망 4건이다.

3. 아동학대의 현황

❶ 영유아기: 아동 발달에 있어 결정적인 시기이고, 부모와 주요한 애착 형성 시기로, 보무에 의한 학대가 아동 발달에 부정적인 영향을 미친다.

❷ 학령이 아동: 외부 환경에 많이 노출되어 학대 사실이 발견될 가능성이 높다.

4. 아동학대 신고 방법

❶ 아동이 학대 받고 있는 상황으로 의심이 되는 경우에는 신고자의 인적사항, 아동의 인적사항, 학대행위자의 인적사항과 학대행위로 여겨지는 상황 등을 언제든 112로 신고하거나 관할지역 아동보호전문기관에 신고한다.

Chapter 29

아동학대 신고자, 피해자 보호는 어떻게?

1. 아동학대 신고의무제도

❶ 「아동학대처벌법」 제10조 제1항: '누구든지 아동학대범죄를 알게 된 경우나 그 의심이 있는 경우에는 아동보호전문기관 또는 수사기관에 신고할 수 있다'고 규정한다.

❷ 아동학대범죄를 조기에 발견하여 피해 아동을 신속하게 보호하기 위해서 동법 제10조 제2항에서는 특정한 직무를 수행하는 자에게는 신고의무를 부여한다.

❸ 「아동학대처벌법」 제63조 제1항: '정당한 사유 없이 그 직무상 아동학대를 알게 되었거나 의심이 되었음에도 불구하고 신고를 하지 아니한 경우, 500만 원 이하의 과태료를 부과한다'고 규정한다.

2. 아동학대 신고자 보호

❶ 「아동학대처벌법」 제10조 제2항: '아동학대 신고자의 인적사항 또는 신고자임을 미루어 알 수 있는 사실을 다른 사람에게 알려주거나 공개 또는 보도하여서는 아닌 된다'고 규정한다.

❷ 아동학대 신고자를 보호하고 있으며, 신고자 보호를 위반할 시 3년 이

하의 징역이나 3천만 원 이하의 벌금에 처한다.

❸ 아동학대 신고자에 대한 불이익조치를 금지하고 있으며, 위반 시 위반 사항에 따라 2년 이하의 징역 또는 2천만 원 이하의 벌금, 1년 이하의 징역 또는 1천만 원 이하의 벌금에 처한다.

3. 아동학대 피해 아동 보호

❶ 피해아동보호명령제도: 학대 피해 아동을 보호하기 위해서 수사기관(경찰·검찰)을 거치지 않고, 직접 법원에 '보호명령'을 청구하는 제도이다.

❷ 피해 아동, 법정대리인, 변호사, 아동보호전문기관의 장의 청구 또는 판사의 직권으로 가능하며, 청구 시 학대행위자에 대한 조치와 피해 아동에 대한 조치가 이루어진다.

❸ 피해아동보호명령의 청구: 서류제출 또는 직접 말하는 방식의 신청이 가능하며, 법원이 피해아동보호명령 청구에 대하여 조사하고 결정한다.

Chapter 30

아동학대사례, 어떻게 해결했을까요?

1. 고양시 세 자매 사건

❶ 지역 내 유관기관들과 통합사례회의 및 솔루션회의를 통해 피해 아동 가정에 대한 개입 방안에 대해 논의, 업무분장 및 진행사항을 공유하여 원활하게 사례에 대해 개입한다.

❷ 아동보호전문기관

- 현장조사 후 즉시 친부를 경찰서에 인계하는 등 친부와 동거녀를 고발조치 한다.
- 지속적으로 아동들의 치료과정을 모니터링하며, 아동학대 피해에 대한 경각심 및 예방의 중요성을 알리기 위해 7곳의 언론사와 인터뷰를 실시한다.

❸ 경찰

- 친부, 동거녀에 대한 불구속 입건 수사를 진행한다.

❹ 시청, 동주민센터, 무한돌봄센터

- 긴급복지대상자 및 무한돌봄대상자로 선정하였다.
- 가정위탁 아동으로 선정되어 전세임대주택을 지원하며, 기초생활수급권자로 선정하였다.

2. 평택 아동살해 암매장 사건(Y군 사건)

❶ 경찰

- 신고와 함께 사건 조사에 착수한다.
- 친부와 계모를 구속 수사하였고, 그로 인해 알게 된 사실을 토대로 암매장되어 있는 아동의 시신을 수습하였다.

❷ 법원

- 대법원은 계모에게 징역 27년, 친부에게 징역 17년을 선고한 원심을 확정하였다.

3. 성적 학대 사례

❶ 행위자가 생각하기에 가벼워 보이는 신체접촉일지라도 피해 아동이 성적 수치심이나 혐오감을 느꼈다면 당연히 처벌의 대상이다.

❷ 어른들이 성적 수치심을 느끼는 행동이라면 아동 또한 똑같이 성적 수치심을 느끼므로 "예뻐서", "손주 같아서", "귀여워서"라는 핑계로 아동에 대한 신체접촉을 해서는 안 된다.

4. 삶의 희망을 갖게 한 따스한 관심

❶ 주변지원: 피해 아동에게 어린이집, 주민센터 등의 주변지원을 통한 모니터링으로 재 학대를 예방한다.

❷ 심리치료: 아동의 안전이 확인된 후 심리검사 및 심리치료를 제공한다.

❸ 유관기관: 주민센터 및 지역자활센터 등에서 일자리를 지원하여 친부에 대한 경제적 스트레스를 경감시키고 지속적으로 관찰한다.

5. 어린이집 학대 사건

❶ 「아동학대범죄의 처벌 등에 관한 특례법」 제7조(아동복지시설의 종사자 등에 대한 가중처벌)에 의하면 아동학대 신고의무자가 자신이 보호하는 아동에 대하여 아동학대 범죄를 저지른 경우에는 그 죄에 정한 형의 1/2을 가중처벌 받을 수 있다.

❷ 신고의무자를 가중처벌하는 이유는 신고의무자의 경우, 업무의 특성상 일반인에 비해 피해 아동의 보호요청이 더 강하게 요구되고, 불법성이 더 크다고 판단되기 때문이다.

Part 03

연습문제

1. 교육에 대한 법률교육의 필요성에 대하여 설명하시오.

2. 교원의 정의에 대하려 설명하시오.

3. 교원 정책과 교원의 처우에 대하여 설명하시오.

4. 교원의 권리와 의무는 무엇인가?

5. 교원의 의무를 제대로 수행하지 못한다면?

6. 교권침해란 무엇인가?

7. 교권침해에 대한 대응 방안은? (주체별)

8. 학교폭력의 감지와 대처방법은?

9. 학교안전사고란 무엇인가?

10. 학교안전공제회는 어떤 일을 하는가?

4장

학생안전, 창의적 체험활동 중심

[7대안전표준안]

Chapter 01

창의적 체험활동 과정에서의 안전과 안전체험관

1. 창의적 체험활동의 이해

1 | 창의적 체험활동의 목표

- 개인의 창의성: 청소년들은 꿈과 끼를 살릴 수 있고, 자기주도적이고, 협업적인 체험활동 참여를 통해서 창의성과 인성을 갖춘 인재로 성장한다.
- 학교조직의 창의성: 학교 교육과정 운영의 자율성을 신장시키고, 다양한 교수학습활동을 개발하고 운영하면서, 보다 창의적인 학교조직문화를 구축한다.
- 지역사회학교의 구축: 다양한 지역사회자원을 활용해야 하며, 지역사회 전체가 학습의 장이 되는 지역사회학교를 만들어간다.

2 | 창의적 체험활동의 영역

- 자율활동, 동아리활동, 봉사활동, 진로활동

2. 안전과 안전사고의 이해

1 | 안전의 의미 및 요인

- 재해나 사고가 발생하지 않도록 하기 위해 잠재되어 있는 위험 요인을 예측하여 체계적으로 대책을 수립하고 있는 상태이다.
- 안전사고의 요인: 하인리히의 1:29:300의 법칙, 도미노 이론, 프랭크 버더의 시스템 이론이다.

2 | 안전 생활 평가 및 실천

- 위험 요인 평가: 평소 모든 활동을 하기 전, 사전, 진행 중, 사후에 있을 위험 요인을 평가한다.
- 안전 수칙 작성 및 조치: 평가된 위험요인을 토대로 사전, 진행 중, 사후 단계를 나누어, 예방 및 대처가 가능한 안전수칙, 조치 생각하고 작성한다.
- 안전 생활수칙 개선하기: 자신이 경험한 생활수칙의 장점 문제점 정리 평가, 건의 등 의견 개진하고 안전생활 수칙 개선을 위한 모임, 회의, 청원 제도개선 입법을 추진한다.

3 | 안전 생활 실천 연습과 학습방법

- 평소 미리 위험을 예측, 평가하여 안전수칙을 작성하여 예방하고 대처해야 함을 강조하여 설명한다.
- 적절한 동기유발과 문제의식을 가지고 준비도 평가를 통해 점검한다.

3. 안전체험관 소개

- 자연재난 체험시설: 지진 체험, 풍동 체험
- 생활안전 체험시설: 화재진화 체험, 생활응급 체험

- 대피·탈출 체험시설: 완강기 체험, 구조대 체험, 에어매트 체험, 지하철 안전 체험, 연기 체험
- 화생방 체험시설: 화생방가스 체험
- 기타: 안전영상실, 지하대피호 체험

Chapter 02

체육활동 안전사고 예방법

1. 체육활동 중 발생하는 안전사고

- 체육시간 안전사고 발생률이 높다.
- 안전사고가 발생하는 체육활동은 축구, 농구, 피구, 족구, 기타 구기종목 등이 있다.

2. 사고 발생 원인

1 | 체육활동 안전사고 원인

- 인적 요인: 학습자 요인(기초체력의 저하, 자만심, 기술의 부족, 준비운동 부족 등), 교사 요인(지도소홀, 수업 현장 부재, 무리한 성취요구 등)
- 환경적 요인: 시설 및 이용기구(노후화, 안전장치 미비 등), 기후 및 날씨

2 | 구체적인 요인

- 준비운동 부족, 과도한 긴장, 과도한 훈련과 피로, 주의산만, 기술의 부족, 반칙행위, 장비시설의 결함이다.

3. 체육활동시 안전사고 예방 및 지도

1 | 실외 체육활동 안전

- 경기장을 잘 파악하고, 응급상황 발생 시 계획을 미리 세워야 한다.
- 응급처치기구를 미리 준비하고 의무팀과 엠뷸런스를 대기시키는 것이 좋다.
- 사고 발생 시 대피 교육을 사전에 실시한다.

2 | 실내 체육활동 안전

- 상황 발생 시 신고 후 응급처치를 진행한다
- 미리 안전사고예방교육을 진행하고, 재난 발생에 대비한 대피로와 출입구 인솔교사 배치를 계획해둔다.

3 | 학생이 지켜야 할 안전수칙

- 운동기구 사용법을 잘 이해하고 익혀서 안전한 체육활동이 되도록 해야 한다.
- 운동장 이용 시에는 학교에서 가장 넓은 장소로 다양한 활동이 이루어지고 안전사고 또한 빈번히 일어나므로 질서와 규칙을 잘 지켜야 한다!

Chapter 03

현장체험학습 시 안전수칙

1. 현장체험학습 유형 및 안전사고 사례

1 | 현장체험학습의 유형

- 숙박형 현장체험 수학여행, 수련활동 등
- 1일형 현장체험학습: 단순 관광, 관람, 견학, 강의 등

2 | 현장체험학습 안전사고 발생장소

- 중학교: 운동장, 강당, 일반교실, 복도, 계단, 체험학습장 등
- 고등학교: 운동장, 강당, 일반교실, 체육시설, 체험학습장 등

2. 현장체험학습사전 준비와 운영

1 | 현장체험학습사전 준비

- 학부모 홍보를 통해 가정교육과 연계할 수 있도록 안내한다.
- 교과 및 창의적 체험활동 시간을 활용하여 안전사고 예방교육을 실시한다.
- 보호를 필요로 하는 학생이 활동 참가 시 수련시설 및 위탁업체에 명단과 신체허약 정도 등을 통보하여 안전지도 대책을 수립한다.

2 | 현장체험 시 안전운영

- 교육프로그램 담당교사: 사전에 준비된 안전하고 체계적인 프로그램을 통해 학생들을 교육한다.
- 주제별 체험학습 시 인솔자는 1개 학급 또는 참여 학생 25명 기준으로 2명 이상 확보해야 한다.
- 전문성을 요하는 분야는 전문교육인에 위탁하여 운영한다.
- 비상시에 대비한 상비약품을 준비하여 소지하고, 각종 시설 안전점검을 실시한다.

3. 학생 실종 및 유괴 예방

1 | 도움을 요청하며 유인하는 유형

- 유형: 길을 가르쳐 달라고 하는 경우, 잃어버린 애완동물을 찾아 달라고 하는 경우, 짐을 들어 달라고 하는 경우이다
- 특징: 친숙한 외모나 인상이 좋은 아줌마, 체구가 왜소한 남자, 약자라고 생각되는 할머니나 할아버지가 유괴범일 수 있다.
- 대처법: 단호하게 거절하고 달아날 준비를 하거나 다른 어른에게 도움을 요청하는 것이 좋다.

2 | 위급한 상황이라며 유인하는 유형

- 유형: 가족, 친구, 선생님이 다치거나 위험에 빠졌다며 걱정과 공포에 휩싸이게 하여 상황 판단을 흐리게 한 후 유인하는 형태이다.
- 특징: 낯선 사람이 아니라도 교복에 새겨진 이름, 학교로 친밀감과 안전감을 나타낼 수 있다.
- 대처법: 침착하게 생각해야 하며, 전화를 걸어 정확한 사실을 확인해야 한다.

3 | 권위를 이용하여 유인하는 유형

- 유형: 경찰, 교사, 종교지도사, 부모 등과 같은 자신의 위치를 사용하거나 위장하여 협박 및 강제로 유인하는 형태이다.
- 특징: 권위 있어 보이기 위해 자동차에 경광등을 달거나 베지, 유니폼을 착용하기도 한다.
- 대처법: 의심이 생기면 어른이더라도 거부의사를 표현하고 자리를 피해야 한다.

4 | 호기심을 이용하여 유인하는 유형

- 유형: 연예인 등으로 호기심을 자극하며 접근하는 형태, 아르바이트나 공짜 물건, 시음 및 시식 등으로 유혹하여 접근하는 형태이다.
- 대처법: 절대 혼자 따라 가거나 받아 먹지 않고 일단 의심을 해야 한다.

Chapter 04

여가활동 시 안전수칙

1. 청소년 여가활동유형

- 13~19세: 영화 > 박물관 > 연극 > 연주회 > 스포츠 > 미술관
- 중학생: 취미, 스포츠 및 레저단체 > 시민사회 단체 > 종교 단체 > 친목 및 사교 단체 > 학술 단체 > 기타
- 고등학생: 취미, 스포츠 및 레저단체 > 친목 및 사교 단체 > 시민사회 단체) 종교 단체 > 학술 단체 > 기타

※출처: 통계청, 여성가족부(2014). 2014청소년 통계

2. 공연장에서의 안전사고와 관리

1 | 공연장 안전사고 예방

- 대피로, 통제선, 이동 동선, 출입구, 소화기의 위치 등을 확인한다.
- 평소 건강 문제가 있는 요보호학생은 가급적 바깥쪽 객석에 좌석을 배치한다.
- 무대장치에 밀착하거나 사인 등을 받기 위한 지나친 경쟁은 사고로 이어질 수 있다.

• 전시 등을 관람할 때에는 정해진 경로, 방향을 따르고 질서를 유지한다.

2 | 위기 상황 대처방법

• 위기 상황 발생: 안전관리요원의 안내에 따라 정해진 대피로로 대피한다.

• 폭탄 테러가 발생한 경우: 즉시 바닥에 엎드려 양팔과 팔꿈치를 옆구리에 붙이고 손으로 귀와 머리를 감싼다.

• 화생방 테러가 발생한 경우: 겉옷이나 손수건으로 코와 입을 막고 실외로 대피한다.

3 | 공연장 사고 사례

• YTN (2016년 1월 25일 기사): 일리네어 콘서트장에서 무대장치 추락사고로 '공연 중단'이 되었다.
http://www.ytn.co.kr/_sn/0117_201601251710062246

• 스포츠투데이 (2015년 5월 15일 기사): 제2 롯데월드 공연장에서 감전사고가 발생하였다.
http://stoo.asiae.co.kr/news/naver_view.htm?idxno=2015051509525543265

• 데일리한국 (2014년 10월 18일 기사): 판교 공연장 사고, 유가족 오열 끊이질 않아... 안타까워
http://daily.hankooki.com/lpage/society/201410/dh20141018163359137780.htm

3. 놀이공원 안전관리

1 | 놀이공원 안전사고 예방지침

• 어린이를 데려온 보호자는 세심한 주의가 필요하다.

• 어린이에게 이름과 연락처가 적힌 이름표를 채워준다.

- 놀이기구에 걸릴 수 있는 끈이 달린 옷차림이나 목걸이는 하지 않는다.
- 놀이기구에 탑승 가능한 키, 연령 제한을 준수하고 안전요원의 통제에 따른다.

2 | 놀이공원 이용 시 주의사항

- 탑승 시: 올바른 탑승 자세, 안전장치 확인, 돌발 행위를 금지한다.
- 운행 중: 떨어질 수 있는 물건을 가지고 타지 않고, 안전레버를 잡고 있는다.
- 탑승 완료 후: 놀이기구가 정지 후 안전장치를 푼다.

4. 취미 / 스포츠 / 레저 여가활동 안전관리

- 길을 잃었을 때: 자연 지형물을 활용하거나 나침반을 이용하여 방향을 찾을 수 있다.
- 발목이나 무릎 부상: 냉찜질로 통증을 완화시키고, 상처부위를 심장보다 높이 올린다.
- 화상: 찬물이나 얼음찜질 등으로 열을 제거하여 통증을 감소시킨 후 깨끗한 천으로 감싸 보호한 후 병원으로 이송한다.
- 골절: 나무나 신문지를 여러 겹으로 말아 골절부위를 고정하고 움직이지 않는다.
- 벌레에 물렸을 때: 깨끗한 물로 씻어내고 약을 바른다.

Chapter 05

학교에서 안전하게 활동하기

1. 학교안전사고 발생 현황 및 사례

- 시간대별: 휴식활동 > 체육수업 > 과외시간 > 교과수업 > 기타 > 청소활동, 실험실습
- 장소별 운동장 > 교실 > 복도 > 계단, 기타

※출처: 서울시교육청 (2014). 학생 안전 매뉴얼

2. 사고 유형별 예방 방안

1 | 충돌 접촉사고 및 전도사고

- 찔리거나 베일 위험이 있는 학교 내 시설과 교수자료에 대한 사전 점검 및 관리, 감독 강화해야 한다.
- 학교 시설물 이용 시 충돌, 접촉 사례를 제공하고 교육을 강화한다.

2 | 학교 내 전도사고

- 미끄러움이 심한 바닥의 경우 미끄럼 방지 패드 설치 등 사전 조치를 시행한다.

- 대규모 이동이 있을 때 교사가 적절한 지동을 해야 한다.

3 | 장난 및 위험 행동 관련 사고

- 지도교사 관리 하에 이루어지는 장난 및 수업에 제대로 참여하지 않는 경우에 다른 학생의 신체사고로 이어질 수 있기에 관리 및 감독 강화가 필요하다.

4 | 학교 내 추락사고

- 창문: 추락 방지를 위한 안전봉 설치
- 계단 손잡이: 미끄럼막이 설치
- 놀이시설: 바닥에 충격흡수용 표면재 시공
- 외부 계단: 추락방지 조치 강화

3. 교내 장소별 안전사고 예방 관리

- 책걸상: 걸터 앉으면 안 되고 교실에서 장난을 삼간다.
- 유리창: 깨진 유리조각 교체 및 청소는 학생이 하지 않도록 하고, 안전장갑을 사용한다.
- 출입문, 현관문을 열고 닫을 때 사람을 확인한다.
- 복도, 계단 뛰지 말고, 물기 청소를 잘 해주며, 장난을 치지 않는다.
- 화장실: 출입문 틈에 손이나 발이 끼지 않도록 조심한다.

Chapter 06

가정에서 발생하는 사고 예방

1. 가정 내 안전사고 발생 현황 및 사례

- 가정 내 안전사고 발생장소: 침실, 거실, 주방, 화장실 등
- 사고 유형: 부딪힘, 넘어짐, 추락, 미끄러짐, 찔림, 쏘임 등

2. 사고 유형별 예방 방안

1 | 화상

- 전기밥솥 취사 중일 때 주의를 하고 압력 안전 장치를 잘 관리해야 한다.
- 다리미: 아동이 집에 없는 시간에 사용하고, 손에 닿지 않는 곳에 보관한다.
- 주방용품: 뜨거운 음식을 조리할 때 주의하고, 조리가 끝난 후도 잘 배치해야 한다.

2 | 유독성 물질

- 별도로 보관하기, 보기 쉽게 표시하기, 식품 용기에 담지 않는다.

3. 가정 내 장소별 안전사고 예방관리

- 방과 거실: 의약품, 화학물질 등을 잘 보관하고 화재 발생 예방장치를 정기적으로 점검한다.
- 주방: 물기를 잘 닦고 세제, 유독성 물질 등을 안전한 곳에 보관한다.
- 베란다: 아동들의 난간 추락사고를 방지에 특히 주의한다.
- 욕실: 뜨거운 물, 감전사고, 넘어짐 사고를 주의한다.

Chapter 07

식품첨가물의 유해성

1. 식품첨가물 논란

1 | 식품첨가물의 필요성

- 영양을 강화함
- 식중독을 방지함
- 가동식품을 만듦
- 식품에 매력을 줌

2. 식품첨가물의 정의와 분류

1 | 식품첨가물의 정의

- 식품을 조리하고 가공할 때 식품의 품질을 좋게 하고, 보존성을 높이며, 맛·색 등을 향상시키기 위해 식품 본래의 성분 이외에 첨가하는 물질이다.

2 | 식품첨가물 표시사항

- 감미료, 착색료, 보존료, 산화방지제, 표백제, 살균제, 발색제, 향미증진제, 유화제, 산도조절제, 산미료, 영양강화제, 증점제 등이다.

3. 주의해야할 식품첨가물의 종류

- 타르색소: 사탕이나 아이스크림을 먹고 난 뒤혀 색깔이 진한 색으로 변하는 색소이다.
- MSG: L-글루탐산나트륨, L-글루타민 등의 이름을 가진 화학조미료이다.
- 아질산나트륨: 육류와 어류 가공품의 발색제이다.
- 아황산나트륨: 채소와 야채의 색이 변하는 것을 방지하고 표백하기 위해 사용한다.

4. 식품첨가물의 안전한 이용

1 | 식품첨가물 안전성 평가

- 1일 섭취허용량: 식품첨가물을 안전하게 사용하기 위한 지표가 되는 것이다.

보존료	일일 섭취수준(%)	산화방지제	일일 섭취수준(%)
데히드로초산류	-	부틸히드록시아니아솔	10.14
소르빈산류	0.89	디부틸히드록시톨루엔	0.01
안식향산류	0.57	터셔리부틸히드로퀴논	0.28
파라옥시안식향류	0.03	에리쏘르빈산류	0.16
프로피온산류	-	이.디.티.에이류	0.02
나타마이신	0.00	몰식자산프로필	0.02

2 | 식품첨가물 표시사항

- 알레르기 유발 물질 확인
- 명칭과 용도가 함께 표시되는 식품첨가물 종류 확인
- 안전을 위한 주의사항 표시

Chapter 08

식중독 예방 및 대처요령

1. 가정 내 안전사고 발생현황 및 사례

1 | 식중독의 정의 및 증상

- 식품의 섭취로 인하여 인체에 유해한 미생물 또는 유독물질에 의하여 발생하는 감염성 또는 독소형 질환이다.
- 소화기 증상: 음식물에 독소나 세균이 섞여 들어오면 우리 몸은 구토나 설사로 체외 배출된다.
- 전신 증상: 식중독은 구토나 설사와 같은 소화기 증상과 함께 전신에 열이 난다.

2 | 식중독 발생 원인

- 잘못된 보관 온도, 잘못된 조리방법, 깨끗하지 못한 급식기구, 비위생적인 개인습관으로 인해 발생한다.

3 | 식중독증상

- 복통, 설사, 구토, 발열이 나타난다.
- 원인이나 상태에 따라 발진, 호흡곤란, 탈수, 황달, 패혈증, 뇌수막염과 같은 질병도 발생할 수 있다.

2. 사고 유형별 예방방안

1 | 식중독 예방 3대 요령

- 손 씻기: 비누를 사용하여 손가락 사이사이, 손등까지 흐르는 물로 20초 이상 씻는다.
- 익혀 먹기: 74°C, 1분 이상 조리하여 속까지 충분히 익혀 먹는다.
- 끓여 먹기: 물은 끓여 마신다.

2 | 올바르게 손 씻는 방법

- 거품 내기 ➜ 깍지끼고 비비기 ➜ 손바닥, 손등 문지르기 ➜ 손바닥 돌려 닦기 ➜ 손톱으로 문지르기 ➜ 흐르는 물에 헹구기 ➜ 종이타월로 물기 닦기 ➜ 종이타월로 수도꼭지 잠그기

3 | 체험 활동시 안전한 식품 섭취

- 특정 식품에 알러지가 있는 학생은 선생님과 업체 관련자에게 보고해야 한다.
- 음식물 및 간식류를 개인적으로 가져와 먹지 않으며 식단에 맞춰 나오는 음식을 섭취한다.
- 식사 전엔 반드시 손을 씻고 식사 후에는 양치질을 한다.
- 선생님은 식단표대로 음식이 나오는지 확인한다.
- 과자나 빙과류는 안전한 것을 먹으며 유효기간이 지나거나 보관 상태가 나쁜 음식은 먹지 않는다.

3. 가정 내 장소별 안전사고 예방관리

1 | 식중독 발생 시

- 복통, 설사 등의 환자 발생 시 신속히 보건교사에게 알린다.

- 증상이 지속될 경우 인근 병원으로 이송한다.
- 유사 환자 수를 파악하여 2명 이상일 때는 식중독을 의심한다.
- 참가한 모든 학생을 대상으로 건강 상태를 점검한다.
- 집단 식중독 사안으로 판단 시 학교 단위 식중독 대책반을 가동하고, 지침에 의거하여 보건소 역학조사 협조를 요청한다.

2 | 경증식중독 증상 완화 방법

- 탈수예방: 미지근한 물을 수시로 제공하고, 이온음료도 탈수 예방에 좋다.
- 증상대책: 설사약은 먹지 않는 것이 좋고, 설사가 줄어들면 미음이나 쌀죽 등 기름기가 없는 담백한 음식을 섭취한다.

Chapter 09

교통 안전(Ⅰ) – 보행자 및 자전거

1. 어린이 교통사고

- 신호등이 없는 횡단보도 사고: 그 다음 차량이 멈춘 것을 확인한 후에 건너가야 안전하다.
- 갑자기 뛰어나오다 발생한 사고: 차도로 나갈 때는 항상 멈춰서 차가 오는지 좌우를 살피고 횡단보도로 건너야 한다.
- 버스의 바로 앞·뒤 횡단사고: 버스에서 내려 길을 건널 때는 운전자가 보이는 거리(버스에서 3m정도)에서 건너야 안전하다.
- 보호장구 미장착으로 일어난 사고: 교통사고가 일어났을 때 가장 위험한 자리는 조수석이므로 어린이는 앞자리에 앉지 않아야 한다.

2. 보행자 안전

1 | 안전보행수칙 4단계

- 신호등과 좌우 확인하기 ➜ 휴대전화와 이어폰 사용 금지 ➜ 사고 시 신속하게 응급조치 ➜ 119에 신고하기

2 | 사고 발생 시 대처 방안

- 교통사고 등 위급상황이 발생했을 때는 사고지점에서 안전지대로 이동하고, 2차사고 예방을 위해 도로 밖으로 대피한다.
- 부상자는 응급조치 후 가까운 병원으로 이송한다.

3. 자전거 안전

1 | 자전거 점검 포인트 7가지

- 앞, 뒤 브레이크의 작동을 점검한다.
- 핸들은 수직이 되도록 한다.
- 안장은 옆에서 봤을 때 지면과 수평이고, 차체와 일직선이 되어야 한다.
- 타이어가 닿는 면은 10cm 정도면 적당하다.
- 페달크랭크가 휘어져 있거나 제대로 고정되어 있는지 확인한다.
- 전조등에 불이 잘 들어오는지 확인한다.
- 후미등 불을 확인하고 반사체를 붙이도록 한다.

2 | 안전한 자전거 타기 수칙 4단계

- 안전모, 보호대 착용하기 ➜ 외손, 양손 놓고 타지 않기 ➜ 야간 운행시 반사체, 라이트 사용하기 ➜ 좁은 길에서 큰 길로 이동시 좌우를 확인하기

Chapter 10

교통 안전(Ⅱ) – 자동차 및 대중교통

1. 자동차 이용 시 안전 수칙

1 | 자동차 이용 시 안전수칙

- 차창 밖으로 손이나 얼굴을 내밀지 않는다.
- 안전벨트를 올바르게 착용해야 한다.
- 내릴 때는 오른쪽을 잘 살피며 천천히 내리고 급하게 길을 건너지 않도록 한다.

2 | 자동차 사고 시 안전수칙

- 비상등을 켜고 갓길로 신속하게 이동한다.
- 차량의 후방에 안전삼각대를 설치한다.
- 가드레일 밖이나 안전지대로 대피한다.

2. 버스 지하철 이용 시 안전 수칙

1 | 체험활동 시 단체 버스 이용 안전 수칙

- 선반 위에 가방을 제대로 올려놓고, 지정된 좌석에 앉아 장난치지 않아야 한다.

- 버스가 출발하기 전에 안전벨트를 꼭 착용하고 작동에 이상에 없는지 확인한다.
- 휴게소 등 버스에서 내릴 때는 자기가 탄 버스의 위치나 표시를 확인한다.

2 | 지하철 사고 발생 시 대피 요령

- 객실 끝에 있는 비상용 버튼을 눌러 승무원과 연락하여 도움을 요청한다.
- 출입문이 열리지 않으면 출입문 비상콕을 개방하여 레버를 당긴 후 수동으로 문을 연다.
- 스크린도어 비상문은 빨간색 바를 밀고 문을 연다.
- 연기가 많이 날 경우에는 코와 입을 수건, 옷 소매 등으로 막고 통로 유도등을 따라 신속히 인근 역사로 대피한다.

3. 기차 이용 시 안전 수칙

1 | 기차 사고 발생 시 대피 요령

- 사고 시 기관사와 승무원의 안내에 따라 움직인다.
- 부상자, 노약자, 임산부가 먼저 대피할 수 있도록 배려하고 도와준다.
- 승강문 비상 열림 장치를 이용하고, 작동하지 않을 경우 비상용 망치로 창문을 깨고 탈출한다.
- 반대선 선로 쪽으로 절대 이동하지 말아야 하고 선로 변에 머물면 위험하다.

4. 선박·항공 이용 시 안전 수칙

1 | 선박사고 발생 시 대피 요령

- 사고 발생시 122에 긴급 구조 요청한다.
- 선실 내 구명조끼 착용한다.
- 비상시 승무원의 안내에 따라 집합 장소로 이동한다.
- 침몰 시 선체가 기우는 반대방향으로 피신한다.

2 | 항공사고 발생 시 대피 요령

- 두 손을 포개 앞좌석에 대고 팔 사이로 머리를 감싸 안아 웅크리는 충격방지 자세를 취한다.
- 비상탈출용 슬라이드를 사용할 때는 과감하게 뛰어내린다.
- 사고 비행기에서 탈출 후에는 신속하게 비행기로부터 먼 곳으로 대피한다.

Chapter 11

전기, 가스 활용 시 안전관리

1. 전기 사고 시 대응 및 안전수칙

1 | 누전

- 전선 피복이 손상되어 전기가 새거나 손상된 피복으로 다른 전기기구 등에 전기가 흘러가는 현상이다.
- 예방: 누전차단기 설치 및 전기기구에 접지 설치한다.

2 | 합선

- 전기기기를 과다하게 사용하다가 전선 피복이 녹아 두 전선이 맞닿은 상태로 스파크와 불꽃, 고열 등이 생기는 현상을 말한다.
- 예방: 용량이 큰 전기기기 동시에 사용하지 않고 한 개의 콘센트에 너무 많은 전기를 사용하지 않는다.

3 | 감전

- 전기가 누전될 때 인체에 통하여 전류를 느끼는 현상이다.
- 예방: 전기기기의 스위치 함부로 만지지 말고 젖은 손으로 전기기기 만지지 않는다.

2. 전기 사고 시 행동 요령

1 | 정전 시 행동요령

- 차단기가 내려가 있을 경우: 차단기를 올려준다.
- 차단기가 정상적으로 올라가지 않을 경우: 한국전기안전공사에 문의한다.

2 | 감전 시 행동요령

- 감전의 원인이 된 전기 제품에 다시 손을 대지 않는다.
- 화상이 있다면 찬물 수건으로 화상부위를 충분히 식혀 준다.
- 가벼운 감전으로도 보이지 않은 깊은 상처가 생길 수 있으므로 병원 진찰을 받아야한다.

3. 안전하게 가스 사용하기

- 사용 전 주의사항 ➜ 환기
- 사용 중 주의 사항 ➜ 불꽃확인
- 사용 후 주의 사항 ➜ 밸브 잠금

4. 가스 누출 및 중독 시 행동 요령

1 | 가스 누출 시 행동 요령

- 발견 즉시 점화코크와 중간밸브 용기밸브, 도시가스는 메인밸브까지 잠근다.
- 창문과 출입문 등을 활짝 열어 누출 가스를 밖으로 몰아내고 신선한 공기로 환기시킨다.

2 | 가스 중독 시 행동 요령

- LPG, 도시가스
  - 흡입 시: 호흡이 곤란할 때는 인공호흡, 산소흡입 등을 실시한다.
  - 동상 시: 갑자기 따뜻하게 하지 말고 냉수 등으로 서서히 따뜻하게 해야 한다.
  - 화상 시: 화상을 받은 부위의 물집 등을 터트려서는 안되고 환부를 가제 등으로 보호한 후 즉시 치료를 받는다.
- 염소, 암모니아 등 독성가스
  - 흡입 시: 대량으로 흡입한 경우에는 인공호흡을 실시하고 입과 입으로 하는 인공호흡은 실시하지 않는다.
  - 섭취 시: 암모니아는 많은 양의 물이나 우유를, 염소는 많은 양의 물을 마시도록 한다.
  - 오염 시: 오염된 의복을 제거하고 환부를 다량의 흐르는 물로 15분 이상 세척해야한다.

Chapter 12

헌혈 시 안전수칙

1. 헌혈의 의미와 필요성

1 | 헌혈의 의미

- 만 16세부터 64세까지의 건강한 사람이 자신의 혈액을 자유의사에 따라 혈액의 성분 중 한 가지 이상이 부족하여 건강과 생명을 위협받는 사람에게 기증하는 것이다.
- 헌혈은 건강 사랑의 실천이자 생명을 나누는 고귀한 행동이다.

2 | 헌혈의 필요성

- 혈액을 완전히 대체할 수 있는 물질의 개발이 불가능하다.
- 헌혈한 혈액은 장기간 보관이 불가능하다.
- 누구든지 수혈이 필요한 상황에 처할 수 있기 때문에 자신, 가족, 모두를 위한 것이다.

2. 헌혈 참여 방법 및 헌혈 절차

1 | 헌혈 참여 방법

- 개인 헌혈과 단체 헌혈이 있다.

- 헌혈 예약은 혈액관리본부 홈페이지, 모바일 앱, 고객지원센터에서 가능하다.
- 헌혈은 1회당 4시간의 봉사활동이 인증된다.

2 | 혈 절차

- 헌혈기록카드 작성 ➜ 신분증 확인 ➜ 헌혈 상담 ➜ 헌혈 실시 ➜ 휴식 및 헌혈증서 수령 ➜ 헌혈혈액 검사 결과서 통보

3. 헌혈자 유의 사항

1 | 헌혈에 대한 오해와 진실

- 헌혈증서는 구입할 수 없다.
- 헌혈은 여유분의 혈액으로 이루어지므로 건강에 아무런 지장을 주지 않는다.
- 헌혈을 하려다 못했던 경험이 있다면 검사를 통해 가능 여부를 확인하면 된다.
- 헌혈 시 수혈자의 안전을 위해 여러 가지 검사를 실시하나 잠복기에 따른 질병 감염을 100% 막을 수는 없다.

2 | 헌혈 후 알아두면 좋은 점

- 호흡을 규칙적으로 하면서 다리 근육에 힘을 주는 운동을 한다.
- 헌혈 부위는 10분 이상 눌러주고, 헌혈 직후에는 편안한 자세로 15분 이상 휴식을 취한다.
- 평소보다 많은 물을 섭취하고 당일 음주, 1시간 이내의 흡연을 피함 오심, 구토, 현기증이 나타나면 바닥에 주저앉아 무릎 사이에 머리를 넣고, 다리를 들어 올려준다.

Chapter 13

봉사활동 시 안전수칙

1. 봉사활동의 의미

1 | 봉사활동의 의미

- 인간 존엄성에 대한 인식이다.
- 더불어 사는 사회의 이해이다.
- 협동 의식이 고취된다.
- 나눔과 배려를 실천한다.
- 환경보전 생활습관을 형성한다.

2 | 봉사활동의 절차

- 봉사활동 계획 수립 ➔ 봉사활동 참가자 확보 ➔ 봉사자 사전 교육 ➔ 봉사장소 배치 ➔ 실무지식 현장 교육 ➔ 실천 ➔ 반성 및 평가

2. 환경정화활동 및 재활용 분리수거 시 안전수칙

1 | 환경정화활동의 의미

- 자연에 대한 고마움을 느끼고 인간이 환경에 어떤 영향을 미치는지 자각하여 생명존중의 정신 기르기이다.

• 환경오염의 가장 큰 원인인 소비생활에 대한 인식의 전환과 자원절약의 습관과 실천의지 기르기이다.

• 자연을 통해 정서를 순환하고 이웃사랑 실천방법을 인식하여 건전한 시민의식 형성하기이다.

2 | 환경정화활동 시 안전수칙

• 보행 전 장애물 확인하기

• 정화활동 전후에 스트레칭 실시하기

• 무거운 물건을 옮길 때는 2인 1조로 진행하기

• 오물, 쓰레기 등을 취급할 때는 보호장비를 착용하기

• 외상이 있을 시는 즉시 담당자에게 알려 병원진료를 받기

3 | 재활용 분리수거 시 안전수칙

• 쓰레기봉투 수거 시 날카로운 물체를 사전에 확인하기

• 형광등 분리수거 시 깨지지 않도록 주의하기

• 폭발의 위험이 있는 것은 용기 밑바닥에 구멍을 내어 버리기

• 깨진 유리는 우유곽이나 종이상자에 넣어 테이프, 신문지 등을 말아서 버리기

3. 병원 봉사활동 시 안전수칙

1 | 장애인 봉사활동의 의미

• 선·후천적인 신체 및 정신 능력의 결여로 인해 일반적으로 개인 또는 사회생활에 필요한 것을 자력으로 부분적으로나 완전하게 기능을 할 수 없는 장애인들의 생활과 정상화에 도움을 주는 모든 활동을 의미이다.

2 | 장애인 봉사활동 시 알아둘 점

- 장애를 가진 사람도 장애를 가졌다는 특수한 상황을 제외하고는 비장애인과 같다고 인식해야 한다.
- 비장애인이 서로 다르듯이 장애인 역시 각각 다른 생각을 가진 인격체라고 생각해야
- 과잉보호, 과잉친절, 과잉염려는 좋지 않고, 장애인이라는 의식 없이 매우 자연스러운 기분으로 도와주어야 한다.

3 | 장애인 봉사활동 시 안전수칙

- 휠체어 사용법: 정지 ➜ 접기 ➜ 펴기
- 자동차에 세워서 싣기: 브레이크를 잠그고 접은 상태에서 차체에 끈으로 고정시킨다.
- 뉘여서 싣기: 브레이크를 잠그고 핸드림을 잡고 들어 올려 뉘인다.

4. 병원 봉사활동 시 안전수칙

1 | 병원에서의 주요 안전수칙

- 병원에서 사용되는 기구들 중 봉사자들이 조작할 수 있는 기구에 한해 적절한 사용법을 익힌 후 사용해야 한다.
- 불안전한 요인이 있으면 담당부서 직원이나 봉사활동 담당자에게 즉시 보고한다.

2 | 병원에서의 위생

- 병원에 있는 모든 이는 감염확산을 막을 책임이 있으므로 감염예방을 위해 노력해야 한다.
- 혈액 등 신체분비물에 대해 주의한다.

3 | 노인 자원봉사 시 유의점

- 노년기 특성에 대한 기본적인 이해가 필요하다.
- 예의 바르게 인사하고 누구인지, 무엇을 하러 왔는지 설명 드려야 한다.
- 추측이나 짐작하지 말고, 말하고자 하는 내용과 이해한 내용이 정확한지 확인한다.
- 개인적인 이야기에 대해 지나치게 물어보지 않아야 한다.

Chapter 14

수학여행에서 재난대비 및 안전수칙

1. 수학여행 운행 전 안전수칙

1 | 수학여행 시 현장지도자 안전수칙

- 프로그램에 참여할 장소 및 설비의 안전상태를 점검한다.
- 특별한 시설에서 일어나기 쉬운 주의사항을 사전에 알린다.
- 정해진 구역 외의 장소에서 놀 때 일어나는 위험을 미리 숙지한다.

2 | 수학여행 시 학생 안전수칙

- 한 집단의 구성원으로서 책임을 다하고 질서를 준수한다.
- 활동 중 대열을 이탈하거나, 앞 사람을 미는 행동을 하지 않는다.
- 지도교사의 허락 없이 수련장소를 떠나지 않는다.

2. 주요 재난사고: 산악사고 예방과 안전대책

1 | 산악사고 종류

- 저체온증: 땀이 나지 않도록 옷을 가볍게 입고 천천히 걷고, 열량이 높은 간식을 자주 먹는 것이 좋다.

- 계곡급류: 비로 인해 계곡 물이 급류로 바뀐 경우 절대 건너지 말아야 한다.
- 추락사고: 산행 시 추락 위험이 있을 경우 로프를 이용해 안전한 확보를 받으며 등반해야 한다.

2 | 사고 발생 시 대처 방안

- 무전기를 사용할 경우: 조난당한 장소를 정확히 알려주고, 현재 상황과 필요한 것을 알려준다.
- 구조를 청하러 내려갈 경우
  - 부상자를 두고 갈 때는 사고가 난 지점을 지나가는 지점을 쉽게 알아볼 수 있도록 표식을 남긴다.
  - 부상자가 함께 갈 경우: 부상자의 의식 상태나 상처를 자주 살피고 구조하는 일에 직접 나서기보다 전체를 지휘한다.

3. 주요 재난사고: 붕괴 및 지진 안전대책

1 | 건물 붕괴 시 대처방법

- 빨리 대피로를 찾고, 대피 시 건물에 대해 잘 아는 성인이 앞장서도록 한다.
- 엘리베이터를 이용하지 않도록 하고, 음식물 소비를 조절해야한다.
- 잔해 더미에 갇혔을 경우 혈액순환이 잘 되도록 수시로 손가락과 발가락을 움직인다.

2 | 지진 발생 시 대처방법

- 책상 밑으로 들어가 방석, 책 등으로 머리를 보호한다.
- 대피장소로 이동 시 방석, 책가방, 책 등으로 머리를 감싸서 낙하물로부터 보호한다.
- 옥외에서는 최대한 건물로부터 멀리 떨어져 넓은 공터로 대피한다.

Chapter 15

계절별 자연재난 안전 및 대처요령

1. 자연재해

1 | 자연재해란?

- 기상재해와 지질재해로 나뉜다.
- 지구 온난화로 기온이 점차 높아지고, 강수량은 점차 많아지고 있다.

2 | 자연재해의 특성

- 사람의 힘으로 완전히 막을 수 없는 불가항력적인 특성을 지닌다.
- 돌발적으로 일어나는 경향이 있어 재해 관리에 어려움이 많다.
- 현대사회의 특성상 사회 전반에 걸쳐 복합적으로 피해를 발생시킨다.

2. 봄철 자연재난, 황사

1 | 황사의 특징 및 피해

- 3~5월인 봄에 집중적으로 발생하고 사막화의 가속으로 발생 횟수와 농도가 증가하고 있다.
- 고비 사막의 황사 + 중국 공업 도시 오염 물질 = 서해안에 황사로 도착한다.

• 황사에 포함된 독성 물질들은 체내에 축적되는 성질이 있어 치명적, 지속적인 피해를 준다.

2 | 황사발생 시 안전수칙

• 외출은 가능한 삼가며, 실내에서 창문을 닫고 습도를 조절한다.

• 손수건, 휴지, 입 가리개 등을 준비한다.

• 황사가 짙을 경우에는 교차로, 횡단보도, 둑길 등에서 특히 안전에 유의한다.

• 손 씻기, 양치질, 물이나 점안제로 눈 씻기 등 개인위생을 철저히 한다.

• 황사 종료 후에는 실내공기를 환기시킨다.

3. 여름철 자연재난, 태풍과 홍수

1 | 태풍과 홍수의 특징 및 피해

• 태풍은 집중 호우, 폭풍, 해일 등을 동반하여 인명과 재산상에 막대한 피해를 준다.

• 홍수는 식수원을 오염시키고 전염병의 발생 가능성을 높이며, 가옥이나 건물 침수, 정전 및 붕괴 사고 등을 발생시킨다.

2 | 태풍과 홍수 발생 전 행동요령

• 비상시 대피장소, 대피통로 익혀둔다.

• 강풍에 날아갈 수 있는 물건은 집안으로 옮긴다.

• 유리창과 출입문을 꼭 잠그고, 유리창에 젖은 신문지나 테이프 부착한다.

3 | 태풍과 홍수 발생 시 행동요령

• 방송매체로 기상상황 및 재난상황에 주의 기울인다.

• 위험 시설이나 지역(익사, 감전 위험 지역 등)에 접근하지 않는다.

• 천둥, 번개가 칠 경우에는 건물 안이나 낮은 곳으로 대피한다.
• 침수, 고립된 경우 옥상 등 안전한 곳으로 피하여 구조 요청한다.

4 | 태풍과 홍수 발생 후 행동요령

• 떨어진 전깃줄에 접근하거나 만지지 않는다.
• 치료가 필요한 경우 119, 보호자, 학교 등에 신고하여 도움 요청한다.

4. 겨울철 자연재난, 가뭄과 폭설

1 | 가뭄의 특징

• 가뭄은 다른 자연재해보다 진행 속도가 느린 반면 넓은 지역에 피해를 준다.

2 | 가뭄 발생 시 대처요령

• 물을 아껴서 사용하고 다시 사용한다.
• 급수 불편 사고 발생 시 관공서에 연락하여 지원을 받는다.
• 단수에 대비하여 물을 받아 둔다.

3 | 폭설의 특징

• 우리나라의 폭설은 동해안에 특히 찾으며, 한겨울이 지나는 시기에 집중된다.

4 | 폭설 발생시 안전수칙

• 걸을 때 주머니에 손을 넣지 않도록 하여 미끄럼에 주의한다.
• 횡단보도, 도로주변, 경사지에서는 차량을 주의한다.
• 접근금지 지역(완전히 결빙되지 않은 하천이나 강, 눈이 많이 쌓인 지붕이나 경사면, 맨홀 근처나 공사장 등)에는 접근을 하지 않거나 피한다.

Chapter 16

과학탐구 실험실 안전

1. 과학탐구 실험실 안전

1 | 실험·실습 시 안전수칙

- 실험실에서 뛰거나 장난치지 않아야한다.
- 실험 도구별 안전수칙, 사고 시 대처 등에 대해 숙지해야 한다.
- 실험이 끝나면 시약 기구 등을 정리정돈하고 안전점검을 해야 한다.

2 | 안전장비의 종류

- 실험복: 불이 잘 옮겨 붙지 않고 약품 등의 반응이 적은 소재이다.
- 보안경: 일반 안경에 비해 열에 잘 견디는 소재의 안경테이다.
- 실험용 보호 장갑: 손의 노출 부위를 덮을 수 있고 장갑과 손목 사이에 틈이 생기지 않아야 한다.
- 눈 세척기: 흐르는 물로 귀 쪽 눈 쪽으로 15분 이상 눈과 눈꺼풀을 세척한다.
- 비상 샤워기: 물줄기가 한 번에 몸 전체를 덮을 수 있는 것으로 배수구 근처에 설치한다.

2. 실험 도구 사용 수칙

1 | 알코올램프 사용

- 알코올 채우기: 심지를 빼고 깔때기를 사용하여 70~80%를 넘기지 않도록 한다.
- 불 붙이기: 성냥불을 심지 옆으로 스치듯 가까이 한다.
- 불 끄기: 뚜껑을 씌워서 끈다.

2 | 유리기구 사용

- 시험관 가열: 시험관 집게에 꽂아 비스듬하게 돌리면서 가열한다.
- 유리막대로 용액 전기: 끝부분을 잡고 부딪치지 않게 한다.

3 | 약품 사용

- 화: 시약이 눈, 피부에 튀었을 경우 즉시 흐르는 물에 씻는다.
- 알칼리금속은 물과 격렬하게 반응하므로 핀셋이나 칼을 활용한다.
- 쓰고 남은 시약은 원래의 시약병에 다시 넣지 않는다.

3. 응급상황 처리 과정

- 실험·실습실 안전사고 발생 ➜ 응급조치 CCC ➜ 원인 파악 및 상황 보고 ➜ 후속조치
- 응급조치 CCC
  - Check: 현장 상황파악
  - Call: 관리자, 보건교사, 보호자 등에게 알림
  - Care: 처치 및 도움

Chapter 17

안전한 학용품 놀이기구 사용 방법

1. 학용품의 안전한 사용방법

1 | 학용품 사용 안전지도 내용

- 압정, 못: 바닥에 떨어진 것을 반드시 수거하고 상자나 보관함에 보관한다.
- 망치: 사용 시 보안경을 쓰고 수직으로 내리친다.
- 셀로판테이프: 칼날에 손을 다치지 않도록 조심한다.
- 순간 접착제: 눈에 들어가거나 피부에 닿지 않도록 조심한다.
- 송곳: 휘두르거나 찌르는 자세를 취하지 않으며 장난감으로 사용하지 않는다.

2 | 학용품 안의 유해물질

- 중금속, 프탈레이트 등의 유해물질이 들어 있기도 한다.
- 학용품 구매 시 향기가 나는 것, 화려한 색이 입혀진 것, 반짝이는 재질 등은 피해야 한다.
- 가능한 KC마크가 있는 제품을 선택하는 것이 좋다.

3 | 학용품 및 완구류, 유해물질 발견 시 신고처

- 제품안전정보센터 (http://www.safetykorea.kr/)
- 한국제품안전협회 (http://www.ksafety.kr/)

2. 놀이기구의 안전

1 | 놀이기구 이용 시 유의점

- 날씨, 놀이기구 주변 환경, 복장 등을 점검한다.
- 위험한 행동을 하지 않는지, 기구를 올바르게 사용하는지, 장난을 치지 않는지 살핀다.

2 | 놀이기구별 안전수칙

- 미끄럼틀: 내려오기 전 사람이 있는지 확인하며 엎드려 타거나 서서 타지 않는다.
- 그네: 양손으로 그네 줄을 잡고 완전히 정지한 상태에서 타고 내리며, 한 번에 한 사람씩 가운데 앉아서 탄다.
- 시소: 시소 위에 서있거나 뛰지 않고 함께 타는 친구와 서로 마주보고 앉는다.

3 | 놀이기구에 대한 교사의 점검 내용

- 각종 체육시설의 안전성
- 운동장 청소 및 관리
- 기타 놀이시설 안전 유무

4 | 놀이터 사고 발생 시 학생의 대처

- 안전한 곳으로 이동하고 주변 어른에게 도움을 요청한다.
- 상처가 심할 때는 119에 신고한다.

Chapter 18

조리 가사 실습 시 화재 예방 및 안전수칙

1. 조리 가사 실습실 안전

1 | 실습 도구별 안전 수칙

- 칼: 칼은 반드시 칼집에 보관하고, 다음 사용 시 손잡이 쪽을 잡도록 방향을 조절한다.
- 강판, 유리·사기: 손가락이 베이지 않도록 주의한다.
- 주걱, 국자, 뒤집개: 플라스틱, 나무로 만들어지고 좋으며 손잡이가 긴 것이 좋다.
- 전자레인지: 전용 그릇을 사용하고, 적당한 용도와 시간을 확인한다.
- 밥솥: 뚜껑이나 밸브를 잘 확인하고, 이동은 압(김)이 다 빠진 후에 한다.

2 | 사고의 원인 및 대책

- 골절, 낙상: 식품재료가 바닥에 떨어지거나 기름을 사용한 조리가 끝난 후 즉시 바닥을 청소한다.
- 창상, 절상: 예리한 도구는 항상 일정한 장소에 보관하며, 사용 후 작업대 가장자리에 놓지 않는다.

• 화상: 사용하고 난 뜨거운 기름은 38°C이하로 식혀서 기름을 보관하는 통에 담는다.

2. 조리 가사 실습 중 화재 발생 시 대처방법

1 | 화재 발생 시 대처방법

• 화재 발생 시 당황하지 말고 침착하게 상황을 파악한다.

• 큰소리로 "불이야" 라고 외치거나, 비상벨을 눌러 다른 사람에게 알린다.

• 119에 화재신고를 한다.

2 | 소화기 사용 방법

• 안전핀을 뽑기 ➜ 노즐을 빼서 불 쪽을 향하게 하기 ➜ 손잡이를 움켜 쥐기 ➜ 바람을 등지고 골고루 분사하기

3 | 소화전사용방법

• 소화전 함의 문을 열고 호스를 꺼내어 불이 난 곳까지 꼬이지 않게 펼침 ➜ 소화전 밸브를 왼쪽방향으로 서서히 개방함 ➜ 호스 끝부분을 두 손으로 꼭 잡고 불이 난 곳을 향하여 불을 끈다.

Chapter 19

공공장소에서의 안전

1. 극장, 행사장 안전

1 | 공공장소 안전의 개념

- 공공장소란 많은 사람들이 공동으로 이용하는 장소 또는 많은 사람들이 모이는 곳을 말한다.
- 각종 위험 요소가 잠재되어 있다.

2 | 입·퇴장 시 안전수칙

- 관람객은 안내에 따라 통제선을 지키며 이동하고 정해진 이동통로와 출입문을 이용한다.
- 행사 시간을 사전에 확인한 후 입장 및 퇴장을 한다.
- 가지고 온 물건 등은 버리지 않고 가져간다.

3 | 관람 시 안전수칙

- 큰소리를 지르거나 친구와 장난을 치지 않는다.
- 관람석이 아닌 곳에 앉아 관람하지 않는다.
- 행사 도중 무대 근처로 달려가지 않고 위치를 지킨다.

4 | 비상시 안전수칙

- 앞사람을 밀치거나 서두르지 않고 낮은 자세로 질서 있게 이동한다.

• 대피를 할 경우 안전구조요원의 활동에 방해되지 않게 현장질서를 유지한다.

2. 백화점, 대형마트 안전

1 | 백화점, 대형마트 안전사고의 원인

• 진열상품에 의한 사고

• 진열상품에 걸리거나 바닥에 미끄러진 사고

• 에스컬레이터, 무빙워크의 잘못된 이용에 의한 사고

• 쇼핑카트에 의한 사고

2 | 백화점, 대형마트 안전사고 예방

• 전시물 및 진열대 모서리에 부딪히지 않게 조심한다.

• 안전기준에 적합한 쇼핑카트를 사용하고 항상 손잡이를 잡고 있다.

• 바닥에 떨어진 물, 기름, 쓰레기 등에 의해 미끄러지지 않도록 주의한다.

• 에스컬레이터 이용 시 틈새에 끼이지 않게 주의한다.

3. 승강기, 회전문, 에스컬레이터 안전

1 | 승강기, 회전문, 에스컬레이터 안전사고의 원인

• 이용자 과실

• 관리 부실

• 보수 부실

• 작업자 과실

• 제조 불량

2 | 승강기 안전수칙

- 승강기가 갑자기 멈추었을 때는 문을 강제로 열지 않고 인터폰으로 구출을 요청한다.
- 화재가 났을 때는 승강기를 타지 않아야 한다.

3 | 회전문 안전수칙

- 입구, 출구의 공간이 완전히 열렸을 때 통과한다.
- 통과할 때는 회전문 중간에 서서 이동하며, 기대거나 손으로 문을 억지로 열지 않는다.
- 어린이, 노약자는 보호자의 앞쪽에 세워 탑승하고 보폭에 맞춰 이동한다.

4 | 에스컬레이터 안전수칙

- 황색 안전선을 벗어나지 않으며, 핸드레일을 잡고 탑승한다.
- 어린이나 노약자는 보호자의 손을 잡고 탄다.
- 진행방향의 반대방향으로 오르내리지 않는다.
- 시선은 정면을 보고 내릴 때는 미리 준비한다.

Chapter 20

스포츠 활동 시 안전수칙

1. 스포츠 활동시 안전의 이해

1 | 스포츠 활동의 안전원칙

- 신체적, 정서적 각성 수준을 적정하게 유지하고 신체검사, 체력검사, 운동능력검사를 받는다.
- 사용하는 시설 및 기구에 대한 지식을 가져야 하며, 적절하고 안전한 기구를 사용해야 한다.
- 스포츠 활동에 알맞은 올바른 지도를 받고 안전수칙을 이해하고 지킨다.
- 스포츠 활동에 내재된 사고 요인을 제거 및 통제한다.
- 스포츠 활동 전후에 충분한 휴식과 안정을 취해야 한다.

2 | 안전사고 예방을 위한 고려사항

- 자신의 상태를 스스로 평가하여 스포츠 활동 정도를 선택하고, 대등한 경쟁수준에서 실시한다.
- 규격에 맞는 안전한 운동기구를 선택하고 시설의 안전여부를 사전에 확인한다.
- 부상을 당하면 즉시 응급처치를 실시하며, 상해는 완벽하게 치료해야 하므로 완치될 때까지 스포츠 활동에 참가하지 않아야한다.

- 준비운동과 정리운동, 스트레칭을 실시한다.

2. 스포츠 종류별 안전

1 | 인라인스케이트, 스케이트보드, 킥보드

- 좌우의 상황이 보이지 않는 곳에서는 속도를 늦추고 멈춰서 안전을 확인해야 한다.
- 속도가 높아 제어가 어려운 내리막길에서는 타지 않는다.
- 같은 방향으로 움직이며 타는 것이 안전하다.
- 안전모와 보호대를 반드시 착용해야 한다.

2 | 구기 활동

- 발목, 무릎관절을 충분히 풀어주는 준비운동을 해야 한다.
- 무리한 태클, 상대방을 밀거나 손으로 잡는 등의 반칙을 하지 않는다.
- 고의적으로 상대방 선수의 몸에 공을 차서 맞추지 않는다.
- 골대나 골 망에 매달리는 장난을 하지 않는다.

3. 겨울 스포츠 활동의 안전

1 | 겨울철 스포츠 활동 안전사고 예방

- 겨울철 스포츠 활동은 부상의 위험이 크므로 부상 방지를 위한 준비를 철저히 해야 한다.
- 10분 이상 스트레칭을 하여 근육과 뼈를 유연하게 하고, 헬멧과 보호장구를 착용한다.
- 동상 예방을 위해 손발을 자주 비벼 열을 내고 차가운 눈을 오래 만지

지 않으며, 여유 있는 신발과 장갑을 착용한다.

2 | 스케이트

- 활주는 한쪽 방향으로 하고, 시선은 앞을 응시한다.
- 급회전이나 급정거를 하지 않는다.
- 초보자는 문과 가깝고 지지대가 있는 바깥쪽에서 타는 것이 좋다.
- 넘어진 후에는 신속히 일어나 앞으로 간다.

3 | 스키, 스노우보드

- 초보자는 강습과 안전교육을 받는 것이 좋다.
- 보호 장구를 착용하고 준비운동을 해야 하며, 피로 시 휴식을 취한다.
- 기량과 수준에 맞는 코스를 선택한다.
- 넘어질 경우 신속하게 가장자리로 이동한다

Chapter 21

수영 및 물놀이 안전

1. 수상활동 안전수칙

1 | 수상활동 시 알아둘 점

- 준비운동을 하고, 구명조끼를 착용한다.
- 수상안전요원과 지도교사의 시야 내, 물의 깊이와 흐름을 확인할 수 있는 곳에서만 활동하다.
- 가급적 식사 후 1시간이 지난 후에 입수한다.
- 위험지역에서 활동하지 않으며, 과도한 장난을 치지 않는다.

2 | 안전사고 발생 시 행동요령

- 큰소리로 주변에 알리고 119, 122에 신고한다.
- 조난자를 구하기 위해 함부로 물에 뛰어들지 않고 부력이 있는 물건을 줄에 묶어 던진다.
- 내가 빠졌다면 당황하지 않고 물의 흐름에 따라 표류하여 비스듬히 헤엄쳐 나온다.
- 다리에 쥐가 났다면 몸을 둥글게 오므린 후 물 속에 얼굴을 넣어 쥐가 난 쪽의 엄지발가락을 앞으로 꺾어 잡아당긴다.

3 | 계곡 물놀이 주의사항

- 다이빙을 할 때는 수심을 파악해야 하며, 수영 시 근육을 무리하게 사용하지 않는다.
- 바닥이 미끄러운지 확인하고 깊은 물은 주의한다.
- 주변에 어른이 없는 곳, 수영금지 표지판이 있는 곳에서는 수영하지 않는다.

2. 갯벌 체험 안전수칙

1 | 갯벌 체험 시 알아둘 점

- 체험이 가능한 지역을 미리 알아보고 가능 장소에서만 활동한다.
- 마을 공동어장, 양식장에 무단 출입하지 않고 활동 지역 외에 먼 곳에 가지 않는다.
- 카메라, 망원경, 관찰일지 등으로 갯벌 유형과 생물을 관찰하고 느끼는 것이 교육적이다.
- 장화, 창이 넓은 모자, 갯벌이 묻어도 되는 긴 옷 등 장비를 갖춤

2 | 안전사고 발생 시 행동요령

- 갯골은 물이 먼저 차오르고 발이 빠지는 경우가 많으므로 넘어가지 않는다.
- 갯벌 체험 중 안개가 낄 경우 즉시 밖으로 나오며, 혼자서는 갯벌에 들어가지 않는다.
- 발이 빠지면 반대방향으로 엎드려 기어서 나온다.
- 길을 잃었을 경우 완만한 연흔의 직각 방향으로 나온다.

3. 수상레포츠 안전수칙

1 | 보트

- 양손으로 뱃전을 잡고 발을 천천히 옮겨 균형을 잡으며 타야한다.
- 모든 승선자는 구명조끼를 반드시 착용해야 한다.
- 물 속으로 떨어지면 즉시 수면으로 올라와 배를 붙잡고 선미 쪽으로 돌아와 상체부터 배에 올려놓는다.
- 보트가 뒤집히면 발을 수면 가까이로 올리고, 몸은 힘을 빼고 물살과 같은 방향으로 하여 전방의 상황을 살핀다.

2 | 낚시

- 안전장비가 구비된 낚싯배를 이용하며 가족 및 주변 사람에게서 행선지와 일정을 알려야 한다.
- 간조와 만조시간을 확인하고 휴대폰 예비 배터리를 준비한다.
- 물에 잠긴 흔적이 있는 갯바위에서는 낚시를 하지 않는다.

Chapter 22

약물, 흡연, 음주의 유해성 및 예방

1. 약물의 유해성 및 중독예방

1 | 약물의 작용과 부작용

- 작용: 흡수된 약이 혈액 속으로 운반되어 특정 부위의 약물 수용체와 결합하여 기대하는 효과가 있다.
- 부작용: 특정 질병에 대하여 치료목적으로 투여한 약이 원하지 않는 효과를 나타낸다.

2 | 약 복용 시 주의사항

- 약은 꼭 필요한 경우에만 사용하고 지시서를 꼼꼼히 읽기
- 정해진 용량을 엄격하게 준수하고 보관법을 숙지하기
- 유통기한을 엄격하기 지키기

2. 흡연의 유해성 및 예방

1 | 청소년 흡연의 문제점

- 성장을 방해하고 저항력을 감소시켜 각종 병에 잘 걸리게 된다.

- 15세 이전부터 흡연한 사람은 비흡연자(2.5배)에 비해 폐암사망률이 18.7배 높다.
- 청소년부터 흡연을 시작할 경우 수명인 평균 24년 단축되는 것으로 보고되었다.

2 | 청소년 흡연 예방교육

- 친구의 권유를 거절하는 방법 교육하기
- 흡연의 유혹에 대처하는 방법 알려주기
- 금연에 도움이 되는 행동 지도하기
- 자아존중감 높이기
- 보건소의 금연클리닉 이용하기

3. 음주의 유해성 및 예방

1 | 알코올이 청소년에게 미치는 영향

- 성장호르몬의 분비가 억제되어 키가 안 크고, 2차 성징이 늦어지다.
- 뇌세포의 파괴로 인해 기억력과 사고력이 감퇴되어 학습 능력이 떨어지고, 부정적인 태도, 수업 빼먹기 등으로 이어진다.
- 청소년 비행 및 범죄로 연결되기 쉽고, 폭력적이 행동이 증가한다.

2 | 음주의 유혹에 대처하는 방법

- 거절하는 것을 두려워하지 않기
- 자신의 의사를 불분명하게 말하거나, 지나치게 과격하게 말하지 않기
- 음주 이외에 즐길 수 있는 다른 활동 제안하기

Chapter 23

산업재해의 이해와 직업병

1. 산업재해의 이해

1 | 산업재해의 의미 및 범위

- 근로자가 노동과정에서 작업환경, 작업행동 등 업무상의 이유로 발생한 신체적 피해이다.
- 1970년 이후 직업성 재해로 확대, 수정한다.
- 단순 물적 손실, 공중재해는 산업재해에서 제외한다.

2 | 산업재해의 유형

- 떨어짐, 넘어짐, 깔림, 뒤집힘, 부딪힘, 물체에 맞음, 무너짐, 끼임 등 이다.
- 안전대책 미흡으로 인한 산업재해, 안전수칙 미준수로 인한 산업재해 등 이다.

3 | 산업재해의 원인

- 직접적 원인: 물적 원인, 인적 원인이다.
- 간접적 원인: 기술적 원인, 교육적 원인, 신체적 원인, 정신적 원인, 관리적 원인이다.

2. 산업재해 예방대책

1 | 대처방안

- 인적 예방: 근로시간 준수, 적성에 맞는 일 수행, 안전교육을 실시한다.
- 환경적 예방: 직업과 환경을 능률적·효과적으로 개선, 실질적인 안전설비를 구축한다.
- 노동 예방: 생산속도 조절, 규정된 복장으로 근무한다.

2 | 각종 예방대책

- 안전점검: 작업자가 현장에서 발생할 수 있는 위험 요인을 미리 찾아내어 제거한다.
- 작업정리: 기계, 기구 등에 대한 이상 유무 등 위험요인을 사전에 확인하여 예방대책을 강구한다.
- 안전표지: 위험한 곳이나 위험요소가 있는 부분에 표시해 사고나 재해를 사전에 방지한다.

3. 직업병의 이해와 예방

1 | 직업병의 의미와 발생 원인

- 특정 직업에 근무함으로써 근로 조건이 원인이 되어 발병하는 질환이다.
- 직업병은 물리적 요인, 화학적 요인, 생물학적 요인에 의해 발생한다.

2 | 교사의 직업병

- 교직원 다발 7대 질병: 하지정맥류, 성대결절, 후두염, 무지외반증, 요로결석, 귓병, 간경화, 급성충수염

3 | 직업병의 예방

- 근로자 건강진단, 작업환경 개선, 작업방법의 합리화, 철저한 보건교육, 작업 전 주의, 직업병 검진

4 | 교사의 직업병 예방 및 관리

- 목: 금연, 자극적인 음료 피하기, 따듯한 물 자주 마셔준다.
- 다리 다리를 심장보다 높게 하기, 찜질로 피로 해소, 고탄력 압박 스타킹, 편한 신발, 다리 근육을 키우는 운동을 한다.

Chapter 24

진로체험에서 안전의식

1. 진로체험 사전 단계

1 | 진로체험 시 기본 준비 사항

- 체험처 발굴: 학교가 위치한 행정구역 내 체험처, 교육청의 현장학습공개방을 참고한다.
- 인솔자 모집: 인솔자 오리엔테이션 및 사전 안전교육을 실시한다.
- 피해야 하는 체험처 확인: 너무 먼 곳, 노후 및 낙후된 곳, 위험 상황이 자주 발생하는 곳, 비인가 체험시설은 피한다.

2 | 진로체험 시 과업별 준비사항

- 사전답사: 체크리스트를 준비하여 안전을 점검한다.
- 진로체험 프로그램 확정: 학생 인원수 배정, 일정 및 안전성 확인, 보호자 동의서와 비상연락망을 준비한다.
- 사전 교육: 학생, 인솔자, 일터 멘토, 학부모에게 사전 교육을 실시한다.

2. 진로체험 운영 단계

1 | 체험처로 출발 전

- 인원 및 준비 사항 확인: 당일 학생 인원 및 건강 확인, 비상연락망 및 구급약을 준비한다.
- 체험처 상황 확인: 출발 전 체험처 변동사항을 확인한다.

2 | 채험처 도착 후 (오리엔테이션)

- 체험활동 시 주의사항 교육: 복장 및 장비 착용 여부 확인, 질의응답 시간을 확보한다.
- 체험처 내 교육 및 시설 확인: 응급상황 시 대처 및 대피 요령 교육, 안전시설을 확인한다.
- 현장 학생 관리: 특별보호학생 명단 전달, 적극적인 체험 참여를 유도한다.

3 | 체험활동 중 안전관리 (현장지도)

- 학생 현장지도: 수시로 인원 점검, 사고 발생 시 절차에 따라 상부에 보고한다.
- 체험활동 진행상황 관리: 계획, 협의된 일정대로 안전하게 프로그램 실시한다.

4 | 체험활동 후 안전관리 (체험활동 마무리)

- 학생 인원 및 안전확인: 인원 및 다친 학생을 확인한다.
- 학생 귀가지도: 종례 후 전원 귀가 조치한다.

3. 진로체험 사후 단계

1 | 진로체험활동 사후평가

- 단계별 위험요소 재확인 후 안전한 체험처는 협력관계를 유지한다.
- 학생들의 진로체험 보고서는 추후 학생 진로상담 자료로 활용한다.

2 | 진로체험 안전결과보고

- 안전사고 발생 시 교사용 사안보고서, 미발생 시 학생용 안전결과 보고서를 작성한다.

3 | 사고 발생 시 후속조치

- 교장 보고 및 학부모 통보 ➜ 고 경위 파악 및 증빙자료 확보 ➜ 피해학생 위로 등 성의 있는 자세, 가해, 피해 학생에 치우치지 않는 자세 ➜ 분쟁 발생 시 학교배상책임공제 제도 활용 ➜ 조속한 안정화 및 재발 방지를 위한 추후지도

4 | 진로체험활동 사후관리

- 현장학습 공개방에 진로체험 안전결과 보고서 공유한다.
- 사전 안전교육, 사후 안전보고가 연계된 선순환 체제를 구축한다.

Chapter 25

학교폭력에 대한 교사의 역할

1. 학교폭력이란?

- 학교 내외에서 학생을 대상으로 발생한 신체·정신 또는 재산상의 피해를 수반하는 행위이다.
- 상해, 폭행, 감금, 협박, 약취·유인, 명예훼손·모욕, 공갈, 강요·강제적인 심부름 및 성폭력, 따돌림, 사이버 따돌림, 정보통신망을 이용한 음란·폭력 정보 등에 의한 피해를 말한다.

2. 학교폭력의 유형 및 원인

1 | 흔히 발생하는 학교폭력의 유형

- 언어폭력, 신체폭력, 사이버폭력, 금품갈취, 따돌림, 성폭력, 강요

2 | 학교폭력의 원인

- 개인심리적인 요인: 자기존중감 저하 및 자기비하, 자제력 부족, 폭력적인 성향 및 공격성이 원인이 된다.
- 가정적인 요인: 불안정하거나 폭력적인 가정환경, 부모의 과보호 및 무관심이 원인이 된다.

- 또래 관계적 요인: 또래간 지배적이거나 순종적 관계, 친구로부터 소외되지 않기 위해서 이다.
- 학교 환경적 요인: 획일적인 교육제도, 학교의 미온적 태도 및 폐쇄적인 학교운영이다.
- 사회 환경적 요인: 대중매체의 무분별한 선정성과 폭력성, 왜곡된 개인주의 성향의 증가하기 때문이다.

3. 학교폭력에 대한 지도

1 | 학교폭력 예방

- 학교폭력대책자치위원회: 학교폭력의 예방 및 대책수립을 위한 학교 체제 구축, 피해학생의 보호, 가해학생에 대한 선도 및 징계, 피해학생과 가해학생 간의 분쟁조정을 한다.
- 학교폭력 예방교육: 학생에 대한 교육과 교직원 및 학부모에 대해 학기별로 1회 이상 실시, 프로그램의 구성 및 운용은 전문단체 및 전문가에 위탁이 가능하다.
- 교사의 역할: 학교폭력에 대해 바르게 인식, 실질적인 내용의 학교폭력 예방교육 실시, 학생에 대한 지속적인 관심 표현, 폭력문화추방운동 전개 등이 있다.

2 | 학교폭력 대처

- 학교폭력 사안에 대한 신속하고 정확한 진단하기
- 가족상담 바로 하기
- 집단폭력의 경우 집단의 역동성 및 실체 파악하기
- 추후지도 철저히 하기

3 | 피해학생 지도

- 심리상담 및 보호
- 일시보호
- 치료 및 치료를 위한 요양
- 학급교체

4 | 가해학생 지도

- 피해학생에 대한 서면 사과
- 피해학생 및 신고·고발학생에 대한 접촉, 협박, 보복행위 금지
- 학교 및 사회에서의 봉사활동
- 특별교육이수 또는 심리치료
- 징계(출석정지, 학급교체, 전학, 퇴학처분 등)
- 징계 사항의 학교생활기록부 기록
- 피해학생에 대한 진료비 부담

Chapter 26

성폭력 및 가정폭력 예방

1. 성폭력

1 | 성폭력의 의미

- 상대방이 싫어하는데도 강제로 몸을 만지거나 말이나 행동으로 놀리는 등 성과 관련하여 옳지 않은 행동을 하는 것이다.
- 아동, 장애인 등을 상대로 상대방이 성 결정 능력이 없거나 의사소통능력이 없는 것을 이용하여 행하는 성행위를 포함한다.

2 | 성폭력 예방을 위한 안전수칙

- 피해자가 되지 않기: 싫거나 위험할 때는 분명하게 의사표현 하기, 낯선 사람은 물론 아는 사람도 주의하기, 외진 곳이나 밀폐된 곳 피하기, 온라인 채팅 상대를 직접 만나지 않기 등 이다.
- 가해자가 되지 않기: 관심과 사랑주기, 건강한 자존감 키우기, 공감 능력을 키운다.

3 | 성폭력 예방을 위한 담임 교사의 역할

- 학급 모니터링 실시, 학급 신고서 비치한다.
- 성폭력 피해 학생의 피해 사실이 누설되지 않도록 노력한다.
- 피해 사실을 떠올리도록 종용하거나 관련 질문을 반복하지 않는다.
- 무엇보다 피해 학생에게 '언제나 네 편이고 너를 돕는다'라는 태도를 보

여준다.

2. 가정폭력 및 아동학대

1 | 아동학대의 의미

- 보호자를 포함한 성인이 아동의 건강, 복지를 해치거나 정상적 발달을 저해할 수 있는 신체적, 정신적, 성적 폭력이나 가혹행위를 하는 것이다.
- 아동의 보호자가 아동을 유기하거나 방임하는 것이다.

2 | 아동학대의 유형

- 신체학대, 정서학대, 유기, 성학대, 방임(교육적 방임, 의료적 방임)이다.

3 | 가정폭력 및 아동학대 대처

- 아동학대 발견 ➜ 아동학대 신고 ➜ 피해 학생 및 부모 면담 ➜ 협력 및 지원

4 | 아동학대신고

- 누구든지 학대피해아동 발견 시 112로 신고한다.
- 신고 처리과정: 학대피해아동 발견 시 아동보호전문기관으로 신고 ➜ 아동보호전문기관의 현장조사 ➜ 응급의료조치 및 긴급격리조치 ➜ 사례판정 후 조치를 결정한다.
- 아동학대 피해자 보호와 구제: 상담지원, 주거지원, 치료 및 의료지원을 한다.
- 아동학대 신고자의 법적 보호: 2016년 이후 아동복지법 위반 행위를 신고한 신고자에게 불이익을 주거나 비밀을 누설한 경우 법적 보호를 받을 수 있다.

Chapter 27

사이버 중독 예방 및 컴퓨터의 안전한 사용(Ⅰ)

1. 게임·인터넷·스마트폰 중독의 현황

- 전체 인터넷 중독 위험군이 6.9%인데 반해 청소년은 12.5%로 높은 수치이다.
- 전체 스마트폰 중독 위험군이 14.2%인데 반해 청소년은 29.2%로 높은 수치이다.

2. 게임·인터넷·스마트폰 중독의 이해

1 | 게임·인터넷·스마트폰 오남용의 부정적 영향

- 게임·인터넷·스마트폰 중독 유발
- 타인과 어울리는 시간 감소로 사회적 고립 초래
- 사이버 상 폭력과 실제 폭력의 연계
- 가상공간 몰입으로 현실 적응에 어려움 유발
- 음란물 폭력 등 각종 유해 정보에 노출

2 | 게임·인터넷·스마트폰 중독의 원인

- 기술적 특성: 인터넷·스마트폰 보급률이 증가하고 온라인에서의 의사소통이 증가한다.
- 개인심리적 특성: 충동성, 외로움, 자기통제력 부족, 현실에서의 대인관계에 문제가 있다.
- 가정에서의 원인: 가족사의 부정적 문제, 대화 부족 등 가족 내 무관심한 분위기이다.
- 학교에서의 원인: 게임 인터넷·스마트폰을 통한 또래문화 형성, 학업 스트레스 해소를 위한 탈출구로 생각한다.

3 | 게임·인터넷·스마트폰 중독 청소년의 특징

- 강박적 집착
- 현실에서의 유능감 상실, 낮은 자아존중감
- 자기통제력 상실, 우울증
- 내성, 공격성, 금단현상

3. 게임·인터넷·스마트폰 중독의 예방

1 | 게임·인터넷·스마트폰 중독 예방교육

- 도덕: 게임·인터넷·스마트폰 폭력 예방 아이디어룰렛
- 국어: '온라인 게임 어떻게 생각하나요?'를 주제로 찬반토론, 게임·인터넷·스마트폰 중독 예방 스토리텔링
- 사회: '나도 사이버 폭력에'를 주제로 사이버 폭력 대처 방법 다루기, 스마트 중독 예방 UCC 제작

2 | 정부 (규제제도를 활용한 게임) – 인터넷·스마트폰 중독 예방법

- 심야시간대의 인터넷 게임 제공시간 제한 제도 (여성부)

- 게임시간 선택제 (문화체육관광부)

3 | 게임 중독을 예방하기 위한 수칙

- 게임은 하루에 1시간 30분 이내로 하기
- 제때 저녁식사하고 정해진 시간에 잠자기
- 낮 시간에 30분 이상 햇볕 쬐고, 일주일에 2회 이상 운동하기
- 가족, 친구와 함께하는 시간 가지기

4 | 인터넷 중독을 예방하기 위한 수칙

- 컴퓨터 사용시간을 계획하고 지키기
- 신체적 활동, 취미생활 하는 시간 늘이고 현실에서 친구들과 만나기

5 | 스마트폰 사용 수칙

- 필요할 때만 휴대전화 사용하기
- 다른 사람을 촬영하고자 하는 경우 먼저 동의를 받기
- 성인 음란물 및 불건전 콘텐츠에 접속하지 않기

Chapter 28

사이버 중독 예방 및 컴퓨터의 안전한 사용(Ⅱ)

1. 게임·인터넷·스마트폰 중독의 단계별 지도

1 | 학부모 면담 단계

- 면담 요청: 학교 및 가정생활, 게임 인터넷 사용현황에 대해 대화 후 필요할 경우 면담을 요청한다.
- 학부모 면담: 학생의 진단 결과를 통보하고 전문 상담 및 치료의 필요성, 과정, 지원 방법을 안내한다.
- 사후협력 요청: 학부모의 역할을 제시하고, 학부모 가족 프로그램을 권유 및 안내한다.

2 | 학교상담 단계

- 학교 상담교사를 통해 학생 및 학부모 상담을 실시한다.
- 공존질환 검사 및 사후조치에 협조한다.
- 집단지도 상담 프로그램을 진행한다.

3 | 전문기관 상담 단계

- 개인 상담, 맞춤형 집단상담, 심리검사

4 | 전문기관 치료 단계

- 시도청소년상담복지센터의 인터넷레스큐스쿨, 정신보건센터 / 협력병원, 게임과몰입 상담치료센터 (게임문화재단)

2. 게임 인터넷·스마트폰 중독의 수준별 지도

1 | 주의사용자군 지도

- 학교 내 전문인력을 통한 상담: 전문인력과 협력체계 구축, 상담 피드백을 통해 지속적으로 학생을 관리 지도한다.
- 지역 내 청소년상담복지센터를 통한 상담: 전문기관의 정보와 서비스 숙지, 지속적인 모니터링을 한다.
- 중독이 심각하지 않고 교사의 상담으로 초기 대응이 가능하다고 판단될 경우 교사가 상담을 실시할 수도 있다.

2 | 위험사용자군 지도

- 위험사용자군의 치료 서비스: 인터넷레스큐스쿨, 지역정신보건센터 치료 협력병원, 게임과몰입 상담치료센터에서 담당한다.
- 위험사용자군의 사후관리: 청소년동반자, 멘토링 등 청소년상담복지센터, 정신보건센터에서 3~6개월 동안 실시한다.

3. 게임 인터넷 스마트폰 중독에 대한 교사의 지도

1 | 학생 지도 시 기억할 점

- 학생과의 관계 형성을 고려한다.
- 인내심을 가지고 해결한다.
- 컴퓨터, 스마트폰을 없애거나 못하게 하면 역효과가 발생한다.

• '너는 중독이야.' 라고 말하지 않아야 한다.

• 부정적인 태도 대신 학생에게 긍정적인 피드백을 제공한다.

Chapter 29

생명을 살리는 심폐소생술

1. 심정지 발생빈도와 심폐소생술 관련성

심정지 환자의 병원 이송시간 및 예후 관계

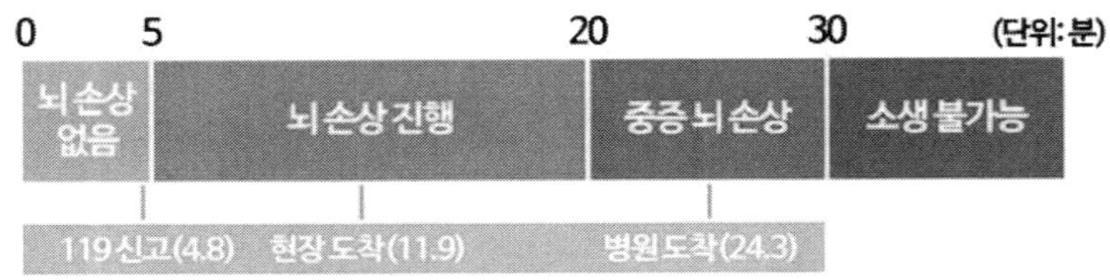

*출처: 안전보건공단, 한국학교보건학회(2013). 고등학교안전교과서 지도서.

2. 심폐소생술

1 | 심폐소생술의 개념 및 목적

- 개념: 심장이 정지되고 호흡이 없는 사람에게 심박동과 호흡이 회복되도록 하기 위한 처치한다.
- 목적: 일반인에 의한 기본 소생술은 환자를 신속하게 병원으로 이송하여 전문 소생술을 받게 하고, 환자가 회복되거나 병원에 도착하기 이전까지 뇌와 심장에 산소를 공급하기 위한다.

2 | 심폐소생술 순서

- 의식확인 ➜ 도움요청 ➜ 가슴압박 ➜ 기도개방 ➜ 인공호흡 ➜ 회복자세

3. 자동제세동기 사용법

- 제세동기 켜기 ➜ 패드 2개를 환자의 몸에 붙이기 ➜ 심장리듬 분석 ➜ 제세동 실시 ➜ 제세동기 재시행

Chapter 30

상황별 응급처치의 이해

1. 응급처치 개요

1 | 응급처치란?

- 사고나 질병으로 응급상황이 발생했을 때 응급 의료 기관에서 전문적인 치료를 받기 전까지 행해지는 즉각적이고 임시적인 처치이다.
- 119 신고부터 부상이나 질병을 의학적 처치 없이도 회복될 수 있도록 도와주는 행위이다.

2 | 응급처치와 구급함

- 붕대, 거즈, 반창고 등 처치에 필요한 재료와 가위, 핀셋, 면봉, 얼음주머니 등 처치에 필요한 기구가 들어 있다.
- 각종 먹는 약, 바르는 약, 소독약과 기타 약재가 들어 있다.

3 | 위급한 상황 시 행동요령(CCC)

- 현장조사(Check)
- 응급의료기관(119)에 연락하기(Call)
- 적절한 처치 및 도움주기(Care)

4 | 환자이송 원칙

- 환자는 이송하지 않는 것이 가장 좋다.

- 부득이한 경우에는 현장상황, 부상자의 상태, 부상부위, 구조자의 인원 등을 파악해서 올바르게 이송해야 한다.

2. 상황별 응급처치

1 | 기도폐쇄

- 목에 이물질이 걸려 기도를 부분적 또는 완전히 막아 호흡을 방해하는 상태를 말한다.
- 일부만 막힌 경우에는 계속 기침을 유도하고 119에 도움을 요청한다.
- 꽉 막힌 경우에는 촉킹-싸인, 청색증이 나타나며 복부 밀쳐 올리기를 실시한다.

2 | 출혈

- 출혈이 심한지, 쇼크증상을 보이는지, 신체의 일부분이 절단되었는지, 속이 미식거리거나 구토를 하는지, 신체에 이물질이 박혀 있는지 등을 파악하여 응급처치를 한다.
- 외부 출혈의 경우에는 상처를 직접 누르는 방법, 핏줄 누르기(동맥점 압박)를 실시하고, 최후의 방법으로 지혈대를 이용한다.
- 내부 출혈의 경우에는 다리를 들고 목이나 가슴을 조이는 의복을 느슨하게 하며, 먹을 것을 주지 않아야 한다.

3 | 골절

- 신체부위가 골절되었는지, 심한 출혈이나 척추 및 목의 통증 및 마비증상이 있는지 파악하여 응급처치를 한다.
- 골절이 의심되면 가능한 움직이지 않고 함부로 옮기거나 다친 곳을 건드려서는 안 된다.
- 굽은 곳을 바로 펴려고 하지 말고 돌출된 뼈를 밀어 넣어서도 안 된다.

- 골절 및 탈구 가능성이 의심되는 곳은 부목을 댄 후 즉시 병원으로 후송한다.
- 출혈이 심하면 지혈을 한 후 부목을 대고 병원으로 후송한다.

Part 04

연습문제

1. 창의적 체험활동의 이해에 대하여 설명하시오.

2. 현장체험학습 유형과 안전사고의 사례에 대하여 서술하시오.

3. 학교안전사고 발생 현황 및 사례에 대하여 설명하시오.

4. 가정 내 안전사고 발생 현황 및 사례에 대하여 설명하시오.

5. 전기사고 시 대응 및 안전수칙에 대하여 서술하시오.

6. 수학여행 운행전 안전수칙에 대하여 서술하시오.

7. 스포츠 활동시 안전의 이해에 대하여 서술하시오.

8. 산업재해의 이해에 대하여 설명하시오.

9. 생명을 살리는 심폐소생술에 대하여 설명하시오.

10. 응급처리 개요에 대하여 서술하시오.

5장

사례이야기

사례이야기 1

1. 한국의 안전사고 심각성

- 매년 교통사고·산업재해 등 안전사고로 3만 명이상 목숨을 잃고 있다. 이 수치는 매년 전체 사망자의 12%를 차지해 OECD 국가 안전사고 사망자 평균 4~5%보다 2배 이상 월등히 높다.
- 특히 안전사고 중 교통사고로 목숨을 잃는 경우가 가장 많고 최상의 보호를 받아야 할 어린이들의 경우도 교통사고·물놀이·추락·질식중독·화재사고 등으로 매년 300여 명씩 사망하고 있다. 이 수치 역시 어린이 인구 10만 명 안전사고 사망자수가 선진국보다 2~3배 이상 월등히 높다.

2. 교통사고 현황

- 지난 2013년 경찰청 통계에 따르면 총 215,354건의 교통사고가 발생하여 5,092명이 사망했고 328,711명이 부상당했다. 이 수치는 전년과 비교하여 사고 건수는 3.7%가 감소했고, 사망자는 5.6%, 부상자는 4.6%가 각각 감소한 수치이다.
- 차량 1만 대당 사망자수는 2.2명으로 전년 2.4명에 비해 소득 감소했고 인구 10만 명당 사망자 수 역시 10.1명으로 전년 10.8명에서 역시 감소

했다.

- 3세 미만 어린이의 경우는 총 11,728건이 발생하여 82명이 사망했고, 14,437명이 부상을 당하여 소폭 감소했다. 그러나 65세 이상 노인의 경우는 30,283건이 발생하여 1,833명이 사망했고 32,178명이 부상당해 사고 건수는 7.4% 부상자는 8.3%나 증가했다.

3. 20년 전 실제 안전사고 발생 사례

대형 재난의 20년 주기설(?), 2014년이 청해, 준비만 잘하면 없다

1993년 부산 구포역 열차 전복사고

발생일시: 1993년 3월 28일 오후 5시 29분

사고내용: 서울발 부산행 무궁화호 열차가 사고 지점 100m 전방에서 선로 지반이 내려앉기 시작하는 것을 발견하고 급제동을 하였으나 제동거리가 미치지 못하여 탈선, 전복

사고원인: 열차 운행선의 노반 밑을 관통하는 지하 전력구를 설치하기 위한 발파작업 때문에 노반 함몰

사고피해: 78명 사망, 198명 부상

훼리호 침몰 사고

발생일시: 1993년 10월 10일

사고내용: 승객과 화물 16톤 적재하고 부안 격포항으로 향하여 출발하던 훼리호가 임수도 부근 해상에서 돌풍을 만나 전복, 침몰

사고원인: 좋지 않은 기상 여건에도 무리하게 운항, 과적, 승객 정원 초과, 승무원 규정인원보다 부족, 배 구조 불안정

사고피해 : 292명 사망

1994년 성수대교 붕괴

발생일시: 1994년 10월 21일 오전 7시

사고내용: 성동구 성수동과 강남구 압구정동을 연결하는 성수대교의 상부 트러스 48m가 붕괴

사고원인: 부실공사, 부실감리, 안전 검사 미흡

사고피해: 49명 추락, 32명 사망

서울 아현동 가스폭발

발생일시: 1994년 12월 7일 오후 2시 52분경

사고내용: 아현밸브스테이션 지하실에서 계량기 점검시 전동밸브 틈새로 다량방출된 가스가 환기통 주변 모닥불 불씨에 점화되어 폭발

사고피해: 12명 사망, 부상자 101명, 건물 145동 파손, 차량손실 92대, 이재민 210세대

1995년 삼풍백화점 붕괴

발생일시: 1995년 6월 29일 오후 5시 52분경

사고내용: 서울 서초동 소재 삼풍백화점 5층이 무너지기 시작하면서 20여 초 만에 완전히 붕괴

사고원인: 부실공사, 확장공사, 수개월 전부터 균열 등 붕괴 조짐에도 응급조치로 대응

사고피해: 501명 사망, 6명 실종, 937명 부상, 재산피해액 2,700여억 원

1997년 괌 대한항공 추락사고

발생일시: 1997년 8월 6일

사고내용: 김포공항에서 출발한 대한항공 801편이 미국의 괌에 있는 아가나 국제 공항에서 착륙에 실패, 추탁

사고원인: 심한 폭우, 활공각 지시기 고장으로 사용 불가능하다고 관제소로부터 통보를 받았으나 충돌 7분여전 지시기의 신호가 갑작스럽게 잡혀 기장과 부기장 혼란, 고도 확인 절차를 생략함과 동시에 규정 고도 무시

사고피해: 228명 사망, 26명 부상

2003년 대구 지하철 화재사고

발생일시: 2003년 2월 18일 오전 9시 53분

사고내용: 대구 중구 남일동 중앙로역에 정차한 1079열차에서 지적장애 2급 판정을 받은 방화범이 플라스틱통에 들어있는 휘발유에 라이터로 불을 붙인 뒤 지하철 바닥에 뿌려 방화
1079열차의 승객들은 대부분 빠져나갔으나 반대편 선로에 진입한 1080열차로 옮아 붙음
1080열차 기관사와 지하철 사령의 적절치 못한 대응으로 1080열차에서 대부분의 사망자 발생

사고피해: 192명 사망, 148명 부상

4. 최근 안전사고 현황

ㅣ 경주 마우나오션리조트 붕괴

일시: 2014년 2월 17일

장소: 경주시 양남면 마우나오션리조트 강당

사고현황: 폭설로 쌓인 눈의 무게를 이기지 못한 지붕이 무너지면서 10명이 숨지고 100여명부상

ㅣ 세월호 사고

일시: 2014년 4월 16일

장소: 진도 인근 해상

사고현황: 인천에서 제주로 향하던 여객선 세월호가 침몰하면서 295명 사망 9명, 실종(구조요원 11명 사망)

❙ 상왕십리 열차추돌

일시: 2014년 5월 2일

장소: 서울 지하철 2호선 상왕십리역

사고현황: 출발하려던 전동차를 후속 전동차가 추돌하여 238명 부상

❙ 판교환풍구 추락

일시: 2014년 10월 17일

장소: 경기도 성남시 분당구 판교테크노밸리 야외 공연장

사고현황: 축하공연을 보기 위해 환풍구 위에 올라선 관람객들이 20m 아래로 추락 16명 사망, 11명 부상

❙ 영종대교 106종 추돌

일시: 2015년 2월 11일

장소: 인천광역시 영종대교 서울방면 상부도로

사고현황: 해무로 인해 가시거리가 낮은 상태에서 과속으로 인해 106종 추돌사고 발생 2명 사망 70여명 부상

안전사고 제로운동 실천 10칙

1칙 횡단보도는 오른쪽으로 건너십시오.

횡단보도의 경우 차가 보행자의 왼쪽에서 접근하므로 오른쪽으로 간 만큼 안전거리가 확보되어 보다 안전합니다.

2칙 비상구 찾기 운동을 전개해 주십시오.

노래방, 호프집 등 특히 지하의 다중이용업소 방문 시 비상구가 어디 있는지 확인해 보는 운동입니다.

3칙 횡단보도에서 보행자에게 손으로 양보운전을 해주세요.

운전자는 손으로 "먼저가세요"하고, 보행자는 손을 들어 "제가 먼저 갈게요"하는 것을 운전자와 보행자 간 사회적 약속으로 정해가야 합니다.

4칙 1가정 1안전 요원화 운동을 전개해 주십시오.

- 가정에서 응급상황 발생 시 심장 압박법, 인공 호흡법, 하임리히법 등 심폐소생술 능력을 길러 주십시오.
- 가정에서 가스 누출 시 창문을 열고 신문지나 방석 등 전기가 통하지 않는 물건으로 바닥이 아닌 천장 윗부분을 쓸어 환기시켜 주어야 합니다.

* 가정에서 쓰는 LNG는 공기보다 가벼워 누출 시 천장 위로 올라가며 식당에서 사용하는 LPG는 공기보다 무거워 바닥에 가라앉습니다.

5칙 무단횡단은 어린이 안전사고 조장행위입니다.

- 어린이는 어른에 비해 모방능력이 월등히 뛰어납니다. 따라서 어른들이 하는 무단횡단이 바로 주변 어린이의 안전사고를 조장하는 행위입니다. 특히 자녀를 데리고 무단횡단 하는 것은 자녀에게 안전사고 나는 법을 알려주는 것입니다.

6칙 범죄 없는 마을을 만들기 위하여 순찰, 동행, 돌봄 서비스 활동을 수행해 주십시오.

- 순찰 서비스: 우범지역, 사고 취약지점을 순찰하며 개선해 갑니다.
- 동행 서비스: 늦은 시간 귀가하는 여성 어린이들을 동행하여 안전하게 귀가해 줍니다.
- 돌봄 서비스: 맞벌이, 저소득층 자녀 등 돌봄이 부족한 어린이를 적극 돌보아 줍니다.

7칙 안전운전 점수를 10점씩만 올려주세요. (www.go119.org)

안전운전 자가진단표에 나와 있는 10가지 점검항목에 스스로 나 자신의 운전행태, 운전습관을 비교하여 자신의 안전운전 점수가 몇 점인지 평가한 다음 자신의 안전 운전 점수를 10점씩만 올리는 노력을 해주십시오.

8칙 생활안전 가족회의를 개최하세요.

생활안전 가족회의란 어린이 안전사고 예방을 위하여 온 가족이 한 자리에 모여 <실제 발생한 어린이 사고사례> 를 주제로 회의를 하면서, 어린이들에게 주로 발생하는 사고유형과 예방법을 알려주는 가정의 교육방법입니다.

9칙 자녀에게 안전사고 예방을 위하여 3가지 습관을 길러주세요.

- 첫째 우선 멈추는 습관 어린이들이 도로로 나갈 때 또는 도로를 건널 때 뛰지 말고 좌우를 살펴보는 '우선 멈추는 습관'을 길러주어야 합니다.
- 둘째 운전자와 눈 맞추는 습관 보행자 초록 불이 켜지고, 보행자가 손을 들어도 그냥 지나치는 차가 있으므로 꼭 눈으로 차량 멈춤을 확인하는 습관을 길러주어야 합니다.
- 셋째 차를 계속 보면서 건너는 습관 운전자가 학생을 발견하고 브레이크를 밟으려다 엑셀레이터를 밟을 수도 있으므로 항상 차를 보면서 도로를 건너는 습관을 길러주어야 합니다.

10칙 작업 전후 안전점검 및 안전보호구 착용운동을 전개해요.

- 작업 전에 위험요인이 있는지 사전에 안전점검하고 작업 후에도 정리정돈을 잘하여 향후 사고위험소지를 아예 없애주세요.
- 반드시 작업 중에는 "사고가 날 수 있다"는 생각으로 안전 보호대 착용을 생활화합니다.

사례이야기 2

몇 해 전 인천의 한 초등학교 2학년 어린이의 자모님에게 한통의 가슴 아픈 전화를 받았습니다.

이 어머니는 저와 통화가 연결되자마자 갑자기 “제가 우리 아들을 죽였습니다. 사랑스런 우리 아들을 이 무지한 엄마가 죽였습니다.”하며 엉엉 우시는 것입니다.

전화 내용인즉 “아들이 죽기 3일전 저를 TV에서 보았는데 제가 여러 가지 어린이 교통사고 예방법을 이야기 하던 내용 중, 「횡단보도는 우측으로 걷는 것이 안전거리가 확보되어 보다 안전하다.」는 말이 솔깃하게 들어왔다고 합니다.

“항상 내 자녀가 교통사고가 나면 어쩌나”하며 불안해하던 어머니이기에"우리 아들에게 당장 횡단보도 오른쪽 통행의 안전성을 알려주어야지." 라고 생각을 했으나, 차일피일 미루다 그만 알려주지 못했습니다.

4일째 되는 날 하교하던 2학년 아들이 스쿨존 내 신호등 없는 횡단보도의 왼쪽에서 뛰어 건너다 그만 오는 차에 치여 목숨을 잃는 안타까운 사고가 발생했습니다. 특히 이 횡단보도 바로 앞에는 노상 주차장이 있어 차량이 불법 주차되어 있었습니다.

자식의 교통사고 소식을 접한 어머니는 부랴부랴 교통사고 현장으로 달려갔으나 이미 때는 늦었습니다. 어머니는 싸늘한 시신이 되어버린 어린 아들을 붙잡고 목 놓아 우셨습니다.

이 어머니는 땅을 치며 "우리 아들에게 횡단보도의 오른쪽으로 가라고 알려만 줬으면 우리 아들은 안 죽었습니다."하며 때늦은 후회를 하셨습니다.

이 가엾은 어머니는 안전교육의 중요성을 자식을 잃은 후에 비로소 깨닫게 된 것입니다. 너무나 댓가가 크다는 생각이 듭니다.

1. 실제 발생한 사례의 원인과 예방법

사고 원인

- 횡단보도는 차가 왼쪽에서 옴으로 오른쪽으로 간만큼 안전거리가 확보되어 보다 안전한데 이 내용을 알지 못했습니다.
- 특히 차량 앞 사이로 뛰어 횡단할 경우 어린이가 보이지 않아 사고 위험이 보다 높습니다.

사고 예방법

- 반드시 횡단보도는 오른쪽으로 걷는 것이 노다 안전합니다.
  횡단보도의 반쯤 지나 차와 가까워져도 이미 그 차는 멈추어 있고 서로 보면서 가기 때문에 그만큼 더 안전합니다.
- 도로를 횡단할 경우 반드시 운전자에게 손을 들은 후 차량 멈춤을 확인

한 후 천천히 건너갑니다.

- 비록 초록불이 들어왔어도, 어린이가 손을 들어도 그냥 지나치는 차가 있으므로 반드시 차량 멈춤을 확인해야 합니다.

2. 유사사고 사례 보기

사고사례 보기

3학년 철수가 수업을 마치고 집으로 가다가 발생한 교통사고입니다.

철수는 "빨리 집에 가야지"라는 조급한 마음에 조금 떨어져 있는 횡단보도로 건너지 않고, 무단횡단을 하기로 마음먹고 무단횡단 할 곳을 찾아보았습니다. 마침 차들이 불법 주정차 되어 있어 철수는 주차된 차량 사이에서 급하게 뛰어 건너다 그만 급하게 달려오던 택시에 치여 다리가 부러지는 큰 사고를 당하여 병원에 1년 넘게 입원하였습니다.

사고 원인

- 횡단보도로 건너지 않고 무단횡단을 했습니다.
- 차 사이 횡단의 위험을 알지 못했습니다.

사고 예방법

- 무단횡단을 하지 않고 항상 횡단보도로 건너겠습니다.
- 차 사이 뛰어 횡단하는 것이 천천히 걷는 것보다 사고 위험이 18배나 높으므로 차량사이 횡단을 하지 않겠습니다.
- 길을 건널 때 손을 들고 <차량 멈춤>을 확인한 다음 건너겠습니다.

3. 어린이 교통사고 주범은 부모님의 2가지 무지

첫째, 나 자신이 무심코 하는 행동들이 내 자녀의 교통사고를 부추기고 있는데 이를 모르는 무지함

- 무단 횡단하는 행위, 특히 자녀를 데리고 하는 무단횡단
- 자녀를 조수석에 앉고 타는 행위

- 길 건너편에 있는 자녀를 부르는 행위
- 자녀에게 빨리빨리 하라고 조급성을 부추기는 행위 등

둘째, 가정에서 안전교육만 실시하면 , 대부분 사고는 예방이 가능한데 그 교육의 중요성을 깨닫지 못하는 무지함

- 가정에서 실제 사고사례 중심의 안전교육만 충실히 실시한다면 어린이 안전사고의 70%를 감소시켜 줄 수 있다.
- 특히 교통사고 보행 중 사망률이 70%를 육박하는데 횡단보도 우측통행의 안전성, 우선 멈추는 습관, 운전자와 눈을 맞추는 습관, 차를 계속 보면서 건너는 습관 기르기 등 교육만 충실히 실시하면 보행 중 사망률은 10%대로 끌어내릴 수 있다.

4. 어린이 교통사고를 부추기는 worst 10

❶ 어른들이 무심코 하는 무단횡단

어른들이 나 하나 편하자는 무단횡단이 바로 내 자녀, 이웃 어린이의 교통사고를 부추기는 범법행위임을 깨닫고 우리 자녀의 교통사고를 조장하는 무단횡단을 하지 말아야 합니다.

❷ 어린 자녀를 조수석에 안고 타는 행위

어머니가 어린이를 운전석에 안고 탈 경우 사고 시 어머니가 받을 충격의70%까지가 어린 자녀에게 갑니다.

❸ 횡단보도에서 좌측통행하는 교육방법

횡단보도는 오른쪽 부분으로 걷는 것이 보다 안전합니다. 이는 차가 보행자 기준으로 볼 때 왼쪽에서 오므로 차와 거리가 보다 멀어지는 안전거리가 확보될 수 있기 때문입니다.

❹ 횡단보도 앞 불법 주· 정차행위

횡단보도 바로 앞까지 불법 주·정차할 경우 멈춰진 차에 가려서 횡단보도 왼쪽에서 뛰어나오는 어린이를 운전자가 미처 발견을 못해 사고

가 종종 발생합니다.

❺ 너무 짧고 너무 빨리 깜박거리는 보행자 초록색 신호등

점멸 신호가 들어오면 보행자의 대부분은 조급한 마음이 들어 뛸 수밖에 없으며 운전자 역시 주위를 살피지 않으며 빨리 출발하려는 생각을 하게 됩니다.

❻ 당연히 차가 "먼저"라고 생각하는 운전자의 권위의식

일부 운전자들은 차가 무슨 권위의 상징인 양 차만 타면 당연히 "내가 먼저 가야지"라는 잘못된 의식을 갖고 있습니다. 만일 운전자가 도로를 건너는 아이가 "내 자녀가 아니니까"하며 과속, 난폭운전을 한다면 당신의귀여운 자녀 역시 누군가 권위의식을 갖고 있는 운전자에 의해 생명의 위협을 받을 수 있다는 점을 인식해야 합니다.

❼ 초등학교 주변 통학로의 불법 주·정차 자동차 또는 노상 주차장

어린이가 많이 모이는 곳은 전부 교통사고 다발지점이라고 할 수 있습니다. 따라서 학교주변 통학로 상에는 불법 주· 정차나 노상 주차장을 전면 금지시켜 키가 작은 어린이가 차 사이에서 뛰어 나오다 나는 사고를 예방하여야 합니다.

❽ "내 자녀가 아니니까"하는 사회적 무관심

어린이가 차 뒤에서 노는 등 위험한 상황에 놓여 있으면 지나가는 행인들이 어린이가 모두 다 자녀라는 생각으로 적극 돌보아 줄 수 있어

야 합니다.

❾ "빨리 해라"라고 재촉하는 부모님의 빨리빨리 병

어린이는 행동특성상 항상 조급한 성격을 띠며 찻길이 위험하다는 막연한 생각으로 무조건 뛰려는 마음을 갖고 있습니다. 이러한 조급성을 부모님이 오히려 부추기는 행태가 바로 "빨리 해라" "빨리 갔다 와라."라고 재촉하는 빨리빨리 병입니다.

❿ 횡단보도 앞까지 놓인 버스 정류장

현행 도로 교통법상 횡단보도를 중심으로 10m 이내에 차를 주·정차할 경우 4~5만원의 범칙금을 물도록 되어 있습니다. 이는 버스에서 내려 횡단보도로 바로 건너갈 경우 그 버스에 가려 주행차가 어린이가 뛰어오는 것을 발견하지 못하기 때문입니다.

사례이야기 3

1. "지피지기면 백전백승"

손자병법에「지피지기면 백전백승」이라는 말이 나옵니다. 이 말은 전쟁터에 나가서 적과 싸울 경우 상대방의 전력을 충분히 알고 우리의 전력을 알고서 대응한다면 모든 전투에서 이긴다는 것입니다.

이와 마찬가지로 안전사고를 줄이려면 안전사고에 대한 정확한 실체 파악이 우선돼야합니다. 사고는 무엇이고, 사고는 왜 발생하고, 어떤 원인에 의해 사고가 발생하는지, 이런 사고를 예방하기 위해서 구체적으로 어떤 노력을 해야 하는지 개괄적 고찰이 필요합니다.

이런 고찰을 통해 선생님이 사고원인과 사고를 줄이는 방법에 대한 전체적인 윤곽을 갖고 계신다면 향후 안전사고 예방지식 습득과 안전교육을 하시는데 도움이 많이 될 것입니다.

1 | 사고의 개념

'사고'란 일반적으로 '의도하지 않은 상황에서 불안전하게 형성된 습관과 행동으로 예기치 못하게 발생된 상해'를 뜻한다. 이러한 '사고'의 개념에 대해 세계보건기구(WHO)와 미국의 공중의생부는 다음과 같이 정의하고 있다.

• 세계보건기구 (WHO)

- '알아 볼 수 있는 상처를 입히는 우발적 사건'

• 미국공중위생부 (National Health Survey)

- '적어도 하루 정도는 일상 활동이 제한되는 손상'

2 | 사고의 원인

우리는 일상생활에서 길을 걷다가 또는 차를 타고 내리면서 혹은 집 안에서 무수히 작은 사고를 경험하게 되지만, 이와 같은 사고가 큰 사고의 잠재적 원인이라고 생각하기보다는 단순한 실수로 간과해 버린다.

이에 대하여 50,000건의 사고통계를 분석한 하인리히(Heinrich HW)의 연구결과에 따르면, 상해가 없거나 극히 미미한 상해가 수반된 사고가 중·경상해를 합친 사고보다 10배나 더 많다는 것이다.

이를 '사고의 피라미드 모형'으로 설명하면 적어도 300번 이상 아슬아슬한 불안전 행동을 반복하던 사람이 경상해나 중상해를 입게 되고, 심하면 망에까지 이르게 된다는 것이다.

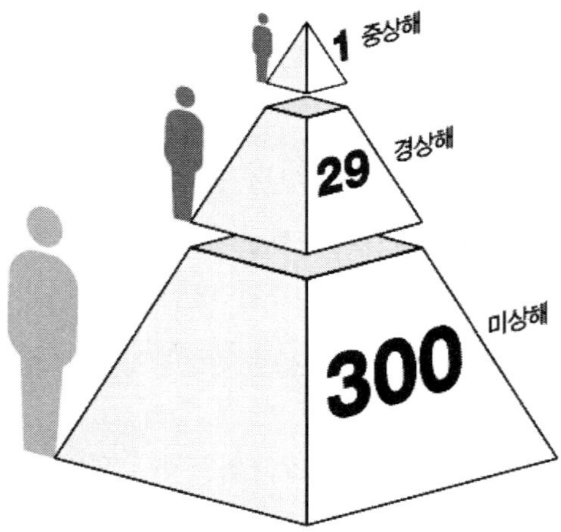

그림 1 사고의 피라미드 모형

또한 맥캔지(Mackenzie)등의 연구에 따르면, 예기치 못한 사고로 인한 손상은 삶의 질을 저하시키며 저하된 삶의 질은 사고발생 7년 정도의 시간까지 지속된다고 하였다. 따라서 만일 어떤 순간에 사고와 접했지만 다행이 상해를 입지 않은 미상해를 당했다면, 운이 좋았다고 넘길 것이 아니라 그 잠재적 원인을 규명하여 같은 특성의 사고가 발생하지 않도록 대비하여야 한다. (횡단보도 좌측에서 갑자기 차도로 뛰어든 어린이 사례 소개)

사고 발생의 원인 규명 시, 단일원인은 거의 없으며, 일반적으로 여러 원인이 복합적으로 작용하게 된다. 이를 크게 구분하여 인적 요인(연령, 성별, 태도 및 심리적 상태, 행동특성), 물적 요인(기계의 결함, 설비부족), 환경적 요인(날씨, 도로환경, 작업장 환경)으로 구분할 수 있는데 사고의 88%는 인적요인에 기인하고 나머지 10%가 불안전한 물적 요인에 의한 것이며, 불가항력으로 인한 환경적 요인에 기인한 것은 단지 2%에 불과하다. 이에 따라 안전 교육을 통하여 사고발생의 인적요인인 불안전한 행동을 수정하면 88%의 사고는 예방될 수 있다.

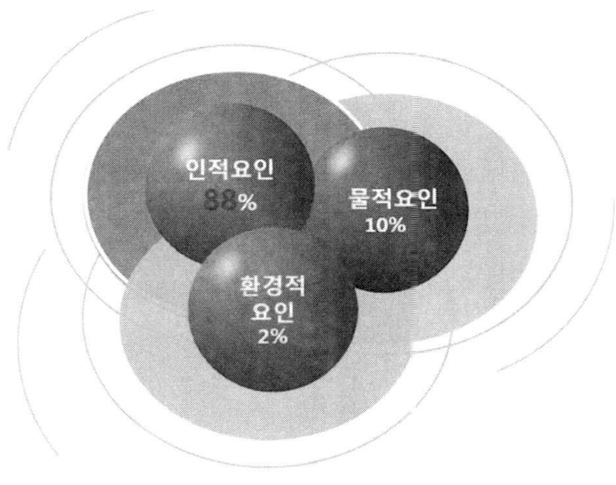

그림 2 사고발생의 원인

3 | 하인리히 도미노 5단계 이론

사고의 원인을 연쇄모형으로 설명할 때 '도미노 이론'을 적용한다.

즉, ❶ 사고를 낸 사람의 사회 환경과 내력, ❷ 개인의 심신결함, ❸ 불안전한 상태 및 불안전한 행동, ❹ 사고, ❺ 인명 및 재산손실이라는 다섯 가지 골패를 일렬로 세워놓고 어느 한 골패가 쓰러지면 연쇄적인 반응을 일으켜 사고가 발생하는 것이다.

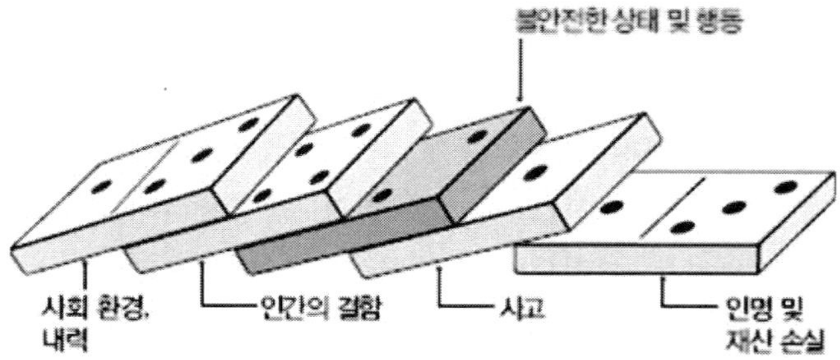

그림 3 사고발생의 연쇄모형

사고의 연쇄성은 왼쪽에서부터 세워진 골패를 오른쪽으로 쓰러뜨릴 때 도미노 현상과 같은 연쇄반응을 일으키게 되는데, 이 때 사고골패 이전에 사회 환경·내력 골패, 개인의 심신결함 골패, 불안전한 상태 및 행동의 골패 중에서 어느 하나의 골패라도 제거한다면 사고까지 연결되지 않아 사전에 사고를 예방하는 것이 가능하다.

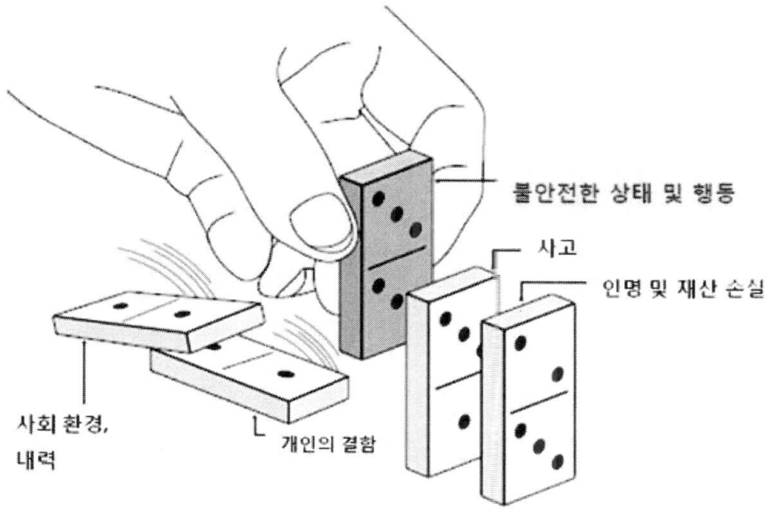

그림 4 사고의 연쇄모형에 따른 사고예방

❶ 사회 환경과 내력

사회적 환경과 선천적이고 유전적인 특성을 의미한다. 예를 들면 경제적으로 어려운 가정 형편으로 인하여 사회에 대한 분노가 쌓여 있는 사람 중 기질적으로 신경질적이며 공격적 성격의 소유자가 사고나 폭력에 쉽게 노출되는 경향이 있다. 이는 단시일 내에 고칠 수 없는 특성이며 사회 제도적 보호와 관심이 요구된다.

❷ 개인의 심신결함

성장 과정에서 마음과 신체의 결함은 사고를 쉽게 유발하는 요인이 된다. 지능저하, 우울증 등이 정서적 결함에 해당되고, 건강상태 악화 또는 질병의 후유증으로 인해 장애인이 되거나 선천적으로 장애가 있는 경우가 신체적 결함에 해당된다.

❸ 불안전한 상태 및 행동

불안전한 상태는 위험 상황에 처해 있는 것을 뜻하며 불안전한 행동은 안전 수칙을 무시한 위험한 행동을 말한다. 즉 혼잡하며 어두운 길은 불안전한 상태이고, 과속이나 난폭한 운전은 불안전한 행동을 뜻한다.

❹ 사고

환경과 내력, 개인의 결함, 불안전한 상태 및 행동 등으로 말미암아 발생되는 사고를 뜻한다.

❺ 인명과 재산 손실

사고는 많은 인명과 재산의 피해를 가져오게 된다. 이러한 사고의 연쇄성은 왼쪽에서부터 세워진 골패를 오른쪽으로 쓰러뜨릴 때 연쇄반응을 초래하게 된다.

4 | 안전사고를 줄이는 세 가지 접근방법

- 첫째, 국민들에게 안전사고의 실상과 심각성을 제대로 알려 안전사고의 위험성에 대해 위기의식을 느끼게 한 후 이 위기감을 스스로 해소하도록 해야 한다. 즉 현재의 안전사고 위험성을 방치할 경우 나와 우리가족이 안전사고의 희생물이 될 수 있음을 인식시킨 후 이런 불안감을 해소할 수 있는 구체적 실천방안을 제공하여 국민들이 안전사고예방을 위하여 적극 참여하도록 유도한다.
  이를 위하여 안전 전문가들이 안전사고 예방을 위하여 지금 당장, 알기 쉽게 참여할 수 있는 구체적 실천처방을 보다 많이 개발해야 한다.
- 둘째, 안전사고 예방을 위한 구체적 실천처방을 국민들에게 널리 알려 일상 생활속에서 체질화 될 수 있도록 교육과 홍보를 담당할 「의식개혁 엘리트군」을 양성한다. 우리도 일본처럼 지역별로 어머니 안전 지도자를 양성하여 안전 반상회, 안전 가족회의개최등 구체적 사고예방 프로그램을 알리는 등 우리지역의 안전사고 예방을 위한 첨병 역할을 수행토록 유도한다.
- 셋째, 정부와 안전관련 단체들은「의식개혁 엘리트군」이 "우리지역의 안전사고는 우리 지역민이 나서서 예방하겠다"는 취지로 열심히 활동할 수 있도록 유도하는 사회적 분위기 조성과 아낌없는 재정적·행정적 지원이 뒷받침 돼야 한다.

5 | 안전사고 예방 캠페인 성공의 3대 요건

• 첫째, 구체적이고 당장 실천 가능한 처방을 제시할 수 있어야 한다.

문제의 심각성이나 경각심을 알려주는데 그치는 캠페인은 결코 성공할 수 없으므로 캠페인을 보고 일반시민들이 "아, 그렇구나! 나도 지금부터 해야지!" 하며 즉시 실천으로 옮길 수 있는 그런 내용이 있어야 한다. (사례: 신호등 없는 횡단보도, 우측통행, 도로정의구현모임)

• 둘째, '한정성'이 아닌 '파급성'을 띤 캠페인이어야 한다.

사고예방내용이 참석한 사람들이나 교육받은 사람들에게만 알려지는데 그치는 것이 아니라 교육받은 모든 사람들이 사회나 가정으로 돌아가 다시 이웃, 친구, 가족에게 재교육할 수 있는 다급성을 내포해야 한다.

• 셋째 일회성이 아닌 '연속성'을 띤 제도화할 수 있는 캠페인이어야 한다.

안전사고문제는 단기간에 끝낼 수 있는, 한 번에 완성시킬 수 있는 그런 차원의 것이 아니라 지속적으로 끈기 있게 노력해야만 줄일 수 있는 문제이다. 따라서 개별적인 사고예방 노력 못지않게 그 노력을 지속적으로 펼칠 수 있는 모임이나 단체를 결성시켜 제도화하는 것이 중요하다.

6 | 선생님과 가족의 안전을 위한 세 가지 약속하기

이상에서 살펴보았듯이 대한민국은 결코 안전한 나라가 아닙니다.

우리나라에서 선생님과 가족들이 교통사고의 공포로부터 벗어나 안전한 삶을 영위키 위해서는 선생님과 가족 모두가 다음 3가지 약속을 반드시 실천 해 주셔야합니다.

그리고 친척·동료·이웃들에게도 이 세 가지 약속을 함께 실천해 주시길 적극 권유해 주십시오.

• 첫째, 보행자와 보행자간의 약속이다.

이는 우리 모두 무단횡단을 하지 말자는 약속이다. 무단횡단은 어린이 교통사고를 조장하는 범법행위나 마찬가지이다. 어린이는 모방능력이 월등히 뛰어난 반면 행동능력은 매우 떨어지므로 어른들의 무단횡단 모습을 보고 그대로 따라하다가 종종 사고가 발생한다. 즉 무단횡단은 어린이 교통사고를 조장하는 범법행위이므로 우리 스스로 무단횡단 하지 말도록 약속한 후 실천으로 옮겨야 한다.

• 둘째, 보행자와 운전자간의 약속이다.

이는 횡단보도를 건널 때 보행자가 운전자를 보며 손을 들면 운전자는 손으로 "먼저 가라" 고 양보해주자는 것을 약속하자는 것이다.

흔히 신호등 없는 횡단보도에서 보행자는 "운전자가 멈춰 주겠지" 하며 먼저 가려고 하고, 운전자는 "보행자가 멈춰 주겠지" 하며 그냥 가려다 종종 사고가 발생한다. 따라서 이런 갈등의 개연성을 사전에 없애기 위하여 보행자가 먼저 가고자 할 경우, 분명히 손을 들어서 의사를 표시하고 운전자는 손으로 먼저 가라고 하는 것을 서로 약속으로 정하자는 것이다.

• 셋째, 운전자와 운전자간의 약속이다.

이는 운전자들이 '하루에 10번씩만 양보하겠다.' 는 것을 서로 약속으로 정한 후 실천으로 옮겨주자는 약속이다.

교통사고는 조금 빨리 가려는 조급한 마음에서 비롯되는 과속, 난폭, 부주의 운전이 문제이므로 '내가 하루에 10번씩만 양보하겠다.'는 생각으로 마음의 여유를 갖고 운전한다면 보는 시야가 보다 넓어지므로, 조급한 마음에서 오는 교통사고는 얼마든지 예방할 수 있다.

우리 모두 나 자신과 내 가족의 안전을 위하여, 그리고 우리의 자녀가 안전하고 쾌적한 환경 속에서 마음 놓고 뛰어놀 수 있도록 하기 위하여 지금부터 당장 세 가지 약속을 실천해 나갈 필요가 있다.

사례이야기 4

서울의 강북구의 한 초등학교 앞에서 후진하는 트럭에 치여 초등학생 4명이 사상당하는 안타까운 사고가 발생했다.

이 학교의 정문 바로 앞에는 문방구가 있고 학교 앞 도로는 좁은 이면도로임에도 불구하고 차량이 양방 통행하여 어린이들이 등하교시 교통사고 위험이 매우 높은 곳이다.

하교하던 어린이 2명이 인도까지 진열해놓은 문방구의 전자 오락기에서 게임을 하고 있었고 2명의 어린이는 뒤에 서서 게임하는 것을 지켜보고 있었다.

이 때, 대형트럭이 후진을 하면서 그만 전자 오락게임을 즐기던 어린이 4명을 치면서 2명이 사망하고 2명은 중상을 입는 대형사고가 발생했다.

1 | 2010년 어린이 교통사고 현황

• 14,095건 발생 126명 사망, 17,178명 부상

- 보행 중 사망 78명 (62%), 승차 중 사망 48명 (자전거 사고 사망 11명 포함)

• 2011년 잠정 통계

- 전체 5,229명 사망, 341,391명 부상, 이중 어린이 80명 사망, 16,323명 부상

2 | 실제 사고사례의 원인과 예방법

• 사고사례의 원인

- 전자오락 게임기를 인도까지 진열해 놓고 돈 벌기에만 급급한 문방구의 극도의 이기주의적 사고가 이 사고의 주범이다.
- 대형 트럭이 후진을 하면서 어린이를 발견치 못한 운전자의 중대한 과실이 대형 사고를 일으켰다.

• 사고사례의 예방법

- 인도까지 진열해 놓은 문방구, 상점 등의 극단적인 이기주의에 철저한 단속과 강력한 제재가 뒤따라야 한다.
- 대형트럭을 좁은 스쿨존의 이면도로에 등하교시간만이라도 진출입을 원천 봉쇄하여야 한다.
- 학교 앞 이면도로를 일방통행으로 한 후 안전한 인도를 설치하고 보·차도 경계 턱을 두어 차와 어린이를 근본적으로 분리시켜 주어야 한다.

3 | 유사 사례보기

• 사례: 깜박거리는 초록 불에 뛰다가 일어난 사고

• 사고의 원인 토론하기

- 횡단보도를 건널 때 왼쪽으로 건넙니다.

- 운전자에게 손을 들어 먼저 건너간다는 신호를 보내지 않고 무조건 달립니다. (횡단보도에서 뛰어가는 것이 천천히 걷는 것보다 사고 위험성이 7배나 높습니다.)

• 사고 예방법 토론하기

- 횡단보도를 건널 때는 오른쪽으로 건너는 것이 보다 안전합니다.
- 횡단보도를 건널 때는 손을 들어 운전자에게 알립니다.
- 횡단보도에서는 뛰지 말고 차를 계속 보면서 천천히 건넙니다.

4 | 빈발하는 10가지 사고유형과 예방법

❶ 무단횡단 사고

• 무단횡단을 하지 않아야 합니다.

- 길을 건널 때는 반드시 횡단보도나 육교, 지하도로 건너야 합니다.

• 우리는 왜 횡단보도, 육교, 지하도로 건너야 하나요?

- 길을 건널 때는 반드시 횡단보도, 육교, 지하도를 이용합니다. (보다 안전한 횡단보도로 건넌다).

• 무단횡단을 할 때 어떤 일이 일어날까요?

- 예측할 수 없는 교통사고가 일어납니다.

❷ 신호등 있는 횡단보도 사고

- 신호등이 빨간색일 때 길을 건너거나 초록색불이 들어오자마자 뛰는 경우는 위험합니다.
- 항상 횡단보도 오른쪽에 서서 손을 들어 <자동차 멈춤>을 확인하고 건너갑니다. (운전자와 눈을 맞추고 건너기).
- 초록색 불이 들어오자마자 뛰면 위험할까요?
  - 신호등이 빨간 불일 때 건너가거나, 초록 불이 들어오자마자 뛰는 경우는 위험합니다.
- 자동차의 멈춤을 확인할 때 운전자와 눈을 맞추고 건너야 하는 이유는 무엇일까요?
  - 항상 횡단보도의 오른쪽에 서서 손을 들어 <자동차 멈춤>을 확인한 후 건너갑니다.

❸ 신호등 없는 횡단보도 사고

- "내가 먼저 갈까?", "저 차를 먼저 보낼까?"하다가 서로 양보해 주겠지! 하며 먼저 가려다 사고가 나므로 반드시 손을 들어 자동차 멈춤을 확인한 후 건너갑니다.
- 서로 누가 먼저 양보해 주겠지 하며건너가면 될까요?
  - 양보하면 좋겠지만 서로 그러지 못 할 경우 위험하기 때문에 자동차

멈춤을 확인한 후 건넙니다.

- 신호등이 없는 횡단보도에서 자동차의 속도는 왜 빠를까요?
  - 운전자의 시야가 단순해지며, 신호등이 없기에 안심하고 달립니다.

❹ 주·정차된 자동차 사이 횡단 사고

- 찻길을 건너기 위해 주차된 자동차 사이에서 갑자기 뛰어 나오면 차에 가려 어린이가 안 보이므로 사고 위험이 18배나 높습니다. 그러므로 사이로 걷거나 뛰지 않습니다.
- 주차된 차와 차 사이에 찻길을 건너기위해 무엇을 먼저 해야 하나요?
  - 좌우를 살펴보며 천천히 확인한 후 찻길을 건넙니다.
- 주차된 차와 차 사이에 갑자기 뛰어들면 사고 위험이 높은 이유가 뭘까요?
  - 세워둔 자동차 사이에서 갑자기 뛰어 나오면 차에 가려 어린이가 안 보여서 사고위험이 18배나 높아지므로 차 사이로 걷거나 뛰지 않습니다.

❺ 갑자기 뛰어나오다 발생한 사고

- 공이 찻길로 가거나 길 건너편에서 친구가 불러도 갑자기 뛰어들지 말고 항상 차가 오지 않는지 확인한 다음 손을 들고 건너갑니다.
- 찻길 옆에서 공놀이를 할 이유가 있나요?
- 길 건너 친구가 불러도 안전하게 건너는 방법은 무엇일까요?
  - 공이 찻길로 가거나 길 건너편에서 친구가 불러도 갑자기 뛰어들지 말고 항상 차가 오지 않는지 확인한 다음 손을 들고 건너간다.

❻ 버스의 바로 앞뒤 횡단 사고

- 버스 앞뒤로 횡단 시 버스에 가려 어린이가 보이지 않으므로 반드시 버스가 지나간 다음 손을 들고 <자동차 멈춤> 을 확인한 후 건너갑니다.
- 횡단보도에 대형 자동차 앞을 건널 때 운전자의 눈높이는 어디에 있을까요?
  - 길 건너는 어린이는 운전자보다 아래 우치에 있기에 다른 곳을 볼 수 있습니다.
- 버스가 멈춰 있는 것을 확인하고, 그 다음 무엇을 해야 하나요?
  - 운전자와 눈을 맞추며 손을 들고 길을 건너야 합니다.

❼ 큰 차가 회전하다 나는 사고

- 큰 차가 돌 때 그 안쪽에 어린이가 서있으면 앞바퀴에는 사고가 나지 않아도 뒷바퀴에 사고가 날 수 있으므로 큰 차가 지나갈 때는 차와 멀리 떨어져 있어야 합니다.
- 회전하는 큰 자동차 앞바퀴와, 뒷바퀴의 흐름에는 어떤 차이가 있을까요?
  - 대형 자동차는 회전각도에 차이가 있어 앞바퀴보다 뒷바퀴에 사고가

날 수 있습니다.· 자동차가 회전할 때 길모퉁이는 왜 위험할까요?
- 자동차의 길이에 따라 예상할 수 없는 경우가 발생합니다.

❽ 차 뒤, 밑에서 놀다 나는 사고

- 운전자가 운전석에 앉아 있으면 차 뒤, 옆이 보이지 않으며 멈춰 있는 차는 항상 뒤로 움직이므로 차 뒤, 옆에서 놀지 않아야 합니다.
- 내가 운전자라면, 자동차 주변을 살펴볼 때, 위험한 곳은 어딜까요?
  - 가장 위험한 곳은 자동차의 뒤입니다.
  - 앞과 뒤, 자동차의 좌, 우 옆을 살펴봅니다.
- 자동차 주변에서 놀면 왜 위험한가요? 또 뒤와 옆은 왜 더욱 위험할까요?
  - 운전자는 운전석에서 밖을 완전하게 살펴보기 어렵습니다. 그러므로 뒤와 옆은 운전자 시야가 잘 확보되지 않으므로 차 뒤, 옆에서 놀지 않아야 합니다.

❾ 보호 장구 장착 안 해 일어난 사고

- 자동차를 탈 때 위험한 앞좌석에 앉지 않으며, 뒷좌석에도 반드시보호 장구나 안전벨트를 매야 합니다.
- 사고가 날 때 앞좌석이 더 위험한 이유는 왜일까요?
  - 앞좌석에는 앞에 보호할 도구가 없습니다.
  - 앞좌석은 사고 시 앞으로 튕겨 나갈 수 있습니다.
- 보호 장구나 안전벨트는 자동차의 어디에 있나요?
  - 좌석의 옆, 아래 혹은 좌우 지점에 있습니다.

❿ 자전거, 킥보드, 인라인스케이트 사고

- 자전거는 안장에 앉아서 발끝이 땅에 닿는 상태로 타며, 반드시 헬멧과 무릎보호대를 착용하고, 차가 다니지 않는 안전한 장소에서 타야 합니다.
- 자전거를 탈 때 헬멧과 무릎보호대를 착용하고 타는 이유는 왜, 일까요?
  - 헬멧과 무릎보호대는 자신의 신체 보호대이며 사고 발생 시 생명에 위협을 받지 않도록 하기 위함입니다.
- 킥보드나, 인라인스케이트를 탈 때 꼭 갖추어야 할 안전 장비는 무엇일까요?
  - 주간: 헬멧과 무릎보호대는 필수이며 위험 신호를 알려 줄 수 있는 소리음 도구나 이동용 딸랑이가 있으면 더욱 좋습니다.
  - 야간: 주간 보호 장비 외 자신을 알려줄 불빛이나 반사판이 꼭 있어야 합니다.

5 | 세 가지 습관 길러주기

❶ 우선 멈추는 습관, ❷ 운전자와 눈 맞추는 습관, ❸ 차를 계속 보면서 건너는 습관만 길러주면 보행 중 사고는 대부분 예방 가능

사례이야기 5

몇 해 전 서울 구로구의 신호등 있는 횡단노도에서 너무나 안타까운 교통사고가 발생했습니다.

어머니가 1학년 자녀의 손을 붙잡고 횡단보도의 왼쪽에 서서 보행자 녹색신호를 기다리고 있었습니다. 어린 아들은 "왜 이렇게 녹색불이 안 들어오지?" 하며 초조하게 기다리다 드디어 보행자 녹색불이 들어오자마자 잡고 있던 엄마 손을 뿌리치고 급하게 차도로 뛰어들었습니다.

그때, 시내버스는 보행자 녹색 신호에 걸리지 않기 위하여 보다 속력을 내며달려오고 있었습니다. 아뿔싸, 갑자기 뛰어 들어오는 어린이를 뒤늦게 발견한운전자는 급하게 브레이크를 밟았으나 이미 때는 늦었습니다.

안타깝게도 1학년 어린 자녀가 엄마가 보는 2~3m앞에서 그만 대형 버스에 치여 목숨을 잃고 말았습니다.

운전자가 조금만 속력을 줄였으면, 어린이가 횡단보도의 왼쪽이 아닌 오른쪽에만 서있었으면, 녹색불이 들어 왔을 재 차량이 멈추는 것을 확인만 했더라면, 어머니가 어린이 손이 아닌 손목만 꽉 잡고 있었더라면... "이런 사고는 얼마든지 예방할 수 있었을 텐데..."라는 때늦은 후회를 해봅니다.

1 | 어린이 교통사고 빈발원인(세 가지 특성)

첫째, 조급성

- 어린이는 항상 뛰려는 특성을 갖고 있습니다.
- 찻길이 위험하다는 생각에 짧은 시간에 길을 건너려고 급하게 뛰어 갑니다.

둘째, 모방성

- 어른들이 무단횡단하면 어린이는 당연히올바른 행동으로 생각하고 따라하다 위기 대응 능력이 없어 교통사고를 당하기도 합니다.

셋째, 단순성(자기중심성)

- 어린이는 모든 것을 단순하고 자기중심적으로 판단합니다.
- 초록불이 들어오면 모든 차가 멈추어 줄 것으로 생각하며 차가 멈춰 있으면 계속해서 멈춰 있는 것으로 생각합니다.
- 길 건너편에서 친구나 엄마가 부르면 차가 오는 것을 생각하지 않고 차도로 뛰어들며 당연히 차가 멈출 것으로 생각합니다.

2 | 실제 발생한 사고 원인과 예방법

- 사고 원인
  - 횡단보도 왼쪽에 서 있었습니다.
  - "차량멈춤"을 확인하지 않았습니다.
- 사고 예방법
  - 횡단보도는 우측통행이 보다 안전합니다.
  - 초록불이 들어와도 그냥 지나치는 차가 있으므로 <차량 멈춤>을 확인해야합니다.
  - 운전자가 손을 든 다음 차를 보면서 천천히 걷는 것이 안전합니다.

3 | 유사 사고사례 원인과 예방법

• 사례:신호등 없는 횡단보도에서 뛰다가 일어난 사고

• 사고 원인

- 횡단보도를 건널 때 자동차 멈춤을 확인하지 않았습니다.
- 운전자에게 손을 들어 먼저 건너간다는 신호를 보내지 않고 무조건 달렸습니다. (횡단보도에서 뛰어가는 것이 천천히 걷는 것보다 사고 위험성이 7배나 높습니다).

• 사고 예방법

- 신호등 없는 횡단보도를 건널 때는 반드시 자동차 멈춤을 확인해야 합니다.
- 횡단보도를 건널 때는 손을 들어 운전자에게 알립니다.
- 횡단보도에서는 뛰지 말고 차를 계속 보면서 천천히 건넙니다.

4 | 이면도로의 안전한 보행법

차를 등지고 통행하는 것이 차를 보면서 통행하는 것보다 사고 위험이 4배나 높습니다.

- 좁은 도로에서 차가 오면 우선 멈춘 다음 길 안쪽으로 몸을 붙여서 차가 지나갈 때까지 서 있습니다.
- 횡단보도는 우측통행이 안전하지만 일반도로는 좌측통행이 안전합니다.
- 천천히 걷는 경우보다 뛰는 경우 사고 위험이 7배, 자동차 사이 또는 자동차 앞, 뒤로 뛸 경우 사고 위험이 18배나 높습니다.

5 | 안전한 도로횡단 5원칙

어린이 교통사고의 70%가 보행 중 사고이므로 반드시 다음 <안전한 도로횡단 5원칙> 을 꼭 지켜야 합니다.

❶ 우선 멈춥니다.

- 길을 건널 때나 차도로 나갈 때에는 뛰지 말고 우선 멈추는 습관을 기릅니다.

❷ 좌·우 차를 봅니다.

❸ 횡단보도의 우측에서 운전자를 보며 손을 듭니다.

- 횡단보도는 차가 왼쪽에서 오기 때문에 오른쪽 통행이 보다 안전합니다.
- 손을 드는 것은 "제가 먼저 갈 테니 멈추어 주세요!"하는 의사 표시이므로 처음에는 왼손을, 반쯤 지나서 오른손을 45°로 운전자를 보며들어줍니다.
- 대각선 통행은 걷는 길이가 길어지며, 어린이가 뛰도록 유도하기 때문에 오히려 더 위험합니다.

❹ <자동차 멈춤>을 확인합니다.

- 보행자 초록불이 들어와도, 손을 들어도, 그냥 지나치는 차가 있으므로 꼭 자동차 멈춤을 확인합니다.

❺ 건너는 동안 차를 계속 보면서 건넙니다.

- 운전자가 멈추려는 브레이크를 밟으려다 빨리 가게 하는 액셀러레이터를 밟을 수도 있으므로 차를 계속 보면서 건넙니다.

6 | 보행안전 및 편의 증진법의 주요 골자

이 법은 보행자가 안전하고 편리하게 걸을 수 있는 쾌적한 보행환경을 조성하여 각종 위험으로부터 국민의 생명과 신체를 보호하고, 국민의 삶의 질을 향상시킴으로써 공공의 복리 증진에 이바지함을 목적으로 한다.

제4조(국가와 지방자치단체의 책무)

❶ 국가와 지방자치단체는 보행자가 쾌적한 보행환경에서 안전하고 편리하게 보행자길을 통행할 수 있도록 정책을 수립하고 시행하여야 한다.

❷ 국가와 지방자치단체는 노인, 임산부, 어린이, 장애를 입은 사람 등 스스로의 힘으로는 보행이 불편한 사람이 차별 없이 보행자길을 안전하고 편리하게 통행할 수 있도록 보행환경을 조성하기 위하여 노력하여야 한다.

❸ 국가와 지방자치단체는 보행권 확보 및 보행환경 개선과 관련된 사업을 하는 자에게 예산의 범위에서 그 경비의 전부 또는 일부를 보조할 수 있다.

제6조(보행안전 및 편의증진 실태조사)

❶ 특별시장·광역시장·특별자치시장·특별자치도지사·시장 또는 군수(광역시의 관할구역에 있는 군의 군수는 제외한다. 이하 "특별시장등"이라 한다)는 보행자의 안전 확보 및 편의증진 정책을 수립·시행하기 위하여 5년의 범위에서 대통령령으로 정하는 기간마다 관할 지역의 보행자길에 대하여 다음 각 호의 사항에 대한 실태조사를 하여야 한다.

1) 보행자길에 설치된 안전시설 및 관리 현황

2) 보행자길에서 통행을 방해하거나 보행자의 안전을 위협하는 시설물 및 적치물(積置物) 등의 현황

3) 「개인정보 보호법」 제2조제7호에 따른 영상정보처리기기(이하 "영상정보처리기기"라 한다), 보안등, 그 밖에 보행자를 범죄와 사고 로부터 안전하게 보호하기 위한 시설의 설치 및 관리 현황

4) 그 밖에 보행자의 안전확보 및 편의증진을 위하여 필요한 사항으로서 대통령령으로 정하는 사항

❷ 특별시장등은 제1항에 따른 실태조사를 위하여 필요하면 관계 행정기관, 「공공기관의 운영에 관한 법률」 제4조에 따른 공공기관에 관련 자료의 제출을 요청할 수 있다. 이 경우 자료 제출을 요청받은 관계 행정기관등은 특별한 사정이 없으면 그 요청에 따라야 한다.

제7조(보행안전 및 편의증진 기본계획의 수립)

❶ 특별시장등은 제6조제1항에 따른 실태조사 결과를 기초로 대통령령으로 정하는 절차와 방법에 따라 지역 주민 및 관계 전문가의 의견을 들어 5년마다 보행안전 및 편의증진 기본계획(이하 "기본계획"이라 한다)을 수립하여야 한다. 이 경우 제2항에 따라 기본계획에 포함될 사항이 다음 각 호의 어느 하나에 해당하는 계획에 포함되어 있는 경우 그 부분에 대하여는 기본계획이 수립된 것으로 본다.

1) 「지속가능 교통물류 발전법」 제38조에 따른 보행교통 개선계획

2) 교통약자의 이동편의 증진법」 제7조에 따른 지방교통약자이동편의 증진계획

3) 그 밖에 대통령령으로 정하는 교통·보행 관련 계획

❷ 기본계획에는 다음 각 호의 사항이 포함되어야 한다.

1) 보행자의 안전확보 및 편의증진을 위한 정책의 기본방향 및 목표

2) 연도별 사업추진 및 필요한 재원 조달 계획

3) 보행자 안전시설의 설치와 유지·보수 및 성능 개선

4) 보행자의 통행을 방해하거나 보행자의 안전을 위협하는 시설물 및 적치물 등의

5) 정비보행자길 신설 단절된 보행자길의 연결 등 보행자길 조성

6) 보행자 안전을 위한 의식 함양 및 홍보

7) 다음 각 목의 어느 하나에 해당하는 구역과 그 인근 지역의 보행환경 정비

가. 「도로교통법」 제12조제1항에 따라 지정된 어린이 보호구역

나. 「도로교통법」 제12조의2제1항에 따라 지정된 노인 보호구역 및 장애인 보호구역

8) 그 밖에 보행자의 안전확보 및 편의증진을 위하여 필요한 사항으로서 대통령령으로 정하는 사항

❸ 특별시장 또는 광역시장은 기본계획을 수립할 때에는 자치구의 구청장 및 광역시의 관할구역에 있는 군의 군수의 의견을 들어야 하고, 시장 또는 군수는 기본계획을 수립할 때에는 미리 도지사와 협의하여야 한다.

❹ 특별시장등은 기본계획에 다른 행정기관의 장이 설치하거나 관리하는 도로 · 시설물 등이 포함되어 있는 경우에는 미리 그 행정기관의 장과 협의하여야 한다. 이 경우 협의를 요청받은 행정기관의 장은 특별한 사유가 없으면 협조하여야 한다.

❺ 특별시장등은 기본계획을 입안하였을 때에는 그 기본계획을 확정하기 전에 행정안전부장관과 국토해양부장관에게 기본계획안을 제출하여야 한다. 이 경우 시장 또는 군수는 도지사를 거쳐야 한다.

❻ 행정안전부장관 및 국토해양부장관은 제5항에 따라 기본계획안을 제출받으면 「지속가능 교통물류 발전법」 제38조에 따른 보행교통 개선계획, 「교통약자의 이동편의 증진법」 제7조에 따른 지방교통약자이동편의증진계획, 그 밖에 다른 법률에 따른 교통·보행 관련 계획과의 연계성및 통합성을 강화할 필요가 있거나 지방자치단체 간 협력 강화 또는 기본계획의 효율적인 시행 등을 위하여 필요하다고 인정하는 경우에는 해당 특별시장등에게 기본계획안을 변경하도록 요청할 수 있다.

❼ 특별시장등은 제6항에 따른 요청이 없으면 제5항에 따라 제출한 기본계획을, 제6항에 따른 요청을 받은 경우 특별한 사유가 없으면 그 요청받은 사항을 반영하여 기본계획을 확정 · 고시하고 일반인이 열람할 수 있도록 하여야 한다.

❽ 특별시장등은 계획 여건이 변경되거나 그 밖의 사유로 기본계획에 포함된 내용을 변경할 필요가 있을 때에는 기본계획을 변경할 수 있다.

❾ 기본계획의 변경에 관하여는 제3항부터 제7항까지의 규정을 준용한다. 다만, 대통령령으로 정하는 경미한 사항을 변경하는 경우에는 그러하지 아니하다.

❿ 제1항부터 제9항까지에서 규정한 사항 외에 기본계획의 수립 시기 등에 필요한 사항은 대통령령으로 정한다.

제8조(연차별 실행계획의 수립)

❶ 특별시장등은 기본계획을 집행하기 위한 연차별 실행계획(이하 "실행계획"이라 한다)을 수립하여야 한다. 이 경우 실행계획에 포함될 사항이 「교통약자의 이동편의 증진법」 제8조에 따른 연차별시행계획 또는 대통령령으로 정하는 보행·교통 관련 계획(매년 수립되는 계획으로 한정한다)에 포함되어 있는 경우 그 부분에 대하여는 실행계획이 수립된 것으로 본다.

❷ 실행계획의 수립 및 변경의 시기·절차 등에 필요한 사항은 대통령령으로 정한다.

사례이야기 6

경남 창원에서 현장 학습을 갔던 어린이집 원아가 너무나 안타까운 사고가 발생했다. 인솔교사가 원아들을 데리고 연못 부근에서 사진을 찍어준 후 어린이 인원수도 확인하지 않은 채 버스에 태워 어린이집으로 돌아왔다. 자녀의 도착시간에 맞춰 마중 나와 있던 모든 부모님이 자녀를 찾아 집으로 가는데 자신의 딸이 보이지 않는 아버지가 선생님에게"우리 딸이 없다"며 이야기 했다. 선생님과 아버지는 급하게 현장 학습지로 이동했는데 그만 어린 딸이 연못가에 빠져 사망해 있었다.

1. 최근 5개년간 사고현황

지난 2013년 전국적으로 현장체험학습 시 발생한 사고는 2,056건으로 전년 비교 소폭 증가, 5년 전 비교 2배 이상 증가

년도	2013	2012	2011	2010	2009
사고건수	2,056건	2,039건	1,610건	1,410건	1,004건

※ 최근 5개년 현장학습 사고 현황

2. 실제 발생한 사고 사례

사례1 00초등학교 2학년 학생이 현장학습 장소인 00놀이동산으로 이동하던 중 지하철을 이용하기 위해 친구들과 장난하며 계단을 내려가다가 넘어져 다리가 골절됨

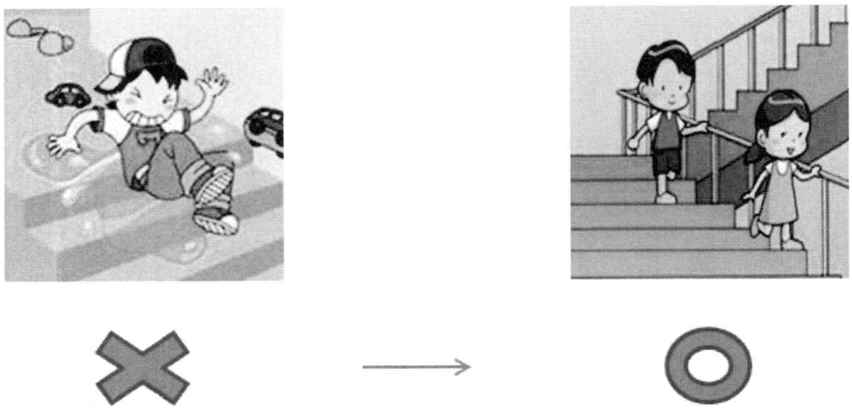

사례2 초등학교 학년 학생들이 현장학습을 가던 중 버스 뒷좌석에 앉은 P군이 멀미 때문에 유리창을 열어, 시원한 바람이 들어오자 차창 밖으로 손을 내밀었다가 옆 차선에서 지나가는 대형트럭에 손목이 다쳐 8주 동안 통원 치료함

사례3 강원도 영월서 00중 체험학습 버스가 트럭과 충돌 학생 1명 사망, 학생 3명 중상 등

사례4 00경찰서는 술에 취한 상태에서 수학여행 버스를 운전한 혐의로(도로교통법위반) 모 관광버스 기사 A씨를 입건하였으며, 경찰에 따르면 A씨는 이날 오전 00초등학교 운동장에서 면허취소데 해당하는 혈중알코올농도 0.100% 상태로 버스를 운전함

사례5 대전 00중학교 강원도 양구로 수학여행 중 버스가 절벽에서 추락교사 1명, 학생 1명 중상

사례6 서울의 초등학교 1학년 학생이 궤도차량을 이용 후 내리다가 뒤따라오던 다른 궤도차에 어깨를 부딪치며 계속 밀려 차량과 난간 틈에 끼어 사망

사례7 00중학교 1학년 학생이 타가디스코를 이용하던 중 운행자의 과다한 조작으로 인해 안전봉을 놓치며 바닥에 떨어져 오른팔이 부러짐

3. 교통수단별 안전한 이용법

❶ 버스 이용 시

- 차례차례 질서, 차 도착 전 차도로 내려서면 안 됨
- 타서 반드시 안전벨트 착용, 현재 고속도르 상에서 매년 300명 사망, 안전띠 미착용 40%
- 내릴 때 자전거, 오토바이 오는지 확인, 차량 앞·뒤에 있으면 사각지대

❷ 지하철, 철도 이용 시

- 승강기, 에스컬레이터 사고: 반드시 손잡이 잡고 노란선 내 두발이 있도록 함
- 부득이 옷이나 신발 끈이 끼었을 때, 손을 넣어 빼면 손이 빨려 들어가 다칠 수 있음

❸ 선박 이용 시

- 비상구부터 확인, 내 구명조끼, 구명보트 확인
- 침수·침몰 시 구명조끼 갖고 갑판으로 올라감

❹ 항공 이용 시

- 추락, 불시착 위험 시 몸을 최대한 웅크리고 양손을 다리 밑으로 넣어 꼭 잡음

❺ 어린이 통학차량 이용 시

- 운전자 확인 필수사항
  - 어린이 통학차량의 운전자는 승·하차 시 차에서 반드시 내려 어린이들의 안전을 직접 확인해야 한다.
  - 차량에 인솔자가 있는 경우는 인솔자가 차에서 내려서 어린이가 안전하게 승·하차 할 수 있도록 해야 한다.

※ 어린이가 차량에 승·하차 시 어린이의 모자달린 잠바, 목에 걸어준 이름표, 가방끈 등이 문에 끼어 있는지 등 안전여부를 반드시 확인한 후 차량을 출발하여야 한다.

• 어린이 주의사항

- 어린이는 통학차량에 승·하차 시 도복 끈, 모자달린 잠바, 목에 걸어준 이름표, 가방끈 등이 문에 끼지 않도록 조심한다.
- 만약 끼어 있다면 운전자에게 즉시 끼인 사실을 알려서 차량이 출발되지않도록 한다.

• 광각후사경 설치 권장

- 어린이의 통학차량에는 일반후사경보다 넓은 범위를 확인할 수 있어 어린이 안전사고를 예방할 수 있게 도와주는 광각후사경의 설치가 필요하다.

4. 현장학습체크리스트

1. 날씨는? 출발시간과 도착시간은?	· 일시: · 출발시간: · 장소: · 도착시간: · 날씨:
2. 부모 공지 및 동의를 받았나요?	□예 □아니오
3. 인솔자는 모두 몇 명인가요?	· 인솔자: · 영유아: · 비율:
4. 인솔자는 모두 간단한 구조법과 응급처치 요령을 익히셨나요?	□구조법 □응급처치법 □못함
5. 사전답사를 실시하셨나요? 계획표 및 시간별 세부일정은 작성했나요?	□실시했음 □실시못함 (주의할 사항: T:)
6. 목적지의 비상구, 화장실, 휴식장소, 의무실 또는 인근병원은 알아두었나요?	□알아두었음 □알아두지 못했음) (인근병원: T:)
7. 비상약품, 비상연락처, 영유아 명단 기타 물품은 챙겼나요?	□비상약품 □비상연락처 □영유아 명단 □기타물품( ) □준비 못함
8. 영유아와 보육교사의 옷차림을 확인했나요?	□예 □아니오 □위험요 없음 □위험요 있음
9. 영유아 이름표를 준비했나요?	□준비했음 □준비못함 □기입했음 □기입못함
10. 영유아에게 지켜야 할 약속과 주의사항에 대한 안전교육을 실시하셨나요?	□실시했음 □실시못함

참고할 사항

[출처: 어린이집안전공제회]

5. 수학여행 체크리스트

건물	학부모 위원	교사 위원1	교사 위원2	교사 위원3
① 학생단체를 받을 수 있는 규모인가?	○	○	○	○
② 학생 단체 활동을 할 수 있는 시설과 음향 장비를 갖추고 있는가?	○	○	○	○
③ 식당의 규모나 위치가 학생이 사용하기에 적절한가?	○	○	○	○
④ 숙소 주위가 위험에 노출되어 있지는 않는가?	○	○	○	○
⑤ 외부의 소음이 잘 차단되는가?	○	○	○	○
내부시설				
① 학생들을 여러 개의 층으로 원활하게 배치 가능한가?	○	○	○	○
② 학생 생활이 쾌적할 수 있도록 배치하였는가?	○	○	○	○
③ 설치물들은 안전한가? (가구, 유리창문, 가스레인지, 세면대 등)	○	○	○	○
④ 숙소 내부에 선정적인 포스터나 유인물이 부착되어 있는가?	없음	×	×	×
⑤ 외부의 소음이 잘 차단되는가?	○	○	○	○
안전				
① 방 사이의 칸막이가 학생들이 넘어다닐 정도로 설치되어 위험하지 않는가?	○	○	○	○
② 학생들의 이동 통로나 비상구는 충분하게 확보되어 있는가?	○	○	○	○
③ 유리창문의 안전 잠금장치가 제대로 작동하고 있는가?	○	○	○	○
④ 곳곳에 날카로운 모서리나 못 등이 튀어나와 있지 않은가?	않음	○	○	○
⑤ 계단이나 난간에 미끄럼방지 테이프나 안전장치가 되어 있는가?	○	○	○	○
생활지도				
① 숙소 내 또는 인근에 청소년 유해업소가 있는가?	없음	×	×	×
② 방안에 TV가 있는 경우 청소년 유해프로그램을 통재할 수 있는가?	○	○	○	○
③ 일반객실과 학생의 구분 통제가 가능한가? (층별 통제 가능 여부)	○	○	○	○
④ 일정 종료 후 학생들의 드나듦을 파악할 시스템이 갖추어졌는가?	○	○	○	○
⑤ 숙소 내에 편의시설의 사용 시간을 통제할 수 있는가?	○	○	○	○
위생				
① 식당의 위생상태가 청결하고 식단내용이 충실한가?	○	○	○	○
② 방안 침구의 보관 및 위생 상태는 깨끗한가?	○	○	○	○
③ 욕실이나 공동 세면장의 청소상태는 청결한가?	○	○	○	○
④ 화장실의 청결 상태 및 환기 시설은 정상적인가?	○	○	○	○
⑤ 식수대 및 물 위생 상태는 양호한가?	○	○	○	○
식당				
① 학생 단체를 받을 수 있는 규모와 경험을 가지고 있는가?	○	○	○	○
② 음식의 질이 학생들의 선호에 적합한가?	○	○	○	○
③ 조리실의 청결상태가 양호한가?	○	○	○	○
④ 조리사들은 위생복과 위생모를 착용할 수 있는가?	○	○	○	○
⑤ 이동시간을 최적화 할 수 있는 곳에 위치한 곳인가?	○	○	○	○
알정 및 코스				
① 학생의 신체발달에 맞는 일정인가?	○	○	○	○
② 코스 선정이 교육과정과 연계해 교육적 학습효과를 가지고 있는가?	○	○	○	○
③ 자연보호 등의 자체 교육적 행사 활동을 계획하고 있는가?	○	○	○	○
④ 이동 동선을 고려해 효율적인 코스 선정이 이루어졌는가?	○	○	○	○
⑤ 쇼핑이나 단순한 놀이 등의 장소에 학생들이 방치되지는 않는가?	않음	○	○	○

[출처: 수성중학교]

사례이야기 7

서울의 한 초등학교 체육시간에 발생한 매우 안타까운 사고사례입니다. 어린이들이 체육시간에 축구를 하기 위하여 고두 다 운동장으로 달려 나가 서로 편을 나누는 등 축구 시합 준비를 하고 있었습니다.

그런데 한쪽편의 축구골대가 고정이 되어 있지 않아 어린이들이 축구골대를 밀어서 골대가 한쪽으로 치우쳐져 있었습니다. 이를 발견한 학생들이 우르르 달려가 골대를 함께 번쩍 들었습니다.

골대를 안전하게 번쩍 들기 위해서는 양쪽에 힘의 균형이 맞아야 하는데 그만 한쪽에만 힘이 쏠리면서 힘이 약한 브분으로 골대가 넘어지고 말았습니다. 이때, 한 어린이가 넘어지는 축구 글대에 머리를 맞으면서 뇌출혈로그만 목숨을 잃는 너무나 안타까운 사고가 발생하였습니다.

1 | 실제 사례의 예방법

- 축구, 핸드볼 골대 등은 반드시 고정시켜 음직이지 않도록 해야 한다.
- 여러 사람이 함께 힘을 합하여 물건을 운반할 때는 반드시 양쪽에 힘의 균형을 맞춘 후 이동해야한다.
- 위험한 물건의 운반 시에는 반드시 선생님의 지도하에 해야 한다.

2 | 학교안전사고의 범위와 기준

교육활동	대통령령이 정하는 시간
• 학교의 교육과정 또는 학교의 장(이하"학교장"이라 한다)이 정하는 교육계획 및 교육방침에 따라 학교의 안팎에서 학교장의 관리·감독하에 행하여지는 수업·특별활동·재량활동·과외활동·수련활동 또는 체육대회 등의 활동 • 등·하교 및 학교장이 인정하는 각종 행사 또는 대회 등에 참가하여 행하는 활동 • 그 밖에 대통령령이 정하는 시간 중의 활동으로 가목 및 나목과 관련된 활동	• 통상적인 경로와 방법에 의한 등·하교 시간 • 휴식시간 및 교육활동 전후의 통상적인 학교 체류시간 • 학교장의 지시에 의하여 학교에 있는 시간 • 학교 외의 장소에서 교육활동이 실시될 경우 집합 및 해산 장소와 집 또는 기숙사 간의 합리적 경로와 방법에 의한 왕복시간
※ 참조 가. 「유아교육법」 제2조제2호의 규정에 따른 유치원(이하 "유치원"이라 한다) 나. 「초·중등교육법」 제2조의 규정에 따른 학교(이하 "초·중등학교"라 한다)	

사례1 주사기에 든 접착제가 눈에 들어감

- 사고 내용: 아크릴 공작시간이었습니다. 접착제가 든 주사기에서 접착제가 나오지 않자 00가 자기도 모르게 눈을 향해 누르는 바람에 접착제가 눈으로 들어가는 사고가 났습니다.
- 사고 발생원인: 본인을 향해 접착제가 든 주사기를 누른 아이의 부주의
- 사고 시 조치사항: 흐르는 물로 씻어내고 병원이송 후 처치(손으로 비비면 안됨)
- 사고 방지를 위한 추후대책: 보호안경 착용

사례2 실험실습 중 수산화나트륨을 음료수로 오인해 들이마셔 식도궤양

- 사고 내용: 교육청에서 주관하는 과학싹 잔치에 참가해 여러 가지 과학 실험을 관찰하던 중이었습니다. 한 코너에서 00가 목이 뜨겁다며 울부짖어 교사들이 뛰어가 보았습니다. 수산화나트륨을 음료수로 잘못알고 마셨던 것입니다. 교사가 아이를 업고 인근 대학병원으로 뛰어가 치료를 받았습니다.
- 사고 발생원인: 실험용 화학물질에 이름표를 붙여두지 않음
- 사고 시 조치사항: 병원 후송하여 입원 치료함
- 사고 방지를 위한 추후대책: 화학물질 실험 시마다 사전 안전교육 실시

사례3 과학경진대회 준비 중 물로켓 제작하다 손바닥 절상

- 사고내용: 교내 과학경진대회 물로켓 제작 날사대회에서 학년 우수아로 선정된 00는 대회에 대비하여 물로켓을 제작하던 중 커터칼로 플라스틱병을 자르다 빗나가 칼로 손바닥을 깊게(깊이 0.5cm, 길이 6cm 정도) 그었습니다.
- 사고 발생원인 보호 장갑을 착용하지 않음, 커터칼 취급 안전사용위반, 플라스틱 재질의 특성 이해 미숙(가위 사용 유도)
- 사고 시 조치사항: 보건실에서 1차 치료약 바른 후 인근병원으로 데리고 가 봉합시술 후 귀가
- 사고 방지를 위한 추후대책 화학물질실험 시마다 사전 안전교육 실시

사례4 자동 우산을 친구에게 겨누어 펴 치아 손상

- 사고내용: 수업 중이었습니다. 칠판에 수업내용을 적고 있을 때였습니다. 00의 울음소리와 아이들의 웅성거리는 소리에 다가가 보니, 평소 위험한 장난으로 늘 주의를 주던 XX가 자동 우산을 00에게 겨누어 펴는 바람에 00의 앞니가 부러지는 등 치아를 손상시키는 사고가 났습니다.
- 사고 발생원인: 위험 소지가 있는 우산으로 장난을 친 아이의 불안전한 행동

• 사고 시 조치사항: 병원이송 후 처치

• 사고 방지를 위한 추후대책: 우산은 반드시 우산꽂이에 꽂도록 교육, 교실 내에서의 안전수칙 교육

사례5 snow 스프레이로 장난을 치다 눈에 뿌림

• 사고내용: 스승의 날을 맞이하여 4학년 아이들이 온갖 폭죽과 snow 스프레이(눈)를 준비해서 터뜨리고 뿌리며 축하의 자리를 마련하였습니다. 얼마 후 남은 스프레이로 친구들끼리 장난을 치다 눈에 뿌리게 되어 한 아이가 고통을 호소하는 사고가 났습니다.

• 사고 발생원인: 아이들의 불안전한 행동(장난)으로 인해 일어난 사고

• 사고 시 조치사항: 식염수로 씻어냄, 병원이송 후 처치

• 사고 방지를 위한 추후대책: 폭죽이나 snow 스프레이 등으로 위험한 장난은 하지 못하게 안전교육 실시

사례6 회전그네에서 뛰어내리다 팔이 골절

• 사고내용: 쉬는 시간에 3학년 00가 놀이터에서 회전그네를 타며 놀고 있었습니다. 빠르게 돌고 있는 회전그네 위에서 놀다 수업시작 종이 울리자 급한 마음에 돌고 있는 그네에서 뛰어 내렸습니다. 00는 몸의 중심을 잃고 넘어지면서 왼쪽 팔을 부딪혀 골절되는 사고가 났습니다.

• 사고 발생원인: 조급한 마음으로 회전그네에서 뛰어내린 아이의 부주의

• 사고 시 조치사항: 응급조치(보건교사) 후 병원이송, 부모님께 연락

• 사고 방지를 위한 추후대책: 생활지도 철저(담임), 훈화교육을 통한 안전사고 지도, 방심과 서두름이 가져오는 위험한 상황 소개

사례7 교실문 틈에 손가락이 낌

• 사고내용: 00와 XX가 장난을 하다 00가 XX를 놀리고 달아났습니다. 뒤따라오던 XX가 미닫이 교실문을 열려고 손을 넣자 다급해진 00가 문을 닫아버렸습니다. 그 바람에 XX의 손이 문과 문설주에 끼어 손가락

뼈가 드러나 보일 정도로 크게 다쳤습니다.

- 사고 발생원인: 아이들의 위험한 장난
- 사고 시 조치사항: 병원이송 후 처치(다행히 뼈에는 이상이 없음)
- 사고 방지를 위한 추후대책: 교실 내에서의 안전수칙 교육

사례8 학교 계단에서 굴러 치아가 깨짐

- 사고내용: 초등학교 3학년에 재학 중인 00는 쉬는 시간에 계단에서 친구들과 장난을 치다 그만 친구에게 떠밀려 계단으로 쏠려 구르게 되었습니다. 00는 앞니 두 개가 나갔으며 또한 입주변에 심한 출혈이 있었습니다. 사고가 일어난 후 학교 측에서는 부모님께 전화를 드렸고, 연락을 받은 부모님이 직접 00를 데리고 병원으로 가서 치료를 받았다.
- 사고 발생원인: 위험한 학교 계단에서 친구와 장난을 치다가 넘어지면서 일어난 사고
- 사고 시 조치사항: 상처부위 지혈(학교), 부모님이 직접 병원으로 이송 후 치료
- 사고 방지를 위한 추후대책: 사고 사례 전파를 통한 해서는 안 될 위험한 장난 교육

사례9 로프 하강 시 일어난 찰과상

- 사고내용: 수련활동 프로그램 중 모험시설 실습시간이었습니다. 분임별로 활동을 체험하던 중 늘임줄을 타고 하강하는 도중 00가 아래로 떨어졌습니다. 00는 맨손으로 줄을 타고 내려오는 도중체중을 못 이겨 그대로 미끄러져 내려오다 로프줄을 놓아 버렸습니다. 다행히 지도교사가 아이를 팔로 받아 큰 사고는 면했지만 손바닥이 벗겨지는 찰과상을 입었습니다.
- 사고 발생원인: 제동동작 미숙지와 장갑 미착용, 비만아동은 가급적 자제, 손에 맞는 장갑 착용
- 사고 방지를 위한 추후 대책: 로프에서 하강 시 제동동작 숙지

사례10 부탄가스 폭발로 화상

- 사고내용: 방과 후 학교에 놀러 온 00는 쓰레기 소각현장에 있었습니다. 그 때 쓰레기 소각장에서 부탄가스통이 터지면서 00는 온 몸에 화상을 입었습니다.
- 사고 발생원인: 소각장에 쉽게 접근할 수 있었던 불안전한 시설물, 위험한 소각장에 접근한 아이의 부주의, 안전하게 처리하지 못한 부탄가스통
- 사고 시 조치사항: 119에 신고, 병원이송 후 처치
- 사고 방지를 위한 추후대책: 소각장 근처에서 놀지 않도록 안전교육실시, 부탄가스 통에 구멍을 뚫어 가스(잔여)를 날려 보내고 버릴 것을 교육

3 | 학교 안전수칙

❶ 과학 수업 시 안전 수칙

- 실험을 할 때에는 실험복을 입고 필요한 경우에는 마스크와 고무장갑을 착용하여야 합니다.
- 선생님의 허락 없이 시약을 맛보거나 냄새 맡기, 만지기 등을 하면 안 됩니다.
- 시약병에서 시약을 덜어 낼 때에는 반드시 시약의 이름표(라벨)를 확인 한 후에 깨끗한 용기에 덜어 내야 하는데, 필요한 만큼 적당량을 덜어내도록 하며 쓰고 남은 시약이라도 절대 원래의 시약병에 다시 넣어서는 안 됩니다.
- 시약을 조제하여 보관할 때에는 시약 이름과 제조일자를 기록한 이름표를 붙입니다.
- 시험관을 가열할 때에는 시험관의 주둥이가 다른 사람을 향하게 해서는 안 됩니다.
- 유리로 된 실험 도구가 깨질 경우 깨진 유리 조각에 다칠 염려가 많으므로 특별히 주의하여야 합니다.

- 자주 사용하는 알코올램프의 경우 깨진 것은 좋지 않으며, 불을 붙일 때 나 끌 때에는 반드시 확인합니다.
- 알코올램프가 엎질러져 불이 나면 물을 끼얹거나 모래를 뿌립니다. (반드시 소화기, 물, 모래를 사전준비)
- 수업 중에 실험 도구로 친구들과 장난치지 않습니다.
- 실험이 끝나면 실험도구와 시약 등을 원래 위치에 정리 정돈하고 수도꼭지, 전열 장치의 전열 플러그, 가스 밸브의 여닫기를 확인하여 안전 점검을 철저히 하여야 합니다.

❷ 체육 수업 시 안전 수칙

- 운동을 하기 전에는 충분한 준비 운동을 하여야 합니다.
- 선천적으로 허약하거나 질병이 있는 경우에는 미리 선생님께 말씀드리도록 합니다.
- 오래달리기를 할 때에 힘이 들면 걷기와 달리기를 반복하도록 합니다.
- 개인 운동기구는 반드시 한 사람씩 사용합니다.
- 모든 운동은 난이도에 따라 쉬운 것을 충분히 익힌 다음에 어려운 것을 하도록 합니다.
- 고학년이 하는 어려운 운동을 무리하게 따라하지 않습니다.
- 충분히 공간을 두고 활동하며, 철봉 주위에서 장난치지 않도록 합니다.
- 매트 운동을 할 때에는 앞사람이 완전히 매트에서 떠날 때까지 대기합니다.
- 낮은 철봉에서 디딤판(뜀틀)을 이용하여 충분히 연습을 한 다음, 단계적으로 디딤판 없이 운동하도록 합니다.
- 뜀틀 운동 시에는 한 사람이 착지를 끝내고 뜀틀을 떠날 때까지 다음 사람이 도움닫기를 하지 않도록 합니다.

❸ 미술 수업 시 안전 수칙

- 미술 도구나 용품을 바닥에 떨어뜨리거나 흘리지 않습니다. 흘린 경우는 즉시 닦아 바닥을 깨끗이 합니다.
- 미술 도구나 재료를 입에 넣지 않습니다. 어떤 재료들은 피부에 닿는 것만으로도 해로울 수 있습니다.
- 모든 도구와 재료는 자기 자리에서 정돈해 가며 사용하고, 자리 주변을 어질러 놓아 지나가는 친구들이 날카로운 것에 찔리거나 걸려 넘어지는 일이 없도록 합니다.
- 가위, 칼, 스테플러, 펀치 등의 도구를 사용할 때에는 무리하게 힘을 주지 말고 조심해서 사용하며 도구를 가지고 장난치지 않아야 합니다.
- 종이에 손이 베지 않도록 주의를 해야 합니다.

❹ 실내 활동 시 안전수칙

- 쉬는 시간에 교실에서 뛰지 않도록 합니다. 뛰어 다니다가 친구들과 부딪히거나 책상 모서리에 부딪히면 크게 다칠 수 있습니다.
- 교실에서 공놀이를 하지 않습니다. 잘못하여 앉아 있는 다른 친구들이 그 공에 맞아 다칠 수 있습니다.
- 청소 시간에 비치된 가구나 청소 도구로 장난치지 않습니다. 청소 후에는 대걸레, 양동이, 빗자루 등 청소 도구를 제자리에 정리해서 보관하도록 합니다.
- 교실 앞, 뒤에 부착되어 있는 게시물을 떼지 않습니다. 게시물은 보통 본드나 압정, 핀 등으로 고정되어 있어서 떼면 위험합니다.
- 창틀에 올라가서 밖을 보거나, 윗몸을 밖으로 내밀거나 또는 창틀에 기대어 앉는 행위를 하면 떨어질 위험이 있습니다.
- 칼, 가위 등 위험한 물건으로 장난치거나 뾰족한 연필 등으로 장난을 치면 다치기 쉬우므로 조심해야 합니다.
- 창문 밖으로 물체를 던지지 않습니다. 작은 물체라도 지나가는 사람이 맞으면 중력에 의해 큰 충격을 받을 수 있습니다.

- 끈이나 줄로 목을 잡아당기는 장난은 몹시 위험하므로 삼가도록 합니다.

❺ 복도와 계단에서의 안전수칙

- 비나 눈이 오는 날에 복도나 계단이 미끄러우므로 조심합니다.
- 복도와 계단에서는 반드시 우측통행을 해야 하는데 천천히 걸어서 다른 사람의 활동을 방해하지 않도록 주의를 해야 합니다.
- 복도에서 달리기나 씨름 등 장난을 하면, 다른 사람에게 피해를 주고 다치기 쉬우므로 주의를 해야 합니다.
- 복도나 계단에 휴지나 간식 부스러기를 흘리지 않습니다. 이러한 것들 때문에 걸리거나 미끄러져 넘어질 수 있습니다.
- 학급 단위로 계단을 이동할 때에는 앞·뒤 사람과 충분한 거리를 두고 오르내리는 것이 안전합니다.
- 계단을 두 칸씩 뛰어내리다가 헛디뎌서 다치는 경우가 있으며, 한눈을 팔면 발을 잘못 디뎌 다치게 되므로 주의를 해야 합니다.
- 계단을 오르내릴 때에는 난간을 잡고 이동하는 것이 안전합니다.
- 계단 난간을 넘거나 난간을 타고 내려오는 등의 위험한 행동은 절대 하지 않도록 합니다.
- 여러 사람이 함께 계단을 오르내릴 때에는 앞사람과 닿지 않도록 간격을 두고 움직여야 합니다.

※ 학교 안전사고 통계

❶ 학교 안전사고 재해율

구분 / 년도	학교안전사고		
	사고자수	학생수	재해율(A)
2009	69,487	7,984,520	8.70
2010	77,496	7,774,835	9.96
2011	86,468	7,551,681	11.45
2012	100,365	7,334,925	13.68
2013	105,088	7,139,680	14.71

※ 출처: 고용노동부 산업재해현황 분석(2009~2013)

❷ 학교 급별 사고현황

- 학교안전사고 일반현황

학교안전사고 일반현황 6)에 대하여 구체적으로 살펴보면, 다음과 같다.

학교안전사고를 학교 급별로 살펴보면, [표 1]과 같다. 학교안전사고 발생 건수는 초등학생이 제일 많은 것으로 나타나고 있다.

[표 1] 학교 급별 사고현황

(단위: 건수, %)

구 분	유치원	초등학교	중학교	고등학교	합계
2010	4,530	27,401	24,200	20,861	76,992
2011	5,397	30,237	26,395	23,384	85,413
2012	6,359	33,639	33,414	25, 984	99,396
합 계	16,286	91,277	84,009	70,229	261,801
재해율(%)	9.48	9.73	14.65	12.07	11.56

※ 출처: 질병관리본부 국가손상종합통계(2012~2014)

초등학생은 신체적 활동이 많이 이루어지는 시기이지만, 상대적으로 주의력과 안전의식이 부족하기 때문에 안전사고가 많이 발생하는 경향이 있는 것으로 보인다. 중학교의 경우 재해율 7)을 비고하면, 초등학교는 물론 고등학교보다도 더 높은 것으로 나타나고 있는바 이는 중학교 시기가 사춘기로서 정서적인 원인으로 안전사고가 많이 발생하는 것으로 볼 수 있다. 고등학교의 경우에도 초등학교보다 재해율이 높은 것으로 나타나고 있는바 이는 다소 늦은 시기에 사춘기를 겪는 학생들이 있고, 우리나라의 대학입시제도에서 오는 강박감과 불안감 등으로 인하여 안전사고가 많이 발생하고 있다고 추정 된다

❸ 시간별 사고현황

[표 2] 시간별 사고

(단위: 건수, %)

구분 / 년도	체육 수업	점심 시간	휴식시간 및 청소시간	수업 시간	학교 행사	등·하교	특별 활동	합계
2012	28,872	19,126	17,774	14,520	8,790	5,849	5.434	100,365
2013	29,868	19,601	18,698	15,924	9,065	5,908	6,024	105,088
비율(%)	28.6	18.8	17.7	14.9	8.7	5.7	5.6	100

※ 출처: 학교안전공제중앙회 (2012~2013)

❹ 형태별 사고현황

구분 / 년도	미끄러짐	충돌/부딪침	자상/절단/관통상	물체에 대한손상	추락	화상	제외(의도적손상)	기타	합계
2009	26,969	28,128	4,986	1,280	1,709	589	106	5,720	69,487
2010	32,131	34,186	4,773	1,242	1,536	632	87	2,909	77,496
2011	35,646	38,868	4,931	1,217	1,615	768	159	3,264	86,468
합계	94,746	101,182	14,690	3,739	4,860	1,989	352	11,893	233,451

※ 출처: 질병관리본부 국가손상종합통계 (2011~2013)

❺ 장소별 사고유형

[표 3] 장소별 사고

(단위: 건수)

년도	교실	통로	부속 시설	베란다, 옥상 등	운동장 주변	부대시설	교외활동	가정기타	합계
2012	16,685	16,270	17,253	70	42,926	670	5,682	809	100,365

❻ 일반 시설물 사고현황

구분	2011	2012	2013	2014. 6월
창문 추락사고	24	15	12	16
손끼임 사고	696	671	788	364
교실문, 현관문 사고	1,637	1,735	1,898	824
유리창 파손사고	233	279	294	122
계	2,590	2,700	2,992	1,326

*출처: 교육부 보도자료(2014.11.11.)

사례이야기 8

지방의 한 초등학교에서 6학년 남자 어린이가 휴식시간에 과학실 담당 교사로부터 열쇠를 받아 화산폭발모형 놀이를 임의로 실시하다가 알콜이 점화되면서 불길이 어린이의 상의에 인화되어 큰 중화상을 입은 사고이다.

부모님이 학교와 교육청을 상대로 손해배상 청구소송을 제기해 관할 법에서 교육청, 학교 담당교사의 공동과실을 인정, 피해자에게 3억 690만원을 지급토록 판결을 내렸다.

실제 상기사례 원인과 예방법

❶ 사고원인

- 학생이 실험실습 임의 실시
- 호기심 많은 학생들이 자유롭게 출입이 가능하도록 시건장치 관리 소홀
- 학생 개개인의 안전의식 결여
- 위험한 행동에 대한 인지 능력 미흡
- 과학실 관리감독교사의 관리소홀

❷ 예방법

- 위험시설물에 대한 시건장치 관리 철저
- 학생 개개인의 안전의식 고취를 위한 사례중심별 안전교육 강화

• 위험한 행동에 대한 인지능력 배양

• 지도교사의 주의 의무 철저

1. 위험 예지 훈련 개요

❶ 개념: 학교에서 발생할 수 있는 각종 위험요소를 미리 찾아내어 사고 예방법을 습득토록 하는 일련의 연습활동과정

❷ 지적 확인: 일반적으로 「부주의, 착각, 서두름」으로 인해 잘못된 판단을 하여 불의의 사고를 당하는 일이 없도록 하기 위하여 자신 또는 제3의 눈, 코, 입, 귀를 이용하여 위험요소와 부주의한 행동들을 찾아내 개선시켜 주는 행동

모든 사람들은 심리학적으로 볼 때 부주의, 착각, 태만으로 인한 결함투성이이므로 반드시 지적확인을 통해 주의를 기울이고 착각 등 시행착오를, 줄이고 안전의식을 높여 나가는 노력을 스스로 해야한다.

❸ 진행방법: 실제로 발생한 사고사례를 활용하여 그림을 통해 "이곳에 어떤 위험이 숨어있을까"하며 그 속에 숨어있는 위험요소를 찾아내고, 자칫 그 위험요소를 찾지 못할 경우 불의의 사고 시 어떤 피해가 오는지를 서로 토론해 본다.

단계	분임활동 주제	구성원 활동
도입	그룹(조)별 편성	그림 배포
1R(라운드)	어떤 것이 위험하다고 생각하는가?	위험요소와 발생되는 현상을 발표한다.
2R(라운드)	어떤 점이 가장 위험하다고 생각하는가?	위험하다고 생각되는 요소에 ★한다.
3R(라운드)	나 자신은 어떻게 할 것인가?	★표에 대하여 구체적인 내용을 쓴다.
4R(라운드)	내가 할 수 있는 일은 이렇게 하자!	내 자신이라면 이렇게 할 것이라고 다짐하고 확인한다.

[위험예지훈련 진행방법 (요약)]

2. 위험예지훈련 활동사례

사례1 계단의 난간에 미끄럼 타는 모습

1) 어떤 것이 위험하다고 생각하십니까?

가. 계단 난간에서 미끄럼을 타다가 계단 쪽으로 넘어져서 다친다.
나. 계단 난간에서 미끄럼을 타다가 주위사람을 다치게 한다.
다. 계단 난간에서 미끄럼을 타다가 앞으로 넘어져 구르다가 다친다.

2) 어떤 점이 가장 위험하다고 생각하십니까?

가. 계단 난간에서 미끄럼을 타다가 계단 쪽으로 넘어져서 다친다.

3) 나 자신은 어떻게 할 것입니까?

가. 계단 난간을 잡는다.
나. 최대한 몸을 낮춘다.
다. 계단 난간에서 미끄럼 타는 장난을 치지 않는다.

4) 안전을 위해서 할 수 있는 일은 무엇입니까?

가. 미끄럼 타는 모습을 보면 말린다.
나. 미끄럼 타다 크게 다칠 수 있다는 것을 알려준다.
다 미끄럼타지 않도록 안전교육을 받는다.

사례2 세면장에서 수도꼭지를 틀어놓고 남에게 물을 뿌리는 모습

1) 어떤 것이 위험하다고 생각하십니까?

가. 물을 피하려다 넘어져 다친다.
나. 물을 뿌리려다 모서리에 다친다.
다. 주변 사람에게 피해를 줄 수 있고 싸움도 일어난다.

2) 어떤 점이 가장 위험하다고 생각하십니까?

가. 물을 피하려다 넘어져 다친다.

3) 나 자신은 어떻게 할 것입니까?

가. 넘어질 경우 양호실로 데려간다.

나. 세면대 사용방법을 알아둔다.

4) 안전을 위해서 할 수 있는 일은 무엇입니까?

가. 세면장이나 수돗가에서 차례를 지킨다.

나. 물이 다른 사람의 옷에 튀지 않도록 주의한다.

다. 수도꼭지에 손을 대어 다른 어린이에게 물을 뿌리지 않는다.

다. 세수하고 있는 어린이를 떠밀어 얼굴이 세면대에 부딪히지 않도록 한다.

3. 학교생활 시 위험요소 인지하기

1 | 아침자습시간

(가) 위험요소 알기 및 위험제거 탐구방법

❶ 책상 줄과 줄 사이 뛰는 행위(책상모서리에 부딪히면 다침)

❷ 책상 위를 걷거나 뛰는 행위(책상모서리에 부딪히면 다침)

❸ 교실 내에서 공놀이를 하거나 장난을 치는 행위(공을 잡으려다 다른 사람에게 부상 입힘)

(나) 안전행동 확인

❶ 제자리에 앉아 아침자습하기

❷ 돌아다니거나 장난치지 않기

2 | 교내통행

(가) 위험요소 알기 및 위험제거 탐구방법

❶ 현관문 뒤에서 미는 행동(실내화 바꿔 신다가 넘어져 다침)

❷ 좌측통행하지 않고 뛰는 행동(부딪혀 넘어져 다침)

❸ 계단을 두세칸씩 한꺼번에 오르는 행동(헛디뎌 사고발생)

❹ 난간에서 미끄럼 타는 행동(미끄럼 타고내려 오다가 사고발생)

(나) 안전행동 확인

❶ 출입문에서 장난금지
❷ 질서 지키기 좌측 통행하기
❸ 뛰지 말고 한 계단씩 오르내리기
❹ 올바른 복도통행 방법 생활화하기

3 | 실내생활

(가) 위험요소 알기 및 위험제거 탐구방법

❶ 출입구에서의 충돌, 접촉(뛰어오다가 친구와 부딪혀서 생기는 부상)
❷ 뛰거나 장난치는 행위(책상모서리 부딪혀 부상)
❸ 창문, 창틀에서 뛰어내리는 경우(뛰어내리다가 다리 부상)
❹ 친구의자 빼는 행위(엉덩이나 머리가 바닥에 부딪혀서 부상)

(나) 안전행동 확인

❶ 정숙한 생활하기
❷ 교실에서 뛰거나 놀이하지 않기
❸ 실내생활 규칙 지키기
❹ 동료들에게 충고하고 깨우쳐주기

4 | 세면장 이용

(가) 위험요소 알기 및 위험제거 탐구방법

❶ 뛰어가면서 출입문 발로차는 행동(출입문에 충돌하여 부상)
❷ 밀치거나 차례를 지키지 않는 행동(열린문에 충돌하여 부상)
❸ 수도꼭지 틀어놓고 장난치는 행동(앞이 안보여 도망치다 부딪혀서 부상)

(나) 안전한 행동확인

❶ 올바른 화장실 사용법 실천하기
❷ 세면장 줄서서 차례 지키기
❸ 화장실에서 안전행동하기

5 | 운동장 활용

(가) 위험요소 알기 및 위험제거 탐구방법

❶ 운동기구 사용 시의 행동 운동기구 잘못 사용으로 부상)
❷ 운동장 놀이에서의 행동 (많은 사람 한꺼번에 이용하다 충돌부상)
❸ 체육 학습활동의 행동 (준비운동 없거나 학습과 무관한 장난 시 부상)
❹ 수영학습활동중의 경우 (물장난 치다가 부상)

(나) 안전행동 확인

❶ 운동기구 올바른 사용법 알기
❷ 장소에 알맞은 놀이하기
❸ 준비운동 철저히 실시
❹ 수영장 안전수칙 준수하기

6 | 급식시간

(가) 위험요소 알기 및 위험제거 탐구방법

❶ 차례를 지키지 않은 행동 (식판에 부딪히거나 넘어져 부상)
❷ 뜨거운 음식, 그릇을 함부로 취급하는 행동 (음식물에 화상, 수저, 포크에 부상)
❸ 돌아다니거나 장난을 치는 경우 (걸려 넘어져 부상)

(나) 안전행동 확인

❶ 안전을 고려한 식사예절 지키기
❷ 식사예절 및 수저, 포크 올바른 사용법 알기
❸ 항상 제자리에서 식사하는 습관 갖기

7 | 학습도구 이용

(가) 위험요소 알기 및 위험제거 탐구방법

❶ 학습용구 이용할 경우 (학습용구를 잘못 사용하여 부상)
❷ 실과학습 활동시의 행동 (실습 용구를 함부로 사용하다가 부상)

❸ 화단 만들기를 할 경우 (삽이나 흙덩어리로 장난을 치다가 부상)

(나) 안전행동 확인

❶ 올바른 학습용구 사용법 알기
❷ 실습용구 올바른 사용법 알아두기
❸ 화단 만들 때 올바른 학습용구 사용법 알아두기

8 | 청소활동

(가) 위험요소 알기 및 위험제거 탐구방법

❶ 청소용구 사용할 경우 행동 (청소용구로 장난치다가 부상)
❷ 책걸상 운반시의 행동 (책, 걸상 옮기다가 생기는 부상)
❸ 청소순서에 관한 경우 (순서 없는 청소 실시하다가 부상)

(나) 안전행동 확인

❶ 청소용구 올바른 사용
❷ 책, 걸상 두 사람이 맞잡고 운반하기
❸ 청소 순서 알기 (문열기→털기→닦기→정돈하기→문닫기)

9 | 학습활동

(가) 위험요소 알기 및 위험제거 탐구방법

❶ 슬기로운 생활 학습중에 생기는 행동 (학습용구 실험기구에 부상)
❷ 실험실습 활동중에 생기는 경우 (실험, 실습 활동중에 생기는 부상)

(나) 안전행동 확인

❶ 학습용구, 실험기구 바르게 사용하기
❷ 안전한 실험, 실습을 통한 안전한 수칙 지키기

10 | 교외학습

(가) 위험요소 알기 및 위험제거 탐구방법

❶ 현장학습, 체험학습의 경우 (현장학습에서 일어난 사고)
❷ 수련생활의 경우 (수련활동을 통항여 나타난 사고)

(나) 안전행동 확인

❶ 안전한 현장 실습체험하기

❷ 수련 학습을 통한 안전수칙 준수하기

4. 실제 사례로 본 위험예지활동 연습하기

사례1 그네를 탈 때 일어날 수 있는 사고위험 예지

지원이는 놀이터에서 그네를 타고 있었다. 처음엔 앉아서 타다가 흔들림이 적어서인지 일어서서 앞뒤로 심하게 흔들며 타다 그네에서 땅바닥으로 떨어져 입이 땅에 닿으면서 앞니 2개가 부러졌다.

❶ 어떤 것이 위험하다고 생각하십니까?

❷ 어떤 점이 가장 위험하다고 생각하십니까?

❸ 나 자신은 어떻게 할 것입니까?

❹ 안전을 위해서 할 수 있는 일은 무엇입니까?

사례2 뜀틀에서 일어날 수 있는 사고위험 예지

체육활동 뜀틀 넘기 시간이었다. 한 아이씩 지도를 하는데, 먼저 뛴 아이를 붙잡아 주고 있던 차, 제 차례가 되자 교사의 지도가 있기도 전에 뜀틀을 넘던 은우가 손을 잘못 놓아 팔목 인대가 늘어나는 사고가 났다.

❶ 어떤 것이 위험하다고 생각하십니까?

❷ 어떤 점이 가장 위험하다고 생각하십니까?

❸ 나 자신은 어떻게 할 것입니까?

❹ 안전을 위해서 할 수 있는 일은 무엇입니까?

사례3 회전그네에서 일어날 수 있는 사고위험 예지

철수는 놀이터에서 회전그네를 타고 있었다. 너무 빠르게 돌리며 놀다가 하원 시간이 되어 아이이름을 크게 부르자 급한 마음에 그네가 돌고 있

는데도 뛰어 내리려다 넘어져서 팔이 완전 골절이 되었다.

❶ 어떤 것이 위험하다고 생각하십니까?

❷ 어떤 점이 가장 위험하다고 생각하십니까?

❸ 나 자신은 어떻게 할 것입니까?

❹ 안전을 위해서 할 수 있는 일은 무엇입니까?

사례4 미술활동 중 일어날 수 있는 사고위험 예지

5세 아이들이 색종이 오려 붙이기 활동을 하고 있었다. 다른 아이의 활동을 지도하고 있는데 뒤편에서 울음이 터져 나왔다. 가위로 서로 장난을 하다 민규가 현수의 눈을 찌르는 사고가 났다.

❶ 어떤 것이 위험하다고 생각하십니까?

❷ 어떤 점이 가장 위험하다고 생각하십니까?

❸ 나 자신은 어떻게 할 것입니까?

❹ 안전을 위해서 할 수 있는 일은 무엇입니까?

사례5 냉온수기 사용 중 일어날 수 있는 사고위험 예지

유치원 복도에는 냉온수기가 설치되어 있다. 아이들에게 평소 온수기를 사용하지 않도록 지도했지만, 호기심을 억누르지 못하는 민기가 그만 온수기를 눌러 손을 데고 말았다.

❶ 어떤 것이 위험하다고 생각하십니까?

❷ 어떤 점이 가장 위험하다고 생각하십니까?

❸ 나 자신은 어떻게 할 것입니까?

❹ 안전을 위해서 할 수 있는 일은 무엇입니까?

사례6 떡이나 사탕 등이 기도에 걸려 질식할 수 있는 위험 예지

간식시간에 인절미를 나눠 주었다. 하나씩 나눠주고 몇 개가 남았는데,

먹을 것에 대해 욕심을 부리는 주원이가 빨리 먹고 하나를 더 먹으려는 욕심에 제대로 씹지도 않고 꿀꺽 삼켰다가 기도에 떡이 걸리는 사고가 났다.

❶ 어떤 것이 위험하다고 생각하십니까?

❷ 어떤 점이 가장 위험하다고 생각하십니까?

❸ 나 자신은 어떻게 할 것입니까?

❹ 안전을 위해서 할 수 있는 일은 무엇입니까?

사례7 책상 등 높은 곳에서 뛰어내릴 때의 위험 예지

준교는 책상 위에 있는 색연필을 집으러 올라갔다가 뛰어내려 방바닥에 부딪혀 손목이 삐었다.

❶ 어떤 것이 위험하다고 생각하십니까?

❷ 어떤 점이 가장 위험하다고 생각하십니까?

❸ 나 자신은 어떻게 할 것입니까?

❹ 안전을 위해서 할 수 있는 일은 무엇입니까?

사례8 교구장에 매달려 놀다 일어날 수 있는 사고위험 예지

유치원 각 방에는 교구장이 설치되어 있다. 교사와 함께 하는 활동 중에는 교구장의 교구만 이용하는 아이들이, 교사가 잠간 자리를 비우는 시간 중에는 교구장에 올라가거나 매달려 노는 경우가 흔하다. 그날도 성민이가 교구장에 올라가거나 매달려 놀다 교구장과 함께 넘어지면서 밑에 있던 현민이가 깔리고 말았다.

❶ 어떤 것이 위험하다고 생각하십니까?

❷ 어떤 점이 가장 위험하다고 생각하십니까?

❸ 나 자신은 어떻게 할 것입니까?

❹ 안전을 위해서 할 수 있는 일은 무엇입니까?

사례9 문으로 여닫기 장난을 하다 일어날 수 있는 사고위험 예지

준이는 친구들과 술래잡기를 하다 문을 열고 찾으러 오는 친구를 못 들어오게 하려고 문을 닫았다. 그 바람에 문틈에 손을 넣고 있던 진아의 손가락이 문틈에 끼었다.

❶ 어떤 것이 위험하다고 생각하십니까?

❷ 어떤 점이 가장 위험하다고 생각하십니까?

❸ 나 자신은 어떻게 할 것입니까?

❹ 안전을 위해서 할 수 있는 일은 무엇입니까?

사례10 왕따로 인해 일어날 수 있는 사고위험 예지

종환이는 내성적이고 자기주장이 약한 아이다. 평소 다른 아이의 약점을 놀려 친구들의 웃음을 유도하는 것을 재미로 삼는 두 아이, 주현이와 성규가 종환이를 자주 놀려 종환이는 급기야 유치원에 오기를 싫어하고 친구들을 두려워하게 되었다.

❶ 어떤 것이 문제가 있다고 생각하십니까?

❷ 가장 문제가 있다고 생각되는 것은 어느 것입니까?

❸ 나 자신은 어떻게 할 것입니까?

❹ 안전을 위해서 할 수 있는 일은 무엇입니까?

사례이야기 9

1. 사고개요

○○초등학교 과학실에서 물질의 연소 시 발생되는 이산화탄소와 석회수의 반응을 관찰하는 실험실습 중 담임교사가 촛불이 세워진 비커에 알코올을 석회수로 오인하여 붓는 순간 갑자기 불길이 뿜어져 반대편 쪽에 앉아있던 학생의 얼굴과 상체일부에 화상을 입었다.

▶ **진행경과**

- 사고 학생은 전치 12주의 3도 화상을 입었다.
- 사고 후 학부모는 지도교사와의 대화는 물론 합의제의에 일체 응하지 않고 교사를 형사고발 하였다.
  - 제 1심 선고 결과 지도교사는 금고 6월, 집행유예 1년을 선고받아 항소
  - 항소결과: 지도교사의 과실로 인한 학생의 피해가 너무 크다는 사유로 항소 기각
  - 지도교사는 상고하였으나 심경의 변화로 상고 취하로 판결 확정
- 학부모의 민사상 손해배상청구 결과
  - 교사가 공탁한 법원공탁금 5,300만원 외에 서울특별시교육청은 원고에게 202,961,580원 지급 판결
- 서울특별시 교육청이 해당교사를 상대로 제기한 구상금청구소송결과

- 해당교사는 교육청에 60,000,000원 배상결정(교육청: 교사책임비율 7:3)

▶ **쟁점 및 특이사항**

- 지도교사는 국가공무원법 제 33조(결격사유), 제 69조(당연퇴직)에 의해 면직처분(퇴직연금2분1 수령)
  - 한순간의 실수치고는 엄청난 댓가를 치뤘다는 사례
- 해당교사의 면직처분은 물론 교사 개인의 막대한 금전적 손해를 불러온 위 사고는 과학조교가 위험물질에 대해서 일반화학물질과 확연히 식별이 가능하게 관리하지 않은 점과 교사 또한 실험 전 위험물질을 정확히 확인하지 않은 부주의가 불러온 결과

사례1 유리창 청소학생 추락사

- 판결요지
  - 담임교사는 학교방침에 따라 학생들에게 교실청소 지시
  - 교실안쪽 유리창만 닦도록 추가지시
  - 유독 피해자만 베란다를 넘다가 추락해 사망
  - 담임교사에게 어떠한 형사상 책임과실을 물을 수 없음

사례2 체육시간 공 던지기 연습도중 안경 쓴 야구부원이 공을 맞아 눈에 큰 부상

- 판결요지
  - 야구코치와 체육교사가 사전 협의하여 안전사고를 미리 막아야 함
  - 직무상 주의의무를 소홀히 하였으므로 피해자에 대해 야구코치와 체육교사가 손해배상 책임이 있음

사례3 이동식 핸드볼 골대에서 매달려 있던 학생이 골대가 넘어지면서 골대에 깔려 사망함

• 판결요지

-학교 측이 이동식 골대를 설치할 때 고정 장치를 하지 않는 등 부실한 관리책임이 인정되나 골대에 매달린 학생의 과실 책임도 크므로 학교 측에 40%의 책임이 있음

사례4 중학교의 4층 교실에서 청소 도중 추락해 사망

• 판결요지

- 자신을 보호할 능력이 있는 학생이 몸통을 창문 밖으로 빼낸 상태에서 위험스런 장난을 하다 추락, 사망했으므로 이로 인한 학교나 교사의 책임을 물을 수 없음

사례5 고등학생이 담배 피울 목적으로 창문을 넘다 추락 사망

• 판결요지

- 교사의 단속을 피해 담배를 피우기 위해 비정상적인 목적으로 무리하게 창문을 넘다 추락사했으므로 학교나 교사에게 책임을 물을 수 없음

사례6 교실에서 친구들간 장난으로 뇌손상 사고

• 판결요지

- 점심시간에 친구들과 장난을 치다 교실에 넘어지면서 머리를 크게 다쳐 기억상실증에 걸림 이 사고가 단순한 장난에 의한 사고이므로 학교측에 책임을 물을 수 없음

사례7 친구에게 던진 교재에 눈을 맞아 부상

• 판결요지

- 쉬는 시간에 친구가 던진 교재에 눈을 맞아 부상을 당한 경우 학교측에 책임을 물을 수 없음

사례8 학교놀이기구에서 놀다 부상

- 판결요지

  - 초등학생이 놀이기구인 정글짐에서 놀다 미끄러져 요도가 파열되는 부상을 당함. 학교놀이시설은 교육활동과 밀접한 연관이 있으므로 학교측에 40%의 책임이 있음

사례9 개가 1학년 어린이를 물어 크게 다친 사고

- 판결요지

  - 선생님에게 개가 왔다 갔다 하는 것을 본적이 있느냐는 질문에 선생님이 "본 적이 있다."라고 답해 30%의 선생님 과실 인정
  (만일 처음 보았다고 답했으면 무과실)

사례10 체육시간 달리기하다 쓰러져 뇌사상태

선생님이 사전 예방조치를 다함: 달리기 전 심장병이 있는 사람은 앞으로 나와(학생이 이야기를 안 함) ➜ 리다 쓰러짐, 뇌사상태, 7억 5,000만 원 소송 제기

- 판결요지

  - 선생님이 사전에 충분한 노력을 다하였으므로 학교와 선생님에게 책임이 없음(만일 심장병 불확인 시 50% 과실)

이상의 판례로 본 교사들의 주의사항

❶ "항상 사고가 날수 있다."는 생각으로 반드시 사전 예방적 조치를 취할 것

❷ 수업시간을 빠지거나, 너무 늦거나, 빨리 끝내지 말 것
- 1분은 무관하지만, 2~3분이면 사고 시 문제가 될 수 있음

❸ 수업시간 꼭 출석 체크를 할 것

❹ 사전 결재를 맡을 것

❺ 과잉체벌을 하지 말 것

2. 학생안전사고와 법적책임

1 | 미성년자의 법적 책임

민법 제 750조(불법행위의 내용) 고의 또는 과실로 인한 위법행위로 타인에게 손해를 가한 자는 그 손해를 배상할 책임이 있다.

민법 제 753조(미성년자의 책임능력) 미성년자가 타인에게 손해를 가한 경우에 그 행위의 책임을 변식할 지능이 없는 때에는 배상의 책임이 없다.

형법 제 9조(형사미성년자) 14세가 되지 아니한 자의 행위는 벌하지 아니한다.

* 현실적으로 피해자가 가해학생의 부모나 학교를 당사자로 손해배상청구소송을 제기하는 것이 통상적인 경우이다.
* 사립학교 교원은 민법에 의한 손해배상 책임이 있고, 국·공립학교 교원은 민법뿐만 아니라 국가배상법에 따라 손해배상 책임이 있다.

2 | 미성년자를 감독하는 자의 책임

민법 제 755조(책임무능력자의 감독자의 책임)

① 전 2조의 규정에 의하여 무능력자에게 책임 없는 경우에는 이를 감독할 법정의무가 있는 자가 그 무능력자의 제 3자에게 가한 손해를 배상할 책임이 있다. 그러나 감독의무를 해태하지 아니한 때에는 그러하지 아니한다.

② 감독의무자에 갈음하여 무능력자를 감독하는 자도 전항의 책임이 있다.

* 책임무능력자의 감독자로서의 부모의 책임은 “감독의무를 해태하지 아니한 때”에는 면할 수 있으나 부모가 그 자녀를 보호·교양할 의무는 포괄적·윤리적 의무이기 때문에 감독의무를 해태하지 아니하였다는 것을 입증하기가 사실상 어려워 만 14세 미만인 자녀가 타인에게 손해를 입힌 경우에는 대리 감독자로서의 책임을 면할 수 없다.

3 | 학교안전사고 당사자의 법적책임

가. 가해학생의 책임

"고의 또는 과실로 인한 위법행위로 타인에게 손해를 가한 자"로서 손해배상 책임이 있다. (민법제 750조)

다만 가해학생이 만 14세 미만인 경우에는, "그 행위의 책임을 변식할 지능이 없는 때" 배상책임이 없게 되며, 형사상 벌도 받지 않는다. (민법 제 753조) ※ 만 14세 미만인 자: 책임무능력자, 형사미성년자

나. 피해자의 책임

학교안전사고는 당사자 쌍방간의 과실이 경합하여 발생하거나 학생 본인의 부주의나 과실에 의한 경우가 대부분으로 피해자인 학생도 일정부분 사고에 대한 책임을 지게 됨.

4 | 학교 안전사고예방 및 보상에 관한 법률관련 질의-답변

1) 수련시설관련 사고 보상여부?

공공 및 민간수련원에서 행하는 수련활동은 수련원장의 관리 · 감독하에 행하여지므로 수련활동 중의 안전사고에 대하여는 수련원장의 보상책임이 있다.

공공 및 민간수련원은 청소년활동진흥법 제 25조 규정에 의거 수련시설의 설치 · 운영과 관련하여 수련시설의 이용자에게 발생한 생명·신체상의 손해를 배상하기 위하여 보험에 가입하여야 한다.

다만, 학교와 수련원 측과 계약을 체결할 경우 "모든 사고"라는 문구를 삽입하고, 보상액은 2억 원 정도의 보상과 배상을 받을 수 있도록 계약을 체결하는 것이 바람직하다고 사료됩니다.

2) 방과 후 특기적성교육 사고 보상여부?

Q) 교육청으로부터 A학교가 특기적성교육 학교로 지정되어 인근 B, C, D학교에 재학중인 학생들이 A학교로 가서 특기적성교육을 받던 중 발생한사고와 특기적성교육을 받기 위해 집에서 A학교로, 혹은 A학교에서 집으로 가다가 발생한 사고도 보상이 가능한지?

A) 교육청이 특기적성교육 학교로 지정한 특정학교에 인근학교의 학교장이 소속 학생을 위탁하여 특기적성교육에 참여하게 하였을 경우에는 법 제2조 제4호 및 동법시행령 제 2조에 의한 교육활동으로 인정하여 보상하는 것이 바람직하다가 판단됩니다.
그러나 지도교사가 특기적성교육을 마치고 귀가지도를 하였는데도 운동장에 남아 놀다가 다친 사고와 집으로 귀가하다가 친구네 집에 들러 가던 중 발생한 사고는 보상대상에서 제외됩니다.

3) 등 · 하교 중 발생한 사고 보상여부는?

Q) 학생이 친구네 집에 들러 책을 받아 가지고 혹은 문방구에 들러 문구를 사가지고 가다가 또는 학원에 갔다가 집으로 귀가하던 중 발생한 사고에 대하여 보상이 가능한지?

A) 법시행령 제2조 제1호 통상적인 경로 및 방법에 의한 등 · 하교시간 중에 발생한 사고에 대하여 법인사무국에서 통상적인 경로와 방법에 의한 사고인지를 사실조사를 통하여 실시한 후 지급여부를 결정하게 됩니다.
그러나 위 학생이 아파트 등 집단거주 지역에 거주하는 경우 현관문을 나서면서 보상책임이 개시되고, 현관문을 들어왔을 때 종료되며, 단독주택의 경우 대문을 나서며, 대문을 들어왔을 때를 기준으로 검토 하게 됩니다.

4) 학부모가 인솔하여 발생한 사고 보상여부?

A) 「학교안전사고예방및보상에관한법률」에 의거 공제급여 지급대상인 학교안전사고란 학교의 교육과정 또는 학교장이 정하는 교육계획 및 교육방침에 따라 학교의 안팎에서 학교장의 관리·감독 하에 행하여지는 각종 교육활동 중 발생한 사고입니다.
학교안전공제회가 공제급여를 지급할 수 있는 "교육활동"이란 학교의 교육과정 또는 학교장이 정하는 교육계획 및 교육방침에 따라 실시되는 활동이므로 위와 같이 학부모가 학생들을 인솔하여 실시한 현장학습은 인정할 수 없으므로 공제급여 지급대상이 아닙니다.

5) 통상적인 학교 체류시간의 범위?

A) 「학교안전사고예방및보상에관한법률 시행령」 제2조 제2호에 의거"휴식\시간 및 교육활동 전후의 통상적인 학교체류시간"중 발생한 사고를 제급여 지급대상으로 규정하고 있습니다.
따라서 통상적인 학교체류시간을 획일적 기준으로 판단하는 것은 곤란하므로 정규교육활동의 종료시간 및 사고발생 시간, 체류시간 중의 활동 상황, 교사의 체류지시 여부 등을 종합적으로 고려하여 결정하게 됩니다.

- 종례 후 운동장에 남아 친구들과 놀다 다친 경우
- 집에 가기 싫어 운동장에서 놀다 다친 경우
- 방과 후 다른 학교 학생들과 축구경기를 하다 다친 경우

6) 학교장 결재 없이 발생한 사고

A) 「학교안전사고예방및보상에관한법률」 제2조 제4호 가목에서 교육활동이라 함은 "학교의 교육과정 또는 학교장이 정하는 교육계획 및 교육방침에 따라 학교의 안팎에서 학교장의 관리 · 감독하에 행하여지는 수업 · 특별활동 · 수련활동 또는 체육대회 등의 활동"이라고 규정하고 있습니다.
따라서 교사가 학교 교육계획에 의하지 아니하고 학교장의 결재도 없이 임의대로 야외활동을 하다가 발생한 사고라면 공제급여를 지급받을 수 없습니다.
그러나 학교장의 결재를 받고 행사를 하다가 발생한 사고라면 공제급여 지급대상이 됩니다.

7) 학교 밖으로 나간 공에 행인이 다친 경우?

A) 「학교안전사고예방및보상에관한법률」 제2조 제6호에서 "학교안전사고"라 함은 교육활동 중에 발생한 사고로서 학생 · 교직원 또는 교육활동참여자의 생명 또는 신체에 피해를 주는 모든 사고 및 학교급식 등 학교장의 관리 · 감독에 속하는 업무가 직접원인이 되어 학생 · 교직원 또는 교육활동참여자에게 발생하는 "질병"으로 규정하고 있습니다.

따라서 교육활동으로 인한 피공제자의 생명, 신체적 피해 또는 학교급식 등 학교장의 관리·감독에 속하는 업무가 직접원인이 되어 학생·교직원 또는 교육활동참여자에게 발생하는 질병이 아닌, 피공제자 이외의 타인의 생명이나 신체적 피해, 질병, 재산상의 손해 등은 공제급여 대상이 아닙니다.

사례이야기 10

인천의 한 초등학교에서 학생들이 5월 하순경 점심식사를 마치고 3일이 지난 후 40여명의 학생들이 설사 및 복통을 호소해 환경보건 연구원의 역학조사 의뢰결과 다량의 대장균이 장내에서 염증을 유발시킨 사고로 급식 배식과정에서 음식물이 오염된 식중독 사고로 판명났다.

▶ 상기 사고의 원인과 대책

❶ 사고 원인

일반적으로 동일유형의 식중독 사고 원인은 급식차 등 급식과정상 위생관리 소홀과 급식소 내 청결상태 불량, 조리 종사원에 대한 안전교육 미흡등으로 나타난다.

❷ 대책

동 사고를 예방하기 위해서는 급식차를 등 급식과정상 위생관리를 철저히하고 급식소 내외 청결을 철저히 하고 평상시 조리 종사원에 대한 식중독예방교육을 철저히 실시해야 한다.

1. 유사사례 보기

사례1

인천의 한 초등학교 6학년 어린이가 점심시간에 학교에서 제공한 열무비빔밥(열무김치, 콩나물, 당근, 양파, 상추)과 닭찜, 백김치, 미숫가루, 수박을 먹던 중 어깨와 등 쪽에 통증을 호소하여 양호실로 갔다.

이후 통증이 계속 되어 한의원에서 침과 물리치료를 받은 후 연세중앙병원으로 후송 치료를 받았으나 다시 통증을 호소하여 인하대학병원으로 후송 내시경검사를 실시 식도에 가는 철사가 박혀있는 것을 제거 수술을 시행한 후 상태가 악화되어 서울 중앙병원으로 이송 치료하였다.

❶ 원인

- 사고발생시 응급조치 미흡
- 철사의 원인 파악 미흡
- 식급 과정 시 위생관리 소홀

❷ 대책

- 사고발생시 신속, 정확한 응급조치 및 체계 강구
- 사고발생의 원인 파악 및 재발방지 대책 강구
- 급식과정 시 위생관리 철저

사례2

한 유치원의 7세 어린이가 점심식사를 하기 위해 원아들을 자리에 앉게 한 후 식판에 점심을 담아 앉아 있는 원아들에게 갔다가 주던 중 상기 학생이 선생님의 눈을 피해 장난을 치다가 몸의 균형을 잃고 넘어지면서 옆에서 배식하고 있는 뜨거운 미역국통에 넘어져 엉덩이와 등에 화상을 입음

❶ 원인

- 담당교사의 안일한 행동(유아들에게 식사운반)

- 관리 감독자의 안전의식 결여

❷ 대책

- 유아들에게 식판 및 배식 금지
- 관리감독자의 안전의식 고취를 위한 안전교육 강화

2. 식중독 유발식품 유형과 특성

- 아무런 표시가 없는 무표시 또는 무신고 식품
  - 제조업소명, 유통기한, 원재료 등 표시사항이 없는 식품
- 유통기한이 지난 식품
  - 식품 구매 시 유통기한 확인
- 허용되지 않은 타르색소 및 표백제 불법 사용식품
  - 색깔이 유난히 하얗거나 빛나는 식품, 허용 외 타르색소가 함유된 식품
- 부패·변질된 식품
  - 상하거나 색이 변한 식품
  - 이상한 맛이나 냄새가 나는 식품
  - 곰팡이가 핀 식품
- 유통기한(제조일자) 변조 식품
  - 스티커가 이중으로 붙어 있는 식품
  - 상이한 유통기한이 2개 이상 표시된 식품
- 성적 호기심 유발 등 미풍양속을 저해하는 식품
- 기타 불결한 식품
  - 포장상태가 불량
  - 불결한 장소에서 판매
  - 비위생적 취급

- 머리카락이 들어있는 식품
- 비위생적으로 노상에 진열된 식품

• 보관기준 위반 식품

- 냉동식품인데 냉장고에 보관된 식품
- 냉장·냉동식품이 상온에 보관된 식품
- 직사광선에 노출된 식품

3. 식중독 균의 종류, 증가, 예방법

식중독	감염경로	증상	예방법
살모넬라균	·돼지, 닭, 오리등의 고기나 알 ·쥐, 파리, 바퀴등의 곤충에 의해감염	우리나라에게 가장 흔한 식중독	조리 및 저장실의 철저한 위생관리
장염비브리오균	여름철 어패류의 조리나 생식에 의해 감염	복통과 설사로시 작하여 구토, 두통, 발열	·여름철 해산물을 날로 먹는 것에유의 ·조리 기구나 행주 소독과 청결유지
포도상 구균	가장 발생률이 높은 독소형 식중독으로 우유나 유제품, 김밥, 도시락에 의해 감염	급성 위장염 증상 타액 분비 증가, 메스꺼움, 구토, 복통, 설사로 인한 탈수	다른 식중독과는 달리 100℃에서 30분간 끓여도 사멸되지 않으므로 조리할 때 위생관리 및 개인위생 유지
보톨리누스균	토양과 진공 포장된 식품에 의해감염	시력 저하, 복시, 동공 산대, 변비, 복부 팽만	야채는 물로 충분히 씻어 흙 제거하기
병원성대장균 O-157	소, 돼지 등 가축 배설물에 오염	·급성 장염증상 ·두통, 발열, 구토 설사 복통	채소나 과일은잘 씻거나 껍질을 벗기며 도마, 식칼, 행주 등은 삶아서 사용

4. 가정에서 식중독 예방 요령

❶ 음식물 구입

- 쇠고기 닭고기 등 육류, 생선, 채소 등은 신선한 것을 구입하고, 가공식품은 표시사항 중 유통기한을 확인하고 구입합니다.
- 육류나 생선과 같이 수분이 많은 것은 비닐봉지에 나누어 포장합니다.
- 냉장이나 냉동이 필요한 식품은 맨 나중에 구입합니다.

❷ 음식물 보관

- 냉장이나 냉동이 필요한 식품은 바로 냉장고나 냉동고에 보관합니다.
- 냉장고나 냉동고 용량의 70% 이상으로 음식물을 넣어 보관하지 않아야합니다.
- 냉장은 10℃ 이하, 냉동은 -18℃ 이하를 유지합니다.
- 육류나 생선은 비닐봉지나 뚜껑이 있는 용기에 넣어 다른 식품을 오염시키지 않도록 보관합니다.

❸ 음식물 준비

- 행주와 조리대 등 주방은 청결하게 유지합니다.
- 조리하기 전에 손을 항상 씻어 줍니다.
- 생선, 육류, 계란을 취급한 후, 애완동물을 만지거나 화장실을 이용한 후, 아기 귀저기를 교환한 후에는 반드시 손을 씻어 줍니다.
- 생선, 육류를 자른 후 칼과 도마는 세제를 사용하여 깨끗이 씻은 후 사용하고, 채소류 ➔ 육류 ➔ 어류의 순으로 사용합니다.
- 냉동식품의 해동은 전자레인지를 사용하거나, 오염되지 않게 밀폐용기에 넣어 흐르는 물로 해동합니다.
- 요리에 사용할 분량만 해동하고, 해동이 끝나면 바로 조리합니다.
- 칼, 식기, 도마, 행주, 수세미 등은 사용 후 바로 세척하거나 흐르는 물에 잘 씻은 후 끓는 물에서 살균·소독하여 사용합니다.

❹ 음식물 조리

- 조리를 시작하기 전에 조리대 주변의 청결상태를 한 번 더 확인하고, 손을 깨끗이 씻어 줍니다.
- 조리 가열하는 음식물의 중심부 온도가 74℃이상 되도록 1분 이상 충분히 가열합니다.
- 전자레인지를 사용하는 경우는 전자레인지용 용기를 사용하고 조리시간을 잘 지킵니다.

❺ 식사

- 식사 전에 손을 깨끗이 씻어줍니다.
- 청결한 기구·식기를 사용합니다.
- 따뜻하게 먹는 요리는 항상 따뜻하게(65℃ 이상), 차게 먹는 요리는 항상 차게(10℃ 이하) 보관·유지합니다.
- 조리한 식품은 실온에 장시간 두지 않습니다.

❻ 남은 음식 처리

- 남은 식품은 깨끗한 용기에 넣어 보존합니다.
- 오래 지난 음식은 과감히 버립니다.
- 남은 식품을 데울 때에도 충분히 가열합니다.
- 조금이라도 의심되면 바로 버립니다.

5. WHO 추천하는 안전한 식생활을 위한 10대 원칙

- 안전하게 가공된 식품을 선택합니다.
- 완전하게 가열, 조리합니다.
- 조리된 식품은 즉시 먹습니다.
- 조리된 식품은 변질되지 않게 냉·온장 브관합니다.
- 한 번 조리되었던 식품은 다시 가열하여 먹습니다.
- 날 음식과 조리된 음식은 섞이지 않도록 합니다.
- 손을 자주 청결히 씻어줍니다.
- 부엌 조리대는 청결하게 유지합니다.
- 식품은 곤충, 쥐, 기타 동물들로부터 안건하게 보관합니다.
- 식품의 세척, 조리 시는 반드시 깨끗한 물을 사용합니다.

식중독 사고 통계

1) 연도별 식중독 발생 현황

구분 / 년도	발생건수	환자수
2014	349	7,466
2013	235	4,958
2012	266	6,058
2011	249	7,105
2010	271	7,218

※ 출처: 보건복지부

2) 최근 3개년간 월별 식중독 발생현황

연도	구분	1	2	3	4	5	6	7	8	9	10	11	12	총계
2012	발생건수	9	21	11	17	28	27	20	28	38	24	17	26	266
	환자수	294	392	296	387	680	503	300	590	1,403	189	346	678	6,058
2013	발생건수	22	4	19	24	20	24	26	15	18	15	21	27	235
	환자수	286	50	327	896	252	677	611	405	450	141	492	371	4,958
2014	발생건수	9	14	24	22	35	36	33	43	27	24	32	50	349
	환자수	56	80	1,063	371	1,548	955	484	1,429	261	257	342	620	7,466
합계	발생건수	137	145	219	265	334	407	297	391	369	197	196	250	3,207
	환자수	2,648	2,370	8,136	8,137	13,243	8,821	5,903	9,393	11,565	3,228	4,199	6,114	93,757

※출처: 보건복지부 2015년

3) 원인 시설별 식중독 발생현황

연도	구분	학교(직영)	학교(위탁)	기업체	음식점	가정집	기타	불명	합계
2012	발생건수	51	3	9	95	14	22	72	266
	환자수	2,851	334	246	1,139	54	758	676	6,058
2013	발생건수	44	2	14	134	5	24	12	235
	환자수	2,254	86	608	1,297	22	502	189	4,958
2014	발생건수	52	2	15	213	7	47	13	349
	환자수	4,094	77	380	1,761	28	1,042	84	7,466
합계	발생건수	401	160	220	1,558	147	428	293	3,207
	환자수	30,039	15,343	10,926	20,719	1,054	11,826	3,850	93,757

※출처: 보건복지부 2015년

사례이야기 11

1999년 6월 30일, 경기도 화성군에 위치한 청소년 수련원인 씨랜드에 커다란 화재가 발생했었습니다. 그로인해 유치원생 19명과 인솔 교사등 23명이 목숨을 잃었습니다.

소망유치원 원장 천경자(35세)씨는 밤10시경 씨랜드 생활관 301호실에 원생 18명을 재우고 모기향 불을 피워 놓은 후 314호실에서 동료들과 함께 있었습니다. 그 사이 301호실에 피워 두었던 모기향 불이 주위에 있던 어떤 가연성 물질에 접촉, 발화되었고 1시 20분경 벽체와 천장에 옮겨 붙어 대형화재로 진화한 것입니다.

게다가 건물 안의 화재경보기 등은 모두 제대로 작동하지 않았습니다. 건물자체도 콘크리트 1층 건물 위에 52개의 컨테이너를 얹어 2~3층 객실을 만든 임시건물로, 청소년을 위한 수련원으로 사용하기에는 많은 위험요소를 안고 있는 구조물로 불이 붙자 빠르게 주저앉았습니다.

그러다 보니 소화 작업도 더디게 일어났고, 인명 구조 또한 여간 힘든 것이 아니었습니다.

▶ 씨랜드 사고의 원인과 예방법

❶ 원인

- 불씨 근처에 잘 타오르는 인화성 물질이나 가연성 소재의 물건을 두어 화재의 원인을 발생하였다.
- 건물 안의 화재경보기의 관리 소홀로 인해 화재경보기가 작동하지 않아 화재 발생 시 조속히 대피할 수 없었다.
- 건물자체가 허술한 건물구조로 청소년 수련원으로 사용하기에는 많은 위험요소를 안고 있었으며, 화재발생 후 급격히 불이 번지며 피해를 가중시켰다.

❷ 예방법

- 모기향이나 촛불과 같은 불씨 부근에 연소위험이 있는 가연물들을 제거한다.
- 화재경보기, 소화기 등을 철저히 관리하고 비상구 등을 확보한다.
- 건축 설계 시 전기 및 화재에 대한 대비를 철저히 하여 화재 발생 시 피해를 최소화 할 수 있는 방향으로 자재를 사용하며 설계한다.

1. 화재 사고 현황

❶ 소방방재청 화재통계에 의하면 최근 수년간 화재발생건수는 연평균 45,000건 정도로서 매일 120건 이상이 발생하고 있다. 장소별로 아파트나 단독주택 등 주거장소에서 25%정도가 발생하고 있으며, 위락시설, 오락시설, 음식점과 같은 생활서비스 공간에서 주택화재의 절반정도가 발생하고 있다.

❷ 발화요인으로는 주거장소에서 부주의로 인한 화재가 약 53%정도이며, 전기적 요인이 21%, 방화 또는 방화의심으로 인한 화재가 8.5%정도를 차지하고 있다.

❸ 1970년 이후 사망자를 기준으로 한 대형 인명피해 화재를 보면 서울 대연각 호텔에서 LP가스취급 부주의로 163명이 사망 한 것으로 비롯하여 서울 대왕코너에서 전기결함으로 88명, 부산 대아호텔에서 석유난로부급 부주의로 38명, 인천 라이브호프에서 불장난으로 56명, 대구 중앙로역 지하철방화로 인해 192명, 부산실내사격장에서 화약관리 소홀로 15명 등 수년마다 대형 인명피해 사고가 있었다. 이외에도 우리 기억에 아픈 기억으로 남아있는 씨랜드 청소년 수련원 화재, 예지학원 화재 및 낙산사 화재, 숭례문 화재 등 많은 화재가 있어 왔다.

2. 화재 사고 유형

❶ 전기화재

- 전선의 합선 또는 단락에 의한 발화
- 누전에 의한 발화
- 과전류 (과부하)에 의한 발화
- 규격미달의 전선 또는 전기기계기구 등의 과열
- 배선 및 전기기계기구 등의 절연불량 상태
- 정전기로부터의 불꽃

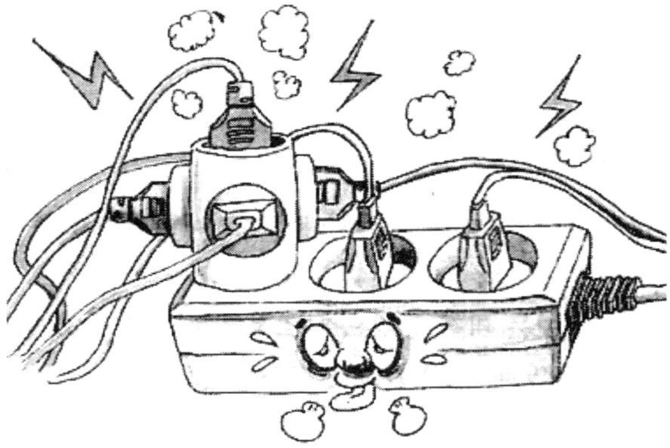

❷ 담뱃불화재

- 술에 취한 채 잠자리에서 흡연
- 어른들이 무심코 버린 담배꽁초가 발화
- 담배 불씨를 완전히 끄지 않은 채 휴지통에 버려서 발화
- 재떨이의 담배 불씨를 완전히 끄지 않은 채재떨이를 쓰레기통에 비우고 퇴근하여 발화

❸ 불장난

- 성냥, 라이터, 난롯불, 아궁이불, 전기다리미
- 촛불놀이, 폭죽놀이, 화약놀이

❹ 가스화재

공급자

- 용기밸브의 오조작
- 용기교체 작업 중 누설화재
- 잔량 가스처리 및 취급미숙
- 가스충전 작업 중 누설폭발
- 고압가스 운반기준 미이행
- 배달원의 안전의식 결여

사용자

- 실내에 용기보관 가스누설
- 점화 미확인으로 누설폭발
- 환기불량에 의한 질식사
- 가스사용중 장기간 자리이탈
- 성냥불로 누설 확인 중 폭발
- 인화성 물질(연탄 등) 동시 사용

❺ 방화

- 가정불화
- 부부 또는 친구 등과의 싸움
- 비관자살, 주벽, 정신이상 등으로 비정상적인 심리
- 보험과 관계된 방화

❻ 유류화재

- 석유난로의 불을 끄지 않고 기름을 넣을 때
- 주유 중 새어나온 유류의 유증기가 공기와 적당히 혼합된 상태에서 불씨가 닿을 경우
- 유류기구를 사용도중 이동할 때
- 불을 켜놓고 장시간 자리를 비울 때
- 난로 가까이에 불에 타기 쉬운 물건을 놓았을 때
- 튀김요리 중 튀김기름이 가열되어 넘치는 경우

❼ 불티화재

- 용접 부주의로 불티가 가연물에 떨어져 화재 발생
- 용접물체가 가열되어 주위의 가연물에 옮겨져 화재 발생
- 모닥불, 소각장 등의 불티가 바람에 날려 화재 발생
- 배관 용접/절단 시 보온 재료에 불티가 옮겨 붙어 화재 발생
- 용접작업장 인근에 방치되어 있는 위험물/가연물에 불티가 튀어 화재 발생

3. 화재 시 대처방법

❶ 소화기 사용방법

- 소화기를 가져옵니다.
- 안전핀을 뽑습니다.
- 호스를 불이 난 곳을 향해서 잡습니다.
- 손잡이를 꽉 잡고 빗자루로 청소하듯 뿌립니다.

❷ 몸에 불이 붙었을 때

- 멈춘다.
- 엎드린다.
- 구른다.

❸ 전화로 신고하는 방법

1) 신고자 이름

제 이름은 ____________입니다.

2) 불이 난 곳의 주소

불이 난 곳은 _________구 _________동_______아파트 ________동 _______호입니다.

3) 눈에 띄는 건물

주변에 _________이(가) 있습니다. (유명한곳)

4) 화재의 원인

____________________ 때문에 불이 난 것 같습니다.

4. 화재사고 예방법

❶ 전기화재

- 전기기구를 사용하지 않을 때에는 스위치를 끄고 플러그를 뽑아 둡니다.
- 한 개의 콘센트에서 여러 선을 끌어 쓰거나 문어발식 사용을 하지 않습니다.
- 전선이 꼬이거나 묶어 사용하면 열이 발생하여 위험하므로 전선이 꼬이지 않게 합니다.
- 콘센트에 플러그를 깊숙이 꽂지 않으면 열이 발생하므로 완전히 꽂아 사용합니다.

❷ 담뱃불 화재

- 인화성이 강한 물질이 있는 장소나 실내에서는 금연을 합니다.
- 잠자리에서는 담배를 피우지 않도록 합니다.
- 담배를 피울 수 있는 장소는 편리하고 안전한 곳을 택하여 "흡연구역"으로 지정합니다.
- 담배를 피우다가 용무로 잠깐 자리를 비울 경우 반드시 담뱃불을 끄

고 나가야 합니다.

- 불씨가 튀지 않도록 재떨이에 약간의 물을 부어 놓습니다.

❸ 불장난 화재

- 성냥, 라이터 등은 어린이들의 손에 닿지 않는 곳에 보관합니다.
- 성냥, 라이터, 폭죽놀이, 깡통놀이 등을 하지 않도록 단속합니다.
- 어린이들에게 불에 대한 올바른 인식을 갖도록 교육시킵니다.
- 어린이들에게 석유난로 등을 켜거나 끄도록 심부름을 시키지 않습니다.
- 외출 시 모든 화기의 안전점검을 하고 어린이들에게 불조심에 대한 주의를 시킵니다.
- 어린이들에게 119 허위신고(장난전화)를 하지 못하도록 교육시킵니다.

❹ 방화

- 차량방화를 예방하기 위해서 주택가나 도로상에 주차하지 않습니다.
- 빈집 또는 건물의 화재예방을 위해 시건장치 후 외출합니다.
- 주변 정신질환자의 행동을 예의주시하고 성냥, 라이터 보관에 유의합니다.

❺ 유류화재

- 유류는 다른 물질과 함께 저장하지 않도록 하고, 저장소는 환기가 잘 되게 합니다.
- 급유 중 흘린 기름은 반드시 닦고 난로 주변에는 소화기나 모래 등을 준비해 둡니다.
- 석유난로, 버너 등은 사용 도중 넘어지지 않도록 고정시켜 둡니다.
- 석유난로 주변은 늘 깨끗이 하고 불이 붙은 상태로 이동하거나 주유해서는 안 됩니다.
- 기타 위험물취급 장소에서 절대 담배를 피우지 않고 불조심에 대한 교육을 합니다.

❻ 불티 화재

- 용접작업이나 쓰레기를 소각할 때는 소화기나 소화수 등을 비치한 후 작업에 임합니다.
- 용접작업장 부근의 연소위험이 있는 위험/가연물을 제거한 후 작업합니다.
- 불은 충분히 소화시키고 재연소 발화 위험을 없애기 위해서 땅속에 완전히 묻습니다.

5. 가스사고 예방법

❶ 사용 전

- 사용 전에 냄새를 맡아 가스가 새지 않는가를 확인하고 창문을 열어 환기시키는 안전 수칙을 생활화합니다.
- 연소기 부근에는 가연성 물질을 두지 말아야 합니다.
- 콕, 호스 연결부에서 가스가 누출되는 경우가 많기 때문에 확실하게 조이고, 호스가 낡거나 손상이 있을 때에는 즉시 새 것으로 교체합니다.
- 가스레인지 버너헤드에 음식물 찌꺼기가 타 붙으면 사용 시 일산화탄소가 발생하므로 버너헤드를 브러시로 깨끗이 청소해 주어야 하며, 벽걸이난로나 캐비닛 히터같이 세라믹 버너를 사용하는 연소기는 세라믹 버너표면의 먼지를 솔로 털고 사용합니다.

❷ 사용 중

- 가스가 탈 때에는 많은 공기를 소비합니다. 따라서 가스난로 등을 장시간사용하면 실내 산소농도의 저하에 따라 일산화탄소의 발생이 증가 하므로 환기를 자주 해야 합니다.
- 바람이 불거나 국물이 넘쳐 불이 꺼지면 가스가 그대로 누출되므로 사용 중에는 불이 꺼지지 않는지 곁에서 살펴봅니다. 이런 이유로 불이 꺼질 경우에는 반드시 샌 가스가 완전히 옥외로 배출된 것을 확인

한 후에 재점화 합니다. 폭발범위 안의 농도로 공기와 혼합된 가스는 아주 작은 불꽃에 의해서도 인화 폭발되므로 배출시킬 때에는 환풍기나 선풍기 같은 전기제품을 절대 사용하지 말고 방석이나 빗자루를 이용하여 전기스파크에 의한 폭발을 막아야 합니다.

- 사용 중 가스가 떨어져 불이 꺼졌을 경우 반드시 연소기의 콕과 중간 밸브를 잠급니다.

❸ 사용 후

- 사용하고 난 후에는 연소기에 부착된 콕은 물론 중간밸브도 확실하게 잠급니다.
- 장시간 외출 시에는 중간밸브와 함께 용기밸브도 잠그고, 도시가스를 사용하는 곳에서는 계량기 옆에 설치되어 있는 메인밸브까지도 잠가 불의의 사고를 예방합니다.
- 가스를 다 사용하고 난 빈 용기라도 용기 안에는 약간의 가스가 남아 있는 경우가 많으므로 빈 용기라고 해도 용기밸브를 열어 놓은 채 방치하면 남아있는 가스가 샐 수 있습니다 . 용기밸브를 반드시 잠근 후에 화기가 없는 곳에 보관하여야 합니다.

❹ 평상시

- 시설에서 가스가 누출되는지 여부를 자주 점검하는 습관을 갖는 것이 사고 예방을 위한 최선의 방법이라고 할 수 있습니다. 누출점검방법은 아주간단해서 가스가 누출된 위험이 있는 부위에 비눗물을 발라 기포가 일어나는지를 알아보는 것만으로 충분합니다.
- 일반 가정의 시설은 호스가 아주 낡았다든가 연소기가 고장이 난 경우를 제외하고는 호스와 배관의 연결부위나 중간밸브연결부, 호스와 연소기의연결부와 같은 접속부위를 중점적으로 점검하면 됩니다.
- 점검할 때는 비눗물을 붓에 묻혀 호스의 연결부분 주위에 충분히 발라줍니다. 아무런 반응이 없으면 누출이 없는 것이지만, 조금이라도 누출되는 경우에는 비눗방울이 생겨 쉽게 판별할 수 있습니다. 만약 누출되는 것을 발견하면 용기밸브나 메인밸브를 잠그고, 가스 판매점

등에 연락하여 보수를 받은 후 사용하여야 합니다. 이와 같은 비눗물 점검은 2, 3일에 한번 정도 하는 것이 좋습니다.

❺ 누출 시

- 당황하지 말고 가스판매업소나 도시가스에 연락하여 적절한 조치를 받습니다.
- 먼저 연소기 점화콕, 중간밸브, 용기밸브까지 잠가 가스의 공급을 차단하고, 창문을 비롯하여 출입문 등을 열어 누출된 가스를 밖으로 몰아내고 신선한 공기를 환기합니다. 전기 기구를 켜거나 끌 때에 스파크가 발생하는데, 누출된 가스는 작은 전기 스파크로도 불이 붙어 폭발할 수 있기 때문에 부채나 방석, 신문지 등을 이용하여 쓸어내듯이 밖으로 몰아냅니다.
- LPG는 공기보다 무겁기 때문에 낮은 곳에 머물고 LNG를 원료로 하는 도시가스는 공기보다 가벼워서 천정으로 확산되므로 가스의 종류에 따라 알맞은 방법을 택합니다.
- 누출된 가스가 배출되고 가스냄새가 사라진 후에도 바로 다시 점화하여서는 안 되며, 가스 판매점이나 도시가스 관리대행업소에서 기술자가 오기를 기다려 점검을 받은 후 시설에 이상이 없음을 확인하고 다시 사용합니다.

6. 전기화재 발생 3대 요인과 예방대책

❶ 누전

- 누전이란
  - 전선피복이 손상되어 건물의 철근이나 전기기계 기구함 등의 금속부분을 통하여 전기가 흐르는 현상

• 누전의 피해

- 전선피복이 연소되거나 전선과 접촉된 금속체 부위에 열이 발생하여 인화물질에 발화되어 화재가 발생

• 예방대책

- 200V 전압 공급지역에서는 누전차단기를 반드시 설치
- 110V 지역에도 누전차단기를 설치하면 누전발생 시 자동으로 차단되어 더욱 안전

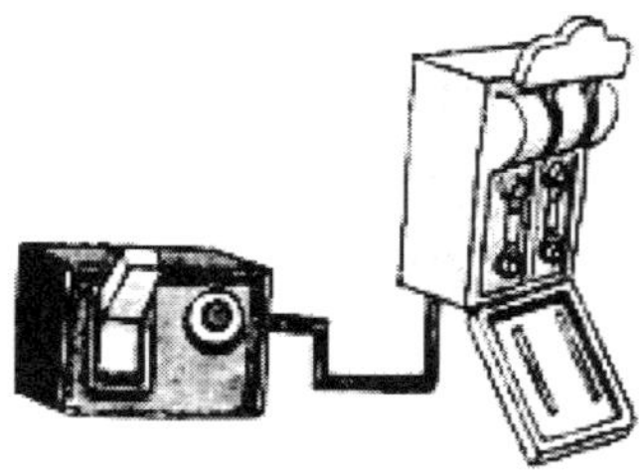

❷ 합선

• 합선이란

- 전선이 낡아 −선과 +선이 맞닿은 상태로 아크와 동시에 고열이 발생하는 현상

- 합선의 피해

- 합선되면서 고열과 아크로 인해 주위의 인화물질에 착화되어 화재 발생

- 예방대책

- 용량이 큰 전기기계 기구를 동시에 여러 개 사용하는 것을 제한
- 후배선에서 피복이 벗겨져 합선되는 경우가 많으므로 전기설비 관리에 유의
- 과전류 발생 시 전기를 차단하는 정격용량의 퓨즈 또는 차단기를 사용

❸ 용량초과

- 용량초과로 인한 피해

- 용량을 무시한 채 문어발 배선 등으로 많은 전기기구를 사용하게 되면 과전류로 인해 전선이 맞붙어 아크와 함께 고열로 인한 화재발생

• 예방대책

- 열을 발생시키는 전기기구는 반드시 하나의 콘센트에 한 개의 기구만 사용
- 규격전선 사용
- 비닐전선은 용량초과 사용 시 위험하므로 규격전선 사용

사례이야기 12

몇 해 전 지방의 한 10층 아파트에서 5살 여자아이가 1층으로 추락한 사고가 있었습니다.

이 어린이는 피아노 의자에 올라간 후 다시 피아노로 올라갔고 창문을 열은 다음 1층 바닥을 쳐다 보다가 그만 부주의로 발을 헛디뎠는데 간신히 창살을 붙잡고 떨어지지 않기 위하여 바둥바둥 거렸습니다.

이 안타까운 장면이 SBS 카메라에 잡혀 전국적으로 보도된 바 있습니다.

한참을 바둥 되던 어린 소녀가 그만 힘이 부쳐 손을 놓을 수 밖에 없었고 그만 1층 바닥으로 떨어지기 시작했습니다.

그러나 정말로 천운이 따라주어 떨어지는 어린 딸을 밑에 있던 아버지가 받아 큰 부상 없이 무사히 구출될 수 있었습니다.

▶ 실제 사례의 원인과 예방법

- 이 사고의 직접적 원인은 10층 높이의 아파트였는데 창문에 안전바가 없었고 바로 창문 앞에 피아노를 놓아 두었다는 점입니다.
- 이 사고 예방을 위하여 어린아이를 키우는 모든 집에서 2층 이상일 경우 창문에 안전바를 설치하여 추락사고를 예방해야합니다. 아울러 창문 바로 앞에 침대, 피아노 등을 놓는 것은 금물입니다. 이는 어린이가 이를 밟고 밑을 쳐다 보다 추락할 수 있기 때문입니다.
- 현재 어린이 추락 사고 예방을 위하여 아파트의 베란다 높이는 120cm이

상, 간살 간격은 10cm이하로 하도록 법제화 되어 있습니다.

1. 가정 내 안전사고 유형

- 최근 한국 소비자원의 소비자 위해감시 시스템에 접수된 1,413건의 가정 안전사고를 분석해 본 결과 사고 장소를 보면 방과 침실이 620건(43.8%)으로 가장 많았고 다음은 거실로 397건(28.1%), 화장실 · 욕실이 128건(9%), 부엌이 110건(7.8%), 현관 107건(7.6%), 계단, 마당 순으로 나타났다.
- 이를 사고 유형별로 보면 추락, 넘어지거나 미끄러짐이 508건(36%)으로 가장 많고, 충돌·부딪혀 충격이 407건(28.8%)이고, 이물질 흡입과 베임 · 찢어짐이 각각 151건(10.7%)이며 눌리고 끼이는 압궤가 135건(9.6%)이며 고온(화상), 찔림, 부패변질 순으로 나타났다.

2. 가정 내 안전사고를 부추기는 7가지 위험요소

어린이 안전은 가정 내 안전사고 예방으로부터 출발해야 합니다. 그러나 가구에 부딪히거나 가구에서 떨어지는 낙상사고, 뜨거운 물, 증기, 전기 등에 의한 화상사고, 질식사고, 음독사고 등 우리가 흔히 안전하다고 생각하는 가정에도 위험요소가 도사리고 있습니다. 그리고 이 모든 안전사고의 책임은 전적으로 부모님의 무지 때문입니다. 이에 가정 내 안전사고를 부추기는 요인 7가지를 제안합니다.

❶ 추락사고: 창문이나 베란다 옆에 침대, 의자 등의 가구를 두거나 장난감 등 아이들의 호기심을 유발하는 물건을 두고 안전창살을 설치하지 않은 경우

- 가정 내 안전사고 중 가장 많이 발생하는 것이 낙상사고인 만큼 창문이나 베란다 옆에 아이들이 딛고 올라갈 수 있는 가구를 두거나 장난감을 두어 호기심을 유발하는 것은 매우 위험합니다. 또한 방충망으로는 지지가 안 되기 때문에 어린이가 있는 가정의 창문에는 낙상방지

용 안전 창살을 설치하는 것이 좋습니다.

❷ 넘어짐, 미끄러짐 사고: 바닥에 물기가 있거나, 걸려 넘어지기 쉬운 물건, 바퀴 달린 장난감, 전선 등을 치우지 않는 경우(계단 넘어짐 사례)

- 가정 내 안전사고 중 미끄러짐 사고는 잠깐 아이에게서 눈을 뗀 사이 눈 깜짝할 순간에 발생하며 대부분 부모가 옆에 있는 상태에서 갑자기 발생하기 때문에 평상시에 위험요소를 제거해 두어야 합니다. 특히 바닥의 물기나, 걸려 넘어지기 쉬운 물건이나 장난감, 전선 등에 의해 넘어질 경우 머리를 다치기 쉬우므로 바닥에 불필요한 물건이 없도록 항상 정리정돈을 해 두어야 합니다.

❸ 날카로운 물체에 베임, 찢어짐 사고: 가구 모서리가 날카로운 경우

- 부딪히는 사고는 주로 가구와 관련해서 발생하며 주의가 산만하고 걸음이 익숙하지 못한 아이가 부딪혔을 때 부상을 최소화하기 위해 가구모서리가 둥글어야 하며, 날카로운 경우 모서리 보호대를 부착해 주어야 합니다.

❹ 화상사고: 밥솥이나 다리미를 어린이 손이 닿기 쉬운 곳에 두는 경우:

- 밥솥이 뜸을 들일 때 분출되는 증기로 인해 화상사고를 당할 경우 뜨거운 물로 인해 화상을 입는 경우보다 훨씬 심하게 다치며, 다리미의코드를 꽂은 채로 두는 것도 매우 위험합니다. 또한 난로와 같은 전열기구에는 보호막이 있어야 합니다.

❺ 전기안전사고: 전기 콘센트에 안전 커버가 없는 경우

- 어린이들은 움푹 팬 곳에 손가락이나 젓가락을 집어넣길 좋아합니다. 따라서 안전커버를 덮어 감전 사고를 예방합니다.

❻ 질식 및 중독사고: 의약품, 락스, 제초제 등 유독 물질을 어린이 손이 닿기 쉬운 곳에 두는 경우

- 어린이는 보이는 것은 무엇이나 입에 가져가려 하기 때문에 알록달록한 색깔의 알약이나 사용하다 남은 제초제, 농약을 음료수 병, 박카스 병 등에 담아놓거나 아이들 손이 닿기 쉬운 곳에 둘 경우 음독사고가

발생하기 쉽습니다.

❼ 익사 및 기타사고: 화장실 변기, 싱크대, 가위나 칼이 들어있는 서랍에 잠금 장치가 되어 있지 않는 경우(어린이를 목욕시키다 전화가 와서 잠깐 전화를 받고 온 사이 익사)

- 아장아장 걷기 시작하는 시기의 어린이는 화장실 변기 속에 빠져 익사하거나 싱크대나 서랍을 열어 칼, 가위 등 위험한 물질을 끄집어 내서 다치는 사고가 빈번히 발생합니다. 이것을 예방하기 위해 선진국의 경우 수동 개폐 잠금장치를 하고 있으며 이미 일반적으로 생활화되어 있습니다.

3. 가정의 안전사고 예방 20개 체크리스트 항목

- 부엌이나 세탁장에서 사용 또는 보관하는 유해 물질들이 아동보호포장으로 되어있습니까?
- 어린이가 접근하기 쉬운 보관함에 자물쇠나 안전빗장이 있습니까?
- 배수관 세척제나 표백제와 같은 위험 물질은 모두 본래의 용기에 보관하고 있습니까?
- 조리대, 도마, 행주, 수세미 등을 정기적으로 소독합니까?
- 사용한 가사용 세제와 용기를 안전하게 처분합니까?
- 가사용 세제와 도구를 사용하다가 잠시 중단할 때 안전하게 치워놓습니까?
- 살충제와 같은 유해제품이 음식물과 안전한 거리를 두고 보관되어 있습니까?
- 식사 보조용의자에 아이 혼자 두지 않으며 하며 항상 안전띠를 사용하고 있습니까?
- 가스레인지의 안쪽 버너를 사용하고 냄비의 손잡이는 뒤쪽 방향으로 돌려놓습니까?
- 욕실에 보관하고 있는 모든 약의 뚜껑이 어린이들이 쉽게 열 수 없는 것입니까?
- 유독성 세제와 화장품, 목욕용품 등이 어린아이가 닿을 수 없도록 보관되어 있습니까?
- 좌변기의 뚜껑에 안전 잠금 장치가 설치되어 있습니까?
- 욕조와 세면대에 물이 채워져 있지 않습니까?
- 탁자에 담배, 성냥, 라이터 등이 놓여 있지 않습니까?
- 모든 장식물은 무독성입니까?
- 독이 있는 식물이 아이들의 손이 닿지 않는 곳에 있습니까?
- 장난감과 장난감의 부품, 풍선 등 작은 물건이 아이 손이 닿지 않는 곳에 있습니까?
- 층마다 연기감지기를 설치하고 매년 배터리를 교체합니까?
- 창문 블라인드나 커튼 줄이 내려온 곳에 아기의 침대를 배치하지 않았습니까?
- 침대 옆 탁자나 화장대에 약, 술, 담배 등의 위험물질이 없습니까?
- 화장수, 향수, 아세톤이 어린이의 손이 닿지 않는 곳에 보관되어 있습니까?
- 침대 기둥의 간격은 6cm를 넘지 않고 빠진 기둥이 없습니까?
- 매트리스는 가장자리에 바싹 달라붙어 있습니까?
- 부품이 느슨한 부분이 없습니까?

4. 가정의 장소별 안전사고 예방수칙

장소	예방대책
주방	· 방의 가전 기구-커피포트, 그릴, 주전자, 팝콘제조기, 토스터 믹서기-등 의 코드는 짧게 위로 올려두고 가능하다면 각 기구의 플러그를 높은 곳에 꽂아 둡니다. 가전 기구 주변에 아이들이 올라설 수 있는 높은 의자는 두지 않습니다. · 아이들의 손이 닿을 수 있는 캐비닛과 서랍에는 안전 잠금 장치를 설치합니다. · 호일과 플라스틱 랩은 아이들의 손이 닿지 않는 곳에 보관합니다. 이들의 날카로운 가장자리로 인해 벨 위험이 있기 때문입니다. · 각종 세제와 살충제, 가구 광택제 등은 아이가 더 자랄 때까지 안전한 곳에 보관하고 문을 잠급니다. · 칼이나 다른 날카로운 주방기구를 사용할 때, 부모는 아이들에게 일어날 사고를 염두에 두고 다급하게 다루거나 여기저기에 두지 않아야 합니다. · 아이가 말을 알아들을 정도가 되면, 전자레인지의 외부와 내부의 온도가 달라서 델 위험이 있습니다다는 것을 알려줍니다. · 오븐이나 스토브를 구입할 때에는 아이들이 열기 힘든 것을 고릅니다. · 식탁보는 어린이가 끌어당길 수 있으므로 될 수 있으면 사용하지 않습니다.
욕실	· 욕실에서 사용하는 전기기구(헤어드라이기, 고데기 등)는 사용하지 않을 때는 반드시 플러그를 뽑습니다. 물에 들어가게 되면 아이들이 감전 사고를 당할 수 있습니다. 전기 쇼크를 방지하기 위하여 콘센트에는 누전방지 장치를 부착합니다. · 어린아이들은 욕조나 세면대에 빠져 질식할 수 있음을 주의하고 감독을 철저히 합니다. 뜨거운 물로 인한 화상을 예방하기 위해서 물의 온도를 조절한 후 욕조에 들어가게 합니다. 화상방지용 수도꼭지를 설치하는 것도 좋은 예방법입니다. 욕실에서 넘어져서 머리를 부딪치는 사고를 방지하기 위해 미끄럼방지용 바닥재를 깝니다. · 욕실에 있는 화장품이나 비누, 샴푸 등을 아이들이 먹을 위험이 있으므로 주의하고 욕실 캐비닛 손잡이에 안전 빗장을 걸어두어야 합니다. · 사용 중이 아닌 좌변기의 뚜껑은 항상 내려놓고 화장실 문은 닫아 놓습니다.

거실	· 바닥을 아이들의 눈높이로 살펴보는 것이 중요합니다. 카페트나 가구 밑에는 어린이들에게 위험한 작은 물건들이 있을 수 있음을 잊어서는 안 됩니다. · 바닥의 플러그나 전선 등 걸리는 것들을 치웁니다. 전선은 벽쪽에 테이프나 테이플러 등으로 고정시키고 주기적으로 떨어져나오나 확인합니다. · 가구의 날카로운 모서리에 안전장치를 부착합니다. · 사용하지 않는 콘센트는 막아둡니다. · 초는 치웁니다. · 테이블 위의 유리판은 치우고, 깨지거나 무거운 것도 올려놓지 않습니다. · 가구, 선반, 그리고 TV 장식장 등이 안정되게 놓고, 넘어지지 않는지 확인합니다. · 벽난로 앞에는 어린이가 열기 힘든 유리스크린을 설치합니다. · 난로에 불이 없는 경우에도 아이들이 가까이 가지 못하도록 가르칩니다. · 아이들이 열고 나갈 수 있는 미닫이문이 있습니다면 마음대로 열지 못하게 하는 잠금 장치를 합니다. · 아이들에게 질병을 유발할 수 있으므로 카펫의 청결을 유지합니다.
아이들 침실	· 아이들 방의 벽지나 침대보, 잠옷 등은 방염처리(flame-resistant)가 된 것을 사용합니다. · 창에 안전 잠금 장치를 하고 5cm 이상 열리지 않도록 조절합니다. · 가구는 낮아야 합니다. 날카로운 모서리에는 안전캡을 씌워줍니다. · 장난감 보관 상자는 뚜껑을 분리할 수 있는 것을 사용하거나 뚜껑이 세게 닫히지 않는 것을 사용합니다(손가락이 끼어 다칠 위험 있습니다). · 요람은 창에서 떨어진 곳에 놓아야 합니다. · 요람 위의 모빌이나 매달려 있는 것들은 최소 20cm 이상 떨어진 곳에 둡니다. 아이가 자라면 매트리스를 더 낮춥니다. · 블라인드는 금속이나 나무로 된 것을 사용합니다(플라스틱 블라인드 중에는 납을 함유하고 있는 것도 있습니다).

※ 참고: 어린이 안전사고 세미나 자료, 소비자 보호원

사례이야기 13

몇 해 전 3세 남자 어린이가 창문 블라인드 줄에 목이 감겨 질식해 사망하는 너무나 안타까운 사고가 발생했습니다.

거실에서 아이를 돌보고 있던 어머니가 안방에 찾을 물건이 있어 잠깐 들어가 일을 마친 후 다시 거실로 와보니 3살 아들이 그만 창문 블라인드 줄에 목이 칭칭 감겨 쓰러져 있었습니다.

부랴부랴 블라인드 줄을 급하게 풀었지만 이미 아이는 질식사로 목숨을 잃은 상태였습니다.

이 아이는 엄마가 없는 사이에 창문 블라인드 쪽으로 기어가 블라인드 줄을 목에 칭칭 감은 후 그 줄을 붙잡고 일어나려다 그만 넘어지면서 질식사하게 된 것입니다.

▶ 사고 원인과 예방법

- 영·유아는 항상 손에 잡히는 것은 입으로 넣으려고 하며 길게 늘어진 끈은 항상 목으로 감으려는 특성이 있어 블라인드 줄과 같이 길게 늘어진 줄은 자칫 어린이를 질식의 위험에 빠뜨릴 수 있다.
- 따라서 영·유아가 있는 집에서는 구슬과 블라인드 줄이 있는 경우 반드시 어린이 손에 닿지 않는 높은 곳에 두어야 한다.

1. 실제 가정내 질식·중독 사고사례

❶ 질식사고

사례1

2007년 5월 경기도 안산시에서 5세(남) 어린이가 이웃집 어린이와 미니컵 젤리를 나누어 먹다가 기도가 막혀 병원으로 옮겼으나 중태

사례2

2005년 11월 서울에서 6세(남) 어린이가 문구점에서 판매하는 모형완구(일명 공룡알)를 가지고 놀다가 삼켜 질식 위험에 처함

사례3

2006년 11월 서울에서 2세 여자 어린이가 100원짜리 동전을 삼켜 기도가 막히는 사고가 발생해 병원에서 동전을 제거함

- 사고 예방법
  - 유아의 연령을 고려하여 제품을 구입합니다.
  - 제품에 표시된 경고문을 충분히 숙지합니다.
  - 3세 미만의 유아는 습관적으로 작은 물건을 입으로 가져가므로 놀이과정을 지켜보아야 합니다.

❷ 중독사고

사례1

2005년 11월 서울에 거주하는 4세 남아가 집에서 락스를 마셔 병원에서 치료함

사례2

2007년 8월 경기도에 거주하는 7세 여아가 집에서 할머니의 감기약을 마셔 급히 응급실로 옮김

사례3

2005년 5월 원주에서 1세 여아가 젤리형 방충제를 먹음

• 사고 예방법

- 가정용 화학제품은 아이의 손이 닿지 않는 곳에 보관합니다.
- 약은 뚜껑을 꽉 닫아 아이의 손이 닿지 않는 곳에 보관합니다.

2. 질식·중독 사고 현황

❶ 매년 안전사고로 600여명의 어린이가 사망하는데 교통사고, 물놀이 안전사고 다음으로 질식·중독 사고가 많이 발생하고 있다.

❷ 최근 통계청의 자료에 따르면 질식사고가 가장 많이 일어나는 연령층은 0~4세로 질식사고 사망어린이 중 90% 이상을 차지했습니다. 또한 주로 발생하는 장소는 가정인 것으로 나타났다.

❸ 중독사고의 사망자는 많지 않으나, 가정내 중독 위험요소들이 많이 방치돼 사고발생 가능성은 매우 높은 것으로 나타났다.

3. 유독성 물질에 의한 사고현황과 사고사례

❶ 발생원인

사고 장소의 경우 전체의 86.6%가 가정에서 발생하였고, 그 외 보육시설 등이 많은 것을 볼 때, 가정 내 어린이 중독사고에 가정 내 사고는 대부분 의약품을 통해서 일어나고 있다.

어린이 중독사고 원인품목은 성인용품에 의한 사고가 전체의 76.4%로 대부분을 차지하고 있어, 어린이에게 치명적인 사고로 이어질 가능성이 매우 높다.

[표 1] 가정 내 중독사고 원인 품목

품목	빈도(%)	세부품목
의약품	37.0	감기약, 신경안정제, 피부용제, 고혈압약, 피임약, 당뇨병약 등
세정제 및 탈취제	14.2	표백제, 방습제, 세탁용 합성세제
화장품	10.2	비누, 아세튼, 염색제
가정용 살충제	9.4	바퀴벌레약, 모기향, 에어졸 모기약
농약	7.9	살충제, 제초제
조미가공식품	7.1	빙초산, 술
완구놀이기구	4.7	조립완구 등
기타	9.5	비료, 신나, 체온계, 온도계, 가스중독
계	100.0	-

❷ 사고사례

- 최근 2세 어린이가 집안에서 할머니가 드시는 약을 집어 먹고 전신쇠약증 및 눈이 돌아가는 증세를 보여 병원에 입원하여 치료받은 사고가 발생하였다.
- 최근 5세 어린이가 어머니가 화장실에 간 사이에 화장대 위에 있던

아세톤 뚜껑을 열고 20cc 가량을 먹고 응급실에 실려가 응급처치를 한 사고가 발생하였다.

4. 가정내 질식·중독 사고 유형

1 | 질식사고 유형

❶ 외부에서 코와 입을 막아 기도폐쇄(Suffocation)

- 침대 안의 베개 또는 장난감: 영유아의 경우, 침대 안에 놓인 베개 또는 장난감 등에 의해 입과 코가 막히거나 아이의 가슴이 부모의 무거운 다리에 눌려 숨을 쉬지 못할 수 있습니다. 아기가 목을 가누지 못하여 발생할 수도 있습니다.
- 침대의 틈새 침대와 매트리스 사이: 침대와 벽면 사이의 틈에 끼어 질식이 발생할 수 있습니다.
- 엎드려 재운 아기: 아기를 엎어 재웠을 경우, 돌연사가 종종 발생합니다. 원인은 질식으로, 똑바로 누워 자는 아기보다 두상을 예쁘게 만들기 위해 엎어 재우는 아기들에게서 많고, 특히 푹신한 이부자리나 베개를 받쳐준 경우에 질식사할 위험성이 증가합니다.
- 잠자리에서의 모유 수유: 수유하는 엄마가 피곤한 상태에서 아이를 돌보지 못하고 잠이 들 경우, 아이는 성인 침대에서 몸을 제대로 가누지 못하여 엎어져 질식사할 수 있습니다.

❷ 어떤 물질이 입으로 들어가 기도폐쇄(Chocking)

- 완구류에 의한 기도 폐쇄
  - 기어 다니는 아이들과 2~3세의 아이들은 물체를 보면 무조건 입으로 가져가는 시기입니다.
  - 과자, 동전, 단추, 조그만 장난감 등은 기도를 막아 숨이 막히는 사고가 빈번히 발생합니다. (미국: 곰인형 눈-어린이 질식사의 주범)
  - 국내 유아의 완구 관련사고 건수는 매년 증가하고 있으며, 완구 관련 사고의 절반 이상은 질식사고입니다.

• 음식에 의한 기도폐쇄

- 음식에 의한 기도 폐쇄로 질식사고가 일어날 수 있습니다.
- 미국 Maryland에서 질식으로 사망한 42명의 10세 이하의 어린이의 사망 원인을 분석한 결과 12명이 음식에 질식했습니다. 이 중 6명은 핫도그로 인한 질식이었습니다.
- 최근 미니컵 젤리를 먹고 질식사하는 어린이가 증가하고 있습니다. ➜ 유통금지 조치

❸ 외부에서 기도에 압력을 가하여 기도폐쇄

• 줄 또는 비닐봉지 등에 의한 기도폐쇄

- 영유아들은 두건이나 목에 매달린 끈에 의해서도 질식이 가능합니다.
- 비닐봉지나 풍선으로 인한 질식사고가 다발하고 있습니다(미국에서는 1년 동안 비닐봉지로 인해 질식사하는 영유아는 25명, 주로 1세미만 영아들).

• 장난감 모빌, 창문 커튼이나 블라인드, 버티컬 등에 사용하는 줄

- 10~15개월 영유아가 위험 연령이며, 창문의 커튼이나 블라인드의 잡아당기는 줄 근처에 아이의 잠자리가 놓여 있거나 유아 침대가 놓여 있는 경우에 사고가 발생할 수 있습니다.
- 국내 장난감 모빌이나 커튼 줄에 아이의 손이 닿아 영유아 질식사고 위험이 매우 높습니다.

2 | 중독사고 유형

어린이는 체구가 작고 대사 작용이 빠르게 일어나며, 신체적으로 독성화학물질의 위험성을 모르기 때문에 성인보다 중독관련 안전사고의 위험이 더 큽니다. 게다가 어린이는 본능적으로 호기심이 많고 모든 물체를 입으로 가져가는 특성이 있어 중독사고 위험률이 더 높습니다.

❶ 약물로 인한 중독사고

• 약물을 과다 복용하는 경우에 중독 증상이 일어날 수 있습니다. 5세 이하 어린이 중독사고의 40%가 약물에 의한 것입니다.

- 어린이에서는 철분제, 항우울제 등으로 인한 중독은 심한 경우 사망까지 초래할 수 있고, 비타민제라고 하더라도 많은 양을 먹일 경우 위험합니다.
- 어린이에게 일반의약품을 투여할 때 사용설명서에 따른 정량을 정확하게 투여하여야하나, 보호자의 30%만이 정량을 정확하게 측정할 수 있는 것으로 나타났습니다.
- 어린이의 약이 아닌 주변 사람들의 약에 의해서도 어린이 약물중독이 일어나기 쉽습니다. 4세 이하 어린이가 음독한 약의 23%는 아이와 같이 살고 있지 않는 사람의 것이었고, 17%는 조부모나 증조모의 것이었습니다.

❷ 가정용품에 의한 중독사고

어린이에서는 약물보다는 가정용품에 의한 사고성중독이 더 빈발합니다. 세 이하 중독사고의 60%는 화장품, 청소용품, 제조품, 외제 물품과 장난감, 살충제, 미술 재료, 알코올과 같은 비의약품에 의한 것입니다.

- 세제: 독성은 낮지만 자극제이며, 토하거나 많은 양을 먹었을 때 비눗방울이 기도로 들어갈 위험이 있습니다.
- 부식제: 오븐세척액, 식기세척액, 도관세척액 등은 피부에 심한 화상을 일으킵니다. 먹었을 경우에는 위장에 화상도 일으킬 수도 있습니다. 그땐 즉시 철저하게 씻어내고 의사의 진찰을 받아야 합니다.
- 가정용표백제: 가정용 표백제에는 5% 유해성분액이 포함돼 있어, 중등도의 점막자극을 일으킵니다.
- 식물성정유, 방향유: 꽃봉오리를 말린 향유, 유칼리나무, 또는 차나무와 같은 식물성 정유를 먹었을 때 손상을 일으킬 수 있습니다.
- 배터리: 보청기 등에 사용되는 단추모양의 배터리를 어린이가, 때로는 어른까지도 실수에 의해 먹을 수 있습니다. 이러한 것은 부식효과를 나타낼 수도 있고 때로는 수은염을 함유하고 있어 독성을 일으킬 수 있습니다.
- 담배: 담배를 먹을 경우 경미한 증상을 발생시키며, 니코틴의 독성에

대한 임상적 작용은 주로 빠르게 나타나고 15~90분 내에 진행됩니다.

- 석유 증류액: 석유 증류액은 주로 화이트, 페인트, 윤활유에 함유되어 있습니다. 탄화수소는 점막을 공격하여 입 점막과 위장관 점막의 자극을 일으키나 섭취할 때 또는 구토를 연속적으로 할 때 흡입이 일어날 수 있습니다.
- 페인트: 납이 함유되어 있는 페인트를 칠한 벽 또는 천장의 갈라진 부분을 먹거나 납이 함유되어 있는 페인트를 열처리할 때 발생하는 유해물을 흡입함으로써 납의 흡수가 일어날 수 있습니다.

❸ 식물이나 곰팡이

- 식물은 독이 없을 것이라고 생각하지만 독풀이나 독버섯을 먹었을 경우 위장관 자극증상을 일으킵니다.
- 가장 독성이 많은 것은 amatoxin을 함유한 것으로 버섯과 관련이 있는 사망의 90%를 차지합니다.

5. 질식 · 중독 사고 예방법

❶ 질식 사고 예방수칙

사고	유형	예방법
질식	외부에서 코와 입을 막아 기도 폐쇄	· 아기는 견고한 침대에 눕힙니다. 아기를 눕히는 침대는 매트리스가 푹신한 것은 피해야합니다. 또한 침대 안에 푹신한 물건 등은 넣어 두지 않습니다. · 잠자리에서 수유는 하지 않습니다. 수유를 할 때는 가급적 침대에서 하지 말아야 합니다. 또한 침대에서 수유가 이루어질 때에는 다른 사람이 아기가 안전한지를 관찰하도록 해야 합니다. · 성인용 침대에서 재우지 않습니다. 어린 아이 특히 만 2세 미만의 아이들은 성인용 침대위에서 재워서는 안 되며, 성인이나 큰 아이와 함께 잠들게 해서도 안 됩니다.

		·위험한 공간을 없앱니다. 침대와 벽면, 침대와 매트리스 사이의 공간을 없애고 딱딱한 매트리스를 깔아 침대 가장자리가 접히거나 쑥들어가지 않도록 합니다. 또한 침대 난간이 촘촘해야 합니다.
	어떤 물질이 입으로 들어가 기도폐쇄	·장난감 - 3세 미만 유아가 완구를 가지고 놀 때에는 세심한 주의를 기울이며 유아의 놀이과정을 지켜보아야 합니다. - 집에서 어린이가 입으로 가져갈 수 있는 단추나 구슬등 작은 물건은 아이의 손이 미치지 않는 곳에 보관합니다. - 장난감을 주기적으로 점검하여 안전하지 못한 것은 폐기합니다. ·음식물 - 어린이들이 음식을 먹는 동안 항상 관찰합니다. - 어린이들에게 줄 음식은 작은 조각으로 자른 후에 먹입니다. - 아기가 누워 있을 때에는 음식을 먹이지 않습니다. 앉아서 먹도록 해야 합니다. - 음식을 입에 넣고 뛰거나 놀거나 웃지 않도록 합니다.
	외부에서 기도에 압력을 가하여 기도폐쇄	·아기가 잘 때는 턱받이를 채우지 않습니다. ·어린이의 옷에 달린 끈은 없애고 두건이나 어린이 목 주위를 끈으로 묶지 않아야 합니다. ·어린이들이 노는 곳에 끈이 달린 지갑이나 스카프, 옷등을 두지 않아야 합니다. ·아기들 침대에 모빌 등을 걸어두지 않아야 합니다. ·창문의 블라인드 끈은 자르거나 아이들 손이 닿지 않는 높이에 묶어 둡니다. 창문 옆에 의자나 침대 등을 두지 않아야 합니다.

❷ 중독 사고 예방수칙

사고	유형	예방법
중독	약물	〈보관 시〉 · 모든 약은 원래의 용기에 브관합니다. · 약을 사용하고 난 뒤에는 꼭 안전뚜껑으로 막아둡니다. · 모든 약은 어린이들의 손이 닿지 않는 장소에 넣어서 잠가둡니다. - 약, 알코올, 포도주를 아이들이 닿지 않는 선반에 넣고 잠가둡니다. - 약을 침대 옆이나 머리맡에 두지 않습니다. - 알약을 책상 위나 비닐봉지에 넣어두지 않습니다. · 오래되거나 유효기간이 지난 약은 폐기합니다. 〈사용 중〉 · 아이들 앞에서 약을 먹지 않습니다.◦아이들에게 약을 "사탕"이라고 하지 않습니다. · (특히 한밤중에) 약을 사용하기 전에 꼭 상표를 읽어봅니다. 처방 받은 지 6개월이 넘은 약이라면 폐기하여야 합니다.
	가정용품	〈구입 시〉 · 가정용품을 구입할 때 설명서를 읽어보고 독성이 없는 것으로 구입합니다. 〈보관 시〉 · 중독의 위험이 되는 물건은 원래의 용기에 두어야 합니다. · 모든 독성 성분이 있는 가정용품 및 화학제품은 어린이들의 눈에 띄지 않도록 보관해야 합니다. - 부엌의 암모니아, 세제, 비누, 수저 또는 그릇 광택액, 싱크대 때 제거액 등은 아이들이 절대로 만질 수 없는 곳에 있어야 합니다. · 모든 캐비닛에 안전잠금 장치를 설치합니다. - 세제, 제초제, 살충제, 독성 물질 등을 보관함에 넣고 어린이들이 열 수 없도록 잠금장치를 설치합니다. · 가정용품이나 화학제품을 음식과는 분리된 장소에 보관합니다.

중독	식물, 곰팡이	·집과 뜰에 있는 식물의 이름을 알아 이름표를 부착합니다. ·독성 성분이 있는 식물은 어린이와 강아지가 가지 않는 곳에 둡니다. ·어린이에게 뜰에서 자라는 버섯은 먹지 말라고 가르칩니다. - 일부 버섯은 독성분이 있을 수 있으며, 비가 온 뒤에 버섯이 많음을 알아둡니다. ·비료, 살충제, 제초제를 뿌린 식물에는 어린이와 강아지가 접근하지 못하도록 합니다.

사례이야기 14

서해안 지역의 한 해수욕장으로 어린이와 브모님, 삼촌 등이 함께 수영을 즐기기 위하여 놀러갔습니다. 삼촌과 함께 수영을 하며 놀던 어린이는 인근 해변에서 고무보트를 타는 모습을 보고 “나도 고무보트를 타고 싶다.”고 졸랐으며 삼촌은 부모님의 허락을 받그 어린 조카와 함께 고무보트를 타는 놀이를 즐겼습니다.

그렇게 놀던 중 갑자기 높은 파도가 밀려와 그만 어린이가 중심을 잃으며 물에 빠지자 삼촌이 어린 조카를 구하러 믈에 뛰어들었다가 조카와 삼촌 모두 다 사망하는 안타까운 사고가 발생했습니다.

1 | 상기 사례의 원인과 예방법

- 원인: 어린조카와 삼촌 모두 다 구명조끼를 입지 않은 것이 이 사고의직접적 원인입니다. 또한 “빨리 구하겠다.”는 심정으로 급하게 뛰어들면 물에 빠진 사람은 구조자의 몸을 꽉 잡아 함께 사망 할 위험이 매우 높습니다.

- 예방대책: 아무리 낮은 물가에서 놀 경우에도 반드시 구명조끼를 착용하는 습관을 길러주고, 구명조끼를 착용했을 경우 큰 파도가 밀려와도 힘을 주지 않고 가만히 있으면 물에 뜬다는 점을 충분히 알려줍니다.
아울러 사람이 물에 빠지면 아무리 가까운 기족이라도 침착성을 잃지 않고 뛰어들면 같이 죽을 수 있으므로 반드시 바지, 끈, 나뭇가지, 막대기 의 물건을 던져 주어 잡고 나올 수 있드록 해야 합니다.

2 | 유사사례의 예방법

사례1 수영장에서 놀다가 사망한 경우

❶ 사고현황: 6살짜리 어린이가 가족과 함께 수영장에 놀러갔습니다. 어린이는 가족들이 목욕을 하는 사이 성인용 수영장에 들어갔고 물에 빠져 사망했습니다.

❷ 사고 예방법
어린이는 수영장에 절대로 혼자 두지 않으며, 계속 감시해야 합니다. 뿐만 아니라 10세 이하의 어린이는 보호자나 안전요인이 있을 때만 물놀이를 하도록 교육해야 합니다.

사례2 강가, 계곡에서 놀다가 사망한 경우

❶ 사고현황: 충북 옥천군 금강 지류인 보청천에서 친구들과 함께 물놀이를 하던 9살짜리 어린이가 수영미숙으로 1.5m 깊이의 물에 빠져 숨졌습니다. 또한 인근 강가에서 물놀이를 하던 5살짜리 여자 어린아이가 가족들이 식사하는 동안 물에 들어갔다가 급류에 휩쓸려 숨졌습니다.

❷ 사고 예방법
강가의 상류지역은 골재채취 등으로 강바닥의 높낮이가 심하고 물 흐름이 빨라 사고 위험이 높습니다. 따라서 어른들의 주의가 요구되며 아이들에게 안전수칙을 철저하게 교육해야 합니다.

3 | 물놀이 사고 현황

❶ 최근 3년간 물놀이 사고로 어린이가 167명이 사망했고 9명이 실종됐다. 물놀이 사망사고 장소를 보면 하천(강)이 60.8%로 가장 많고, 바닷가 20.6%, 계곡 8.8%, 저수지, 수영장 등을 나타났다.

❷ 물놀이 사망사고의 가장 큰 원인은 수영미숙과 구명조끼 미착용이며 발생 계절은 여름이 가장 많았고 많은 달은 7~8월이 압도적으로 높았다.

❸ 사망 사고가 가장 많이 발생한 요일은 일요일(25.2%)이며 수요일(19.3%), 토요일(16.3%)순으로 발생했고, 시간대별로 분류해보면 오후

2 시~4시(27.9%)가 가장 많았으며 4시~7시(24.9%), 낮12시~오후 2시(15.6%)순으로 나타났다.

4 | 물에 빠졌을 때 상황별 대처요령

❶ 친구가 물에 빠졌을 때

- 절대로 구하려고 함부로 물에 뛰어들지 않습니다. 인명 구조 자격이 있는 사람만 수영으로 구조합니다.
- 레스큐 튜브, 구명조끼 등을 던져줍니다. 튜브가 없는 경우, 윗도리, 바지, 넥타이 등을 묶어 하나의 줄 형태로 묶습니다. 주변에 음료수 PET 병이나 물에 뜰 수 있는 슬리퍼를 끝에 묶어서 던져주면 잡고 나오기가습니다.
- 물에 빠진 사람을 구조한 뒤에는 체온이 떨어지지 않도록 젖은 옷을 벗기고 옷이나 수건 등으로 몸을 따뜻하지 감싸 마사지해 줍니다.

❷ 수초에 감겼을 때

- 수초에 감겼을 때는 부드럽게 서서히 팔과 다리를 움직여 풀어야 하

고 만약 물 흐름이 있으면 흐름에 맡기고 잠깐만 조용히 기다리면 감긴 수초가 헐거워지므로 이때 털어버리듯이 풀고 물 밖으로 나옵니다.

- 놀라서 발버둥 칠 경우 오히려 더 휘감겨서 위험에 빠질 수 있으므로 침착하게 여유를 가지고 호흡하며, 서서히 부드럽게 몸을 수직으로 움직이면서 꾸준히 헤어 나오도록 합니다.

❸ 경련이 일어났을 때

- 경련이 일어나면 먼저 몸의 힘을 빼서 편한 자세가 되도록 하고(당황하여 벗어나려고 하면 더 심한 경련이 일어납니다. 경련 부위를 주무릅니다. 특히 위경련은 위급한 상황이므로 신속히 구급요청을 합니다.

❹ 하천이나 계곡물을 건널 때

- 물결이 완만한 장소를 선정하여, 될 수 있으면 바닥을 끌듯이 이동합니다.
- 시선은 건너편 강변 둑을 바라보고 건너야 합니다.
- 이동 방향에 돌이 있으면 될 수 있으면 피해서 갑니다.
- 다른 물체를 이용해 수심을 재면서 이동합니다(지팡이를 약간 상류 쪽에 짚는다).
- 물의 흐름에 따라 이동하되 물살이 셀 때는 물결을 약간 거슬러 이동합니다.
- 건너편 하류 쪽으로 밧줄(로프)을 설치하고 한 사람씩 건넙니다.

• 밧줄(로프)은 물 위로 설치합니다. 밧줄이 없을 때 여러 사람이 손을 맞잡거나 어깨를 지탱하고 물 흐르는 방향과 나란히 서서 건넙니다.

❺ 내가 물에 빠졌을 때

• 흐르는 물에 빠졌을 때는 물의 흐름에 따라 표류하며 비스듬히 헤엄쳐 나옵니다.

• 옷과 구두를 신은 채 물에 빠졌을 때는 심호흡을 한 후 물속에서 새우등 뜨기 자세를 취한 다음 벗기 쉬운 것부터 차례로 벗고 헤엄쳐 나옵니다.

5 | 물놀이 안전사고 예방법

❶ 해수욕장

- 모래를 다른 사람에게 뿌리면 눈에 모래가 들어갈 수 있으므로 주의하도록 합니다.
- 모래 속에 날카로운 물질(조개껍데기, 뾰족한 돌, 깨진 유리병 등)이 묻혀 있을 수 있으므로 항상 신발(장금장치 있는)을 신고 다니도록 합니다.
- 수영가능 지역이라는 표시가 있는 곳에서 수영을 하고, 파도가 높은 곳에 서는 물놀이를 하지 않습니다.
- 수영 중에 맨발로 바위에 올라가서 장난치지 않습니다.
- 햇볕이 심할 때에는 그늘에서 쉬는 것이 좋습니다.
- 물놀이를 하기 전에 자외선 차단 크림을 바릅니다.
- 혼자서 먼 바다까지 가지 않습니다.
- 자신의 허리보다 깊은 물에는 들어가지 않습니다.

❷ 수영장

- 수영장 안에서는 뛰지 않습니다.
- 초보자는 자신의 가슴보다 깊은 물에는 들어가지 않습니다.
- 물에 들어갈 때와 나올 때에는 벽에 설치된 계단을 이용합니다.
- 아무 곳에서나 다이빙을 하지 않습니다.
- 친구를 수영장 안으로 갑자기 밀거나 장난을 치지 않습니다.
- 수영장의 출입문을 열고 닫을 때에는 항상 조심합니다.
- 수영장 안으로 유리컵이나 병을 가지고 들어가지 않습니다.
- 수영장에서 물놀이 도중 물속에다 소변을 보거나 침을 뱉으면 물이 오염되어 눈병이나 피부병이 생기므로 주의하고 물속에 들어가기 전에는 꼭 몸을 씻도록 합니다.
- 수영 모자와 물안경을 씁니다.

❸ 계곡과 강

- 물살이 센 곳에서는 수영을 하지 않습니다.
- 신발이나 물건이 떠내려가면 반드시 어른들에게 도움을 청합니다.
- 급격한 수온차가 있을 수 있으므로 주의해야 합니다.
- 춥게 느껴지면 곧바로 물 밖으로 나와서 쉬도록 합니다.
- 물가 가까이에 텐트를 치지 않습니다.
- 경험 없는 수영자나 어린 아이들은 구명조끼를 착용합니다.
- 물놀이하기 전에는 물이 맑고 깨끗한지를 살펴봅니다.
- 만약 신발이나 물건이 떠내려가면 절대로 혼자 따라가서 건지려 하지 말고 어른들에게 도움을 청하도록 가르칩니다.

사례이야기 15

몇 해 전 지방에서 장애가 있는 한 어머니가 어린 딸을 데리고 승강기를 타기 위하여 문 앞에서 기다리고 있었습니다. 승강기문이 열리자 어머니와 어린 딸은 아무 생각 없이 승강기를 탔습니다. 그런데 그만 승강기 바닥이 없어 추락하여 2명 다 사망하는 너무나 안타까운 사고가 발생했습니다.

무슨 이유인지 승강기 바닥이 위에서 다 내려오지 않았으며 어머니와 딸은 당연히 바닥이 있을 것으로 생각하여 발을 내딛어 추락하여 그만 목숨을 잃었습니다.

▶ 실제 사고 예방법

• 어머니와 어린 딸은 아무런 잘못이 없습니다. 사람들의 대부분은 당연히 바닥이 있다고 생각하지 "바닥이 없을 수도 있으므로 바닥이 있는지 확인 해야지."라고 생각할 사람은 거의 없을 것입니다. 이 사고의 원인은 평상시안전점검을 제대로 하지 않은 시설주인과 이용주민들에게 있다고 보입니다.

그 이유는 바닥이 채 내려오지 않을 정도의 큰 사고가 발생했다면 그 전에 승강기가 제대로 작동이 안 되거나, 심한 떨림 현상, 승강기 바닥이 조금씩 덜 내려오거나 더 내려가는 등의 이상 조짐이 발견 되었을 텐데 이를 제대로 감지 못 했고, 또한 감지했을 때 승강기 안전 점검기관에 즉시 신고를 하여 안전점검을 받도록 했다면 이런 식의 어처구니없는 사고는 일어 나지 않을 것입니다.

1. 실제사례별 예방법

사례1

6인승 엘리베이터에 11명이 탑승하여 하강 중 엘리베이터가 목적층에 정지하지 못하고 계속 하강하여 완충기와 충돌하였고 그 충격으로 탑승자 4명이 부상을 입는 사고가 발생하였습니다.

• 사고 원인 및 예방법

- 승강기 이용 시 정원 또는 적재하중의 초과는 사고의 원인이 되므로 정원을 초과하지 않도록 하여야 합니다.

사례2

운행 중인 승강기가 층과 층 사이에 정지하자 갇혀 있던 어린이가 육성으로 구조를 요청하면서 도어를 연 후 약 50cm 가량 위에 위치한 승강장 문을 열려고 시도하다 바닥 앞부분과 승강장 문 사이로 실족하여 추락하였습니다.

• 사고 원인 및 예방법

- 승강기가 운행 중 갑자기 정지하면 인터폰으로 구출을 요청하여야 하며, 탈출을 시도하지 말아야 합니다.

사례3

피해자와 동료 1명이 술에 취한 상태에서 2층 승강장 문을 발로 차고 승강장 문에 기대는 순간 도어 가이드 슈가 실홈에서 이탈하면서 피해자가 피트로 추락하였습니다.

• 사고 원인 및 예방법

- 승강기의 출입문을 흔들거나 밀지 말아야 하며, 출입문에 기대지 말아야 합니다.

사례4

피해자가 1층에서 애완견과 함께 탑승하여 9층으로 향하던 중 5층에서 정차하자 개줄이 피해자의 손가락에 걸린 상태에서 애완견이 밖으로 뛰쳐나감과 동시에 승강장 문이 닫히면서 상승하여 피해자의 손가락이 절단되는 사고가 발생하였습니다.

• 사고 원인 및 예방법

- 승강기 이용 시 애완동물의 관리를 소홀히 해서는 안 됩니다.

사례5

어린아이가 에스컬레이터의 승강로에서 노출 또는 잘 끼는 신발(슬리퍼, 고무장화 등)을 신고 디딤판 가장자리에 탑승하여 승강하던 중 스텝과 스커트 가드 틈새에 발이 끼이는 사고가 발생하였습니다.

• 사고 원인 및 예방법

- 어린이나 노약자는 보호자가 잡고 타야하며, 디딤판 가장자리에 표시된 황색 안전선의 밖으로 발이 벗어나지 않도록 하고 옷이나 물건 등이 틈새에 끼이지 않도록 주의하여야 합니다.

사례6

하강하는 에스컬레이터에서 어린이가 탑승하여 진행방향과 반대 방향으로 올라가다가 넘어져 콤과 디딤판 사이에 오른손이 끼이면서 손가락이 절단되었습니다.

• 사고 원인 및 예방법

- 디딤판 위에서 뛰거나 장난을 치지 말아야 하며, 반대방향으로 운행 중인 에스컬레이터를 이용하면 안 됩니다.

사례7

어린이가 보호자와 동행하지 않고 혼자서 수평보행기에 탑승하여 장난을 치다가 하강구에서 넘어지면서 옷이 디딤판과 콤의 틈새에 빨려 들어가 좌측 허벅지에 부상을 입는 사고가 발생하였습니다.

• 사고 원인 및 예방법

- 유아나 애완동물은 보호자가 안고 타야하며, 어린이나 노약자는 보호자가 손을 꼭 잡고 타야 합니다.

사례8

단체관광중인 할머니들이 에스컬레이터를 타고 상승하던 중 한 분이 상부 승강장 부근에서 몸의 중심을 잃고 뒤로 넘어지면서 뒤따라오던 할머니들이 연쇄적으로 넘어져 부상을 입는 사고가 발생하였습니다.

• 사고 원인 및 예방법

- 에스컬레이터 이용 시에는 핸드레일을 잡고 있어야 합니다.

사례9

어린이가 보호자와 함께 에스컬레이터를 이용하여 하강하던 중 스텝에 떨어진 물건을 줍는 과정에서 오른손 손가락이 디딤판과 디딤판 사이에 끼여 검지, 중지, 약지가 절단되었습니다.

• 사고 원인 및 예방법

- 에스컬레이터 이용 시에는 옷이나 물건 및 신체 등이 틈새에 끼이지 않도록 주의하여야 합니다.

2. 승강기 사고 예방법

❶ 엘리베이터

• 용도에 맞도록 사용하고 정원 및 적재하중을 초과하지 않아야 합니다.

• 승강기 안에서 뛰거나 장난치면 안 됩니다.

• 어린이나 노약자는 보호자와 함께 타야 합니다.

• 승강장 문에 기대거나 강제로 열면 안 됩니다.

- 버튼이나 스위치를 장난으로 난폭하게 다루면 안 됩니다.
- 사용중지, 고장 또는 점검 중이라는 표시가 붙은 승강기는 절대로 사용하면 안 됩니다.
- 승강기를 타거나 내릴 때 승강기가 정지하면 즉시 행동하지 말고 잠시 동안 내부나 외부를 살핀 후 행동해야 합니다.
- 승강기에 이상이 생기면 외부에 연락을 하고 승강기 안에서 조용히 기다립니다.
- 승강기 안에 쓰레기를 버리면 고장의 원인이 될 수 있습니다.
- 화재 시에는 절대로 승강기를 타지 말고 비상계단을 이용해야 합니다.

❷ 에스컬레이터

- 핸드레일은 잡고 있어야 하며, 어린이는 반드시 잡고 타야 합니다.
- 에스컬레이터가 움직이는 방향과 반대로 오르내리면 안 됩니다.
- 옷이나 물건 등이 틈새에 끼지 않도록 주의해야 합니다.
- 애완동물은 반드시 안고 타야 합니다.
- 핸드레일 위에 올라타면 떨어져서 다칠 수 있습니다.
- 핸드레일 밖으로 몸을 내밀지 말아야 합니다.
- 디딤판에서 뛰거나 장난치면 안 됩니다.
- 반드시 디딤판의 황색 안전선 안에 타야 합니다.
- 에스컬레이터에 물건을 싣고 타면 위험합니다.
- 에스컬레이터의 발판에 앉아서 타는 행동은 위험합니다.

3. 승강기 사고 시 행동요령

엘리베이터 사고 시 요령

- 엘리베이터 문이 열리지 않을 경우 인터폰을 눌러 승강기 고장을 알려야 합니다.

- 인터폰이 울리지 않으면 엘리베이터 안에 붙어있는 전화번호나 119로 전화를 해야 하며, 큰 소리로 다른 사람들에게 알려야 합니다.
- 관리실이나 119구조대 아저씨들이 올 때까지 침착하게 기다려야 합니다. (엘리베이터는 떨어지거나 숨이 막힐 염려가 없습니다. 안심하세요.)

에스컬레이터 사고 시 요령

- 사고가 났을 경우 옆 사람에게 큰 소리로 알려 비상정지 버튼을 누르게 합니다.
- 옷이나 운동화 끈이 끼면 빨리 벗고 안전한 장소로 피해야 합니다.
- 넘어졌을 경우 재빨리 손잡이를 잡고 일어나야 합니다.

4. 승강기 관련 범죄사고 예방법

❶ 상대방의 행동이 의심될 경우 같이 타지 않거나 먼저 보내야 한다.

❷ 상대방이 버튼을 먼저 누르게 해서 자신의 위치를 노출시키지 말아야 한다.

❸ 상대방보다 뒤에 서서 유사시를 대비해야 한다.

❹ 잠재적 범죄 피해 상황을 대비하여 비상벨 옆에 있어야 한다.

❺ 당황하지 말고 비상벨을 눌러 외부도움을 청한다.

사례이야기 16

경기도의 한 초등학교에 실제 발생한 김철수 군의 사례를 통해 기도폐쇄와 응급처치의 진행과정에서의 교훈을 논의해봅시다.

초등학생 김철수 군은 방과 후 귀가 길에 친구들이 길거리 가게에서 무언가 맛있는 것을 사먹는 모습을 보았다. 가까이 가보니 색깔이 예쁜 젤리 모양의 과자를 사먹고 있어 같이 먹고 싶어 본인도 맘에 드는 빨간 색 젤리를 샀다. 귀가 길에 맛있는 젤리를 계속 빨아 먹으며 즐겁게 집으로 갔고, 집에서 사온 젤리를 급하게 하나 더 먹었다. 이후 급하게 삼키다 보니 젤리가 목구멍에 달라붙어 뱉을 수가 없었다. 숨을 쉴 수가 없어 안절부절 못하다가 급히 어머니한테 가까이 갔으나 말이 나오지 않아 어디가 불편한지 이야기할 수가 없었다. 어머니는 아들의 안색이 나빠지며, 허둥대는 모습을 보고 무엇부터 해야 할지 몰라서 손발을 주물러주고, 등도 쳐보고 했으나 점점 나빠질 뿐이었다. 드디어 김철수 군은 얼굴이 청회색이 되고 의식을 잃고 쓰러지고 말았다. 어머니는 너무 놀라 119에 신고하였고, 울기만 할뿐 다른 응급처치를 시행하지 못했다. 119가 도착하여 보니 호흡, 맥박, 의식이 없는 상태여서 심폐소생술을 하며 인근 종합병원으로 이송하였다. 병원에 도착하여 응급진료를 계속하였고 의료진의 전문 심폐소생술 도중 목구멍을 하나 가득 채우고 있는 젤리 덩어리가 발견되어 기구로 제거하였다. 김철수 군은 매우 의식이 없고 불안정한 상태로 중환자실에 입원하였다.

1. 유사사례 이야기

2004년 2월 2일 오후 부산 동구 수정동 박모 (69세 · 여) 씨 집에서 박 씨의외손자 손모 (7세 · 초등 1년) 군이 냉동실에 있던 망고맛 미니컵 젤리를 먹던 중 호흡 곤란을 일으켜 인근 병원으로 옮겨졌으나 이미 숨진 상태였다.

경찰은 손 군이 딱딱하게 얼어 있던 젤리를 급하게 넘기다 기도가 막혀 숨진 것으로 보고 정확한 사망 원인을 조사 중이다.

한편, 부산 동부경찰서 관계자에 따르면 손 군이 먹은 젤리는 수입산 제품인 것으로 밝혀졌다. 곤약 성분의 수입산 젤리는 입 안에서 잘 녹지 않고 미끄러워 어린이들의 질식사 위험이 큰 것으로 알려져 있다.

실제로 미국에선 1999년 11세 소녀가 곤약 성분의 젤리를 먹고 질식사하는 등 전 세계적으로 크고 작은 사고가 발생한 바 있다.

우리나라는 2001년 10월 곤약 성분의 미니컵 젤리 (지름 4.5㎝ 이하) 제품에 대해 생산 및 수입 금지 조치를 내린 바 있으며, 2002년 4월부터는 판매도 금지하고 있다.

2. 성인기본 심폐소생술

심폐정지 시 누구나 배워서 시행해야할 기본적인 대처법을 기본인명소생술이라고 하며, 이 중 핵심적인 기도, 호흡, 순환에 대한 응급처치법을 기본심폐소생술이라고 한다.

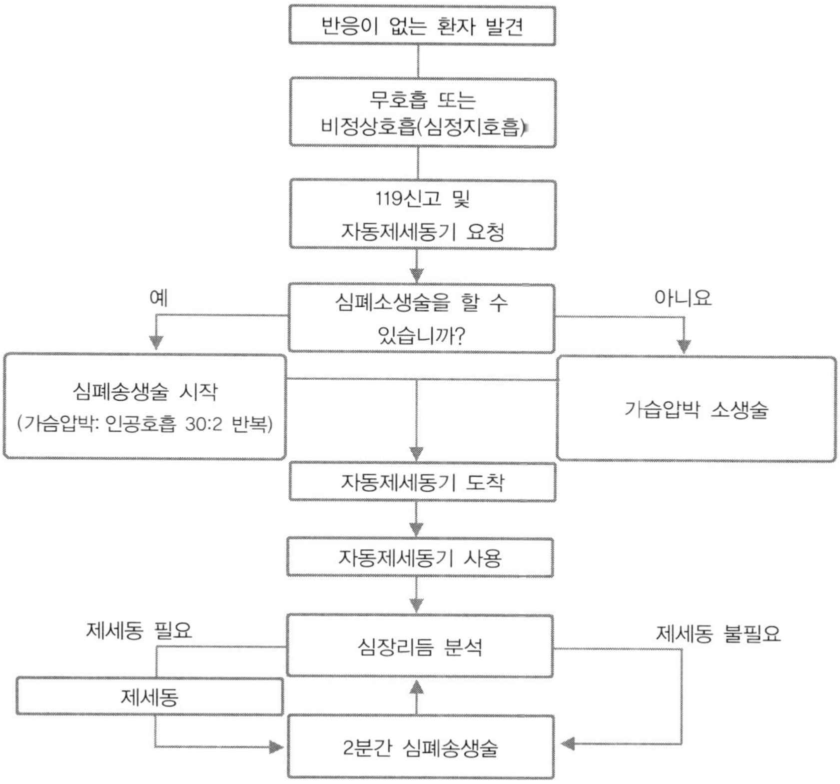

그림 1 일반 시민에 의한 기본소생술 흐름

3. 심폐소생술 순서

❶ 반응확인 및 신고

환자에게 접근하기 전에 구조자는 현장상황이 안전한지를 우선 확인하여, 안전하다고 판단되면 환자에게 다가가 어깨를 가볍게 두드리며 "괜찮으세요?"라고 물어본다. 이 때 환자가 반응은 있으나 병원진료가 필요한 상태이면 에 연락을 한 다음 환자의 상태를 119 자주 확인하면서 상담원의 지시를 따른다. 만약 환자가 반응이 없고, 호흡이 없거나 비정상적인 호흡(심정지 호흡)을 보인다면 심정지 상태로 판단한다.

❷ 가슴압박

- 압박 위치: 가슴뼈 하부 1/2
- 손의 위치: 양손을 깍지 끼고 손가락이 환자 가슴에 닿지 않도록
- 자세: 환자는 평평하고 딱딱한 바닥 위에 위치시키고, 처치자는 다리를 어깨넓이로 하여 무릎을 꿇고, 팔꿈치를 펴고, 체중을 가한다.
- 압박술: 속도는 100~120회/분, 깊이 4-5cm

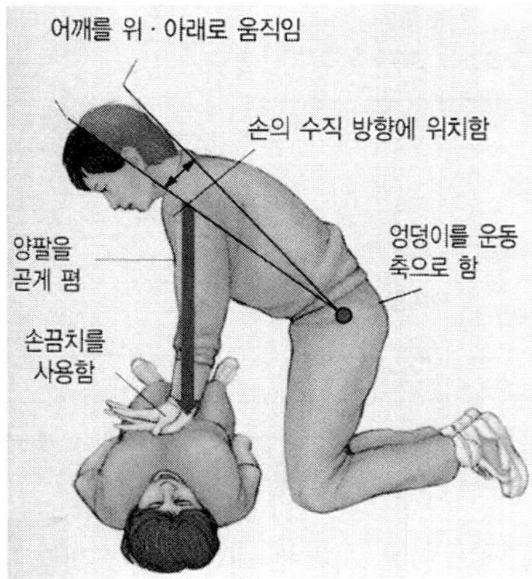

그림 2 흉부압박

❸ 기도확보

의식이 없는 사람이 누워 있을 때 기도폐쇄의 원인은 혀가 중력에 의하여 아래로 쳐지고 목구멍의 근육도 이완된 상태에서 혀가 숨 쉬는 길을 막기 때문이다. 의식이 없는 사람은 기도가 막혀서 제대로 숨을 쉬지 못하고 사망하게 되므로, 적절한 자세교정을 하여 막힌 숨길을 열어주어야 한다.

✓ **일반적인 기도 확보법**: 두부후굴 하악거상법 = 머리 젖히고 턱 들기

구체적인 방법은 이마에 한 손을 대고 이마를 뒤로 젖히며, 두 손가락으로 턱뼈를 들어 올려 턱의 끝이 하늘을 향하도록 유지한다.

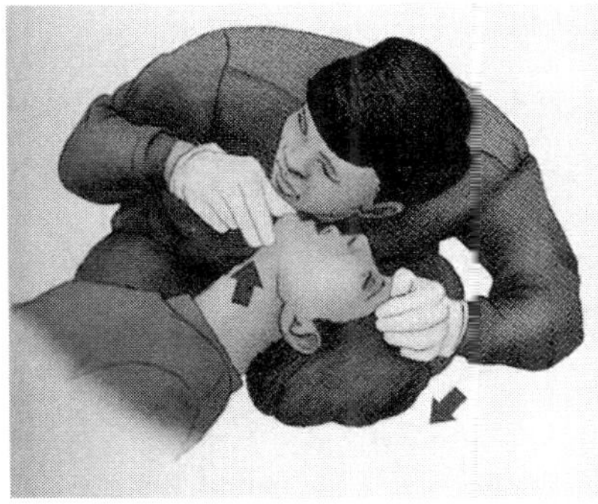

그림 3 머리 젖히고 턱 들기

참고

목뼈를 다쳤을 가능성이 있을 때: 하악전굴법(턱만 들어올리기)리기

목뼈를 다쳤을 가능성이 있을 때 기도유지 시 가장 주의해야 할 점이 목을 뒤로 젖히지 않는 것이다. 일반적인 두부후굴-하악거상법을 사용하면 턱을 올려줌과 동시에 목이 뒤로 젖혀지게 되는데 이렇게 되면 목뼈가 더 손상될 위험이 있다. 따라서 이때는 양손으로 턱을 감싸고 엄지로는 얼굴부분(광대뼈 부위)을 누르면서 고정하고 나머지 손가락들로 턱만 올려주는 하악전굴법을 사용하여야 한다. 외상을 당한 환자, 특히 어깨 부위 위쪽으로 손상을 받거나, 목, 얼굴, 머리 쪽으로 손상을 받은 환자들은 목뼈에 손상이 있다는 가정 하에 기도유지에 만전을 기하여야 한다.

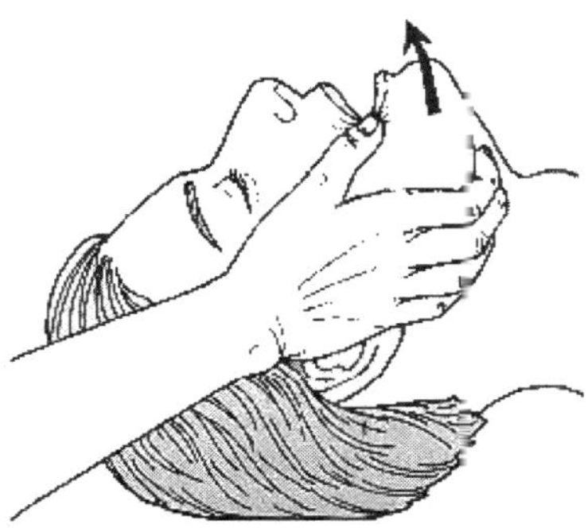

그림 4 턱만 들어올리기

❹ 인공호흡

일반적으로 인공호흡은 구강대 구강법을 시행한다. 환자의 상태를 평가하여 호흡이 없으면 무조건 2회의 인공호흡을 시행하는데 이를 구조호흡이라고 한다. 인공호흡은 기본심폐소생술의 기술 중 가장 많은 연습이 필요하면서 정확한 기술 시행이 어려운 부분이다.

✓ 구강대 구강법

- 엄지와 검지로 코를 잡는다.
- 숨을 적당히 들이쉬고 후 환자의 입 주위를 자신의 입으로 덮는다.
- 환자의 가슴이 부풀어 오를 때까지 일정하게 불어넣는다.
  (약 1초에 걸쳐 1회 500-600㎖ 불어 넣음)
- 입과 코를 떼어 공기가 배출되도록 한다.
- 호흡 1회당 약 5초, 분당 10-12회 실시

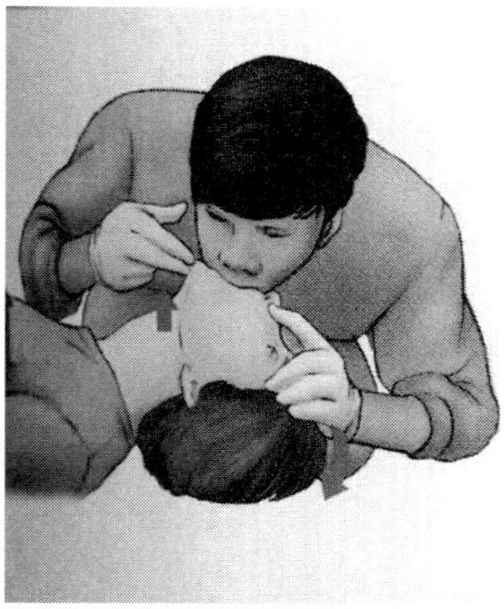

그림 5 구강대 구강법

❺ 기본 소생술 요점정리

[표 1] 기본 소생술의 요점 정리

	성인	소아	영아
심정지의 확인	무반응 무호흡 혹은 심정지 호흡		
심폐소생술의 순서	가슴압박-기도유지-인공호흡		
가슴압박 속도	100~120회/분		
가슴압박 깊이	5~6cm	가슴깊이의 1/3(5cm)	가슴깊이의 1/3(4cm)
가슴 이완	가슴압박 사이에는 완전한 가슴 이완		
가슴압박 중단	가슴압박의 중단은 최소화 (불가피한 중단 시는 10초 이내)		
기도유지	머리젖히고 턱들기		
가슴압박 대 인공호흡 비율	30:2	30:2	
심폐소생술 교육을 받지 않았거나 할 수 없는 구조자	'가슴압박 소생술'시행(인공호흡 생략)		

❻ 자동 제세동기의 사용

갑자기 발생된 심정지의 대부분은 심실세동에 의해 유발되며, 심실세동의 가장 중요한 치료는 기계에 의한 전기 충격을 가하는 전기적 제세동이다. 제세동은 심정지 현장에서 신속하게 시행되어야 한다. 자동 제세동기는 의료지식을 갖추지 못한 일반인이 사용할 수 있도록 환자의 심전도를 자동으로 판독하여 제세동이 필요한 심정지를 구분해주며, 사용자가 쉽게 제세동을 할 수 있도록 유도한다. 그러므로 자동 제세동기는 신속하게 사용될 수 있도록 많은 사람들이 이용하는 공공장소에 상시적으로 비치되어야 하며, 심정지 환자를 발견한 사람은 누구라도 지체 없이 자동제세동기를 환자에게 사용해야 한다. 우리나라에서도 공공보건의료기관, 구급차, 여객 항공기 및 공항, 철도객차, 20톤 이상의 선박, 다중이용시설 등에 자동제세동기를 설치할 것을 법률로 규정하고 있다.

4. 기도 폐쇄 시 응급조치(하임리히법)

기도란 사람이 호흡을 할 때에 외부의 공기가 폐로 들어오거나 나가는 통로를 가리킨다. 기도가 막히면 혈액으로의 산소공급이 중단되어 4분 이내에 의식을 잃으며, 4-6분이 경과되면 뇌가 손상되고, 10분이 경과하면 사망할 가능성이 높다. 그러므로 기도가 폐쇄되는 경우에는 신속한 응급처치가 시행 되어야만 환자의 생명을 구할 수 있다.

1 | 기도가 폐쇄되는 경우

다음은 기도가 폐쇄되는 대표적인 경우이므로 유의해야 한다.

[표 5] 기도가 폐쇄되는 경우의 대표적 사례

소아나 노인	외상/사고	의식이 없는 경우
이물질(사탕, 고기, 땅콩 등)을 삼키다가 기도가 막히는 경우	입안이 손상되어 부러진 치아나 출혈 등에 의해 기도가 막히는 경우	혀가 뒤로 말리는 바람에, 또는 구토물에 의해 막히는 경우

2 | 기도가 폐쇄시의 증상

기도가 완전히 막히면 말을 하지 못하면서 양쪽 손으로 목을 감아쥐는 행동이 나타나면서 얼굴과 입술이 파랗게 변하는 청색증이 관찰된다. 또한 기도가 일부분 막히는 경우에는 환자가 기침을 하지만 말을 할 수 없으며, 매우 안절부절못하는 행동을 나타낸다.

3 | 기도를 막고 있는 이물질을 제거하는 방법

기도폐쇄에 대한 처치 중 의식이 있고 기침을 할 수 없는 경우에는 하임리히법을 시행 하는데 방법은 환자의 등 뒤에 서서 환자의 배꼽에서 명치 사이의 복부를 두 손으로 밀어 올려서 이물을 제거하고 이물 제거를 확인한다.

호흡을 조금이라도 할 수 있고 기침을 할 수 있는 의식이 있는 환자에게는 계속 기침을 하도록 유도하며 지속적으로, 기침을 해도 이물질이 배출되지 않을 때에는 즉시 119로 연락을 취한다.

그림 6 하임리히법 (환자가 의식이 있을 때 사용한다.)

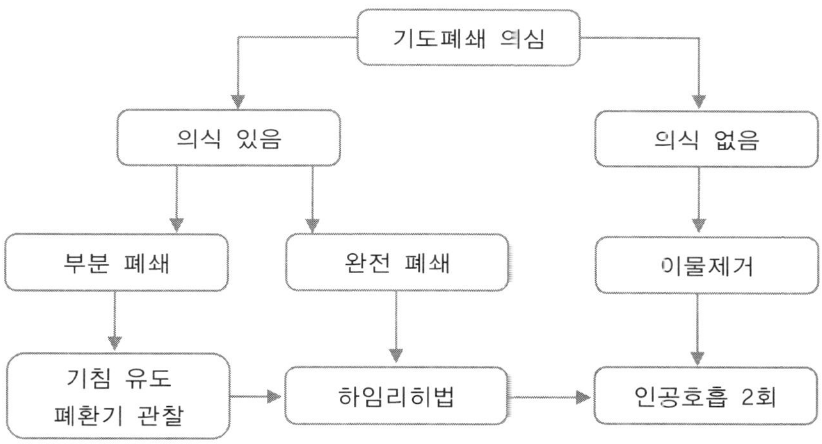

그림 7 기도폐쇄 환자의 응급처치 순서

사례이야기 17

서울의 한 유치원에서 너무나 안타까운 사고가 발생했다.

5대독자인 5살 남자 어린이가 유치원 버스에 막 오르는데 운전기사가 문도 닫지 않은 채 급출발하여 그만 어린이가 버스 계단에서 뒤로 벌렁 넘어지며 도로에 머리를 크게 부딪쳤다.

이 때, 버스 안에 있던 인솔교사가 급하게 뛰어나와 어린이를 안고 인근 병원에 갔으나 이미 아이는 사망해 있었다. 이 아이의 사인은 뇌진탕이 아니라 뇌에 충격을 받아 아침에 먹은 음식이 넘어와 입안에 이물질이 가득하여 질식사한 것으로 나타났다.

이 때 인솔교사가 어린이를 옆으로 눕힌 후 이물질을 꺼내주고 심장압박과 인공호흡 등 심폐소생술만 실시했다면 이 어린이는 충분히 소생할 수 있었다.

1. 사고유형별 응급처치 방법

1 | 벌에 쏘였을 때

벌에 쏘인 자리는 얼음주머니를 대주면 독에 의한 붓기를 가라앉히고, 아픔이 가시는 데 도움이 된다. 꿀벌은 침이 박혔나 살펴 침을 제거해 주는 것이 좋은데 침 제거는 바늘로 살살 긁어 주어 시행한다. 여러 곳을 쏘인 후 온몸이 붓고 가렵고 숨쉬기가 힘들어지면 빨리 병원으로 가서 치료를 받는 것이 좋다. 주의할 점으로서 벌침이 박힌 자리는 핀셋이나 손톱

으로 제거하다

보면 벌침이 더 들어가는 경우가 많다. 바늘이나 칼로 긁어주는 것이 좋으며 없으면 신용카드 등으로도 긁어서 제거할 수 있다. 또한 호흡곤란, 어지러움, 가슴 답답함, 전신 발작 및 부종 등의 증상은 전신적인 알레르기 증상이 일어난 것이므로 신속히 병원으로 이송한다.

2 | 뱀에 물렸을 때

환자는 안정시키고, 물린 부위를 물로 씻어내며 깨끗한 넓은 천 같은 것으로 물린 부위의 +위, 아래쪽에 적당한 압력으로 묶는다. 이 때 너무 꽉 묶어 전혀 피가 통하지 않게 하면 안 되고 정맥피는 몸으로 되돌아가는 것을 막고, 동맥피는 어느 정도 흐를 수 있는 적당한 압력이 좋다. 물린 부위 주위를 움직이지 않게 부목으로 고정시킨다. 또한 몸을 고정시키고 손상부위를 심장보다 낮게 한 다음 빨리 병원으로 이송한다.

뱀에 물렸을 때 주의할 점이 몇 가지 있는데 다음과 같다.

- 뱀에 물린 상처를 빨아내는 것은 큰 도움을 주지 못한다. 특히 입에 상처가 있는 상태에서 시행하면 구조자의 몸에도 독이 흡수될 수 있다는 것을 명심한다.
- 된장 등 다른 물질을 상처에 바르는 것은 결코 도움이 되지 않는다. 오히려 상처를 자극하고 더럽히는 결과가 되기 쉽다.
- 칼로 상처를 절개하는 것은 도움이 되지 않는다.
- 환자를 안정시키고 움직이지 않게 하는 것이 중요하며 자꾸 움직이면 독이 몸으로 더 퍼질 수 있다.

3 | 상처가 났을 경우

- 찰과상: 조금 베었을 때나 약간 다친 경우는 우선 피를 닦고 비누와 깨끗한 물로 씻은 다음 필요하면 소독된 거즈로 덮습니다.
- 깊은 상처: 뼈가 보일 정도로 깊은 상처인 경우에는 즉시 병원 진료를 받도록 합니다. 단, 피가 많이 날 때에는 소독된 거즈 등으로 지혈을 하면서 병원에 갑니다. 수술이 필요할 수도 있으므로 물이나 먹을 것을 주

는 것은 금합니다.

- 가시가 박혔을 때: 사용하는 족집게는 알코올로 소독하거나 불에 달구어 식혀서 사용하도록 하고 족집게 등으로도 잘 안 빠지는 것은 가까운 병원에 가서 도움을 청합니다. 뽑은 후에는 찰과상과 동일한 절차로 치료합니다.

4 | 생선가시가 목에 걸린 경우

- '뜨거운 밥을 한 덩이 삼킨다.'는 민간요법은 사용하지 않는다. 자칫 밥 덩이에 눌려 가시가 더 깊이 박힐 수 있다.
- 입을 크게 벌리고 거울에 가시가 보이면 핀셋으로 집어 꺼낸다.
- 가시가 보이지 않는다면 날달걀을 마시거나 식초물로 양치질을 여러 번 한다. 가시가 부드러워져 식도를 타고 내려갈 수 있다.
- 그래도 가시가 빠지지 않으면 이비인후과 진료를 받는다.

5 | 유리가 살갗에 박힌 경우

- 유리조각이나 가시가 박혔을 경우, 스스로 해결하려 하지 말고, 주변사람들에게 도움을 요청한다.
- 우선 상처 주위를 흐르는 물과 비누로 깨끗이 닦는다.
- 끝이 보이면 핀셋을 소독하여 뽑아낸다.
- 박힌 조각을 빼낸 후에는 박혔던 자리를 깨끗하게 소독하고 1회용 반창고를 붙여둔다.
- 끝이 보이지 않으면 병원으로 가서 치료를 받는다.

6 | 멍이 든 경우

- 얼음을 깨뜨려 비닐 주머니에 담고 얇은 천으로 감싸 습포를 만든다.
- 습포로 멍이 든 부위를 덮는다. 습포가 너무 차서 제대로 얹을 수가 없으면 더 두꺼운 천에 싼다.
- 통증이 심하면 진통제를 복용한다.

7 | 가스에 중독되었을 경우

- 물에 적신 물수건으로 입과 코를 가립니다.
- 창문을 열어 환기를 시킵니다.
- 가스밸브를 잠급니다.
- 환자의 옷을 느슨하게 하여 편안하게 누인 후 상태를 관찰합니다.

8 | 동물에게 물린 경우

- 흐르는 물로 물린 상처부위를 깨끗이 씻고 소독약을 바릅니다.
- 상처가 가벼워도 주인 없는 개나 고양이인 경우 반드시 그날 안으로 병원에서 치료를 받는 것이 좋습니다.
- 광견병 예방주사를 맞았는지 확인하여야 하며, 상처가 가벼워도 병원을 방문하는 것이 좋습니다.

9 | 온몸에서 갑자기 열이 날 경우

- 옷을 벗긴 다음 미지근한 물을 적신 수건으로 가슴, 등, 머리, 목, 팔다리를 닦아준다.
- 열이 내리지 않으면 미지근한 물에서부터 서서히 차가운 물로 바꿔가며 전신을 닦는다.
- 침이나 구토물이 폐로 들어가지 않도록 하고 경련으로 혀를 깨물 염려가 있을 때는 거즈나 손수건을 말아서 입에 물리고 병원으로 옮긴다.
- 소아가 고열로 경련을 일으킬 경우 부모가 침착하게 대응하며 최대한안정을 취하는 게 중요하므로 아이를 안고 흔드는 것은 좋지 않다.
- 편안하게 앉아 호흡을 가능한 한 오래 참는다.

10 | 미끄러운 바닥에서 넘어진 경우

- 머리와 가슴 쪽에 손상을 입었다면 쇼크 증세가 있는지 확인한다.
- 쇼크 증세가 왔을 때 피부는 차갑고 축축하며 창백해진다.
- 쇼크 증세가 없다면 상체를 일으켜 앉힌다.

- 출혈 부위가 있다면 압박해 준다.
- 쇼크 증세가 나타날 경우 다리를 상체보다 높게 올린 상태에서 척추를 고정시킨 채로 옆으로 눕힌다.
- 환자가 메스꺼움과 구토 증세를 호소하면 환자를 움직이지 말고 발견당시의 자세로 고정시킨다.

11 | 높은 곳에서 떨어진 경우

- 환자의 코와 입에 귀를 대고 호흡을 정상적으로 하는지 확인한다.
- 환자가 의식이 없는 경우, 턱을 들어 올려 기도를 유지한다.
- 환자가 움직이지 않도록 고정한 후 구조대에 연락을 취한다.
- 구조대가 도착하면 사고 발생 당시의 상황을 상세하게 설명해 적절한 조치를 받을 수 있도록 한다.
- 환자의 연령이 많을 경우 척추가 손상되거나 골반 골절이 오는 등 추가 증세를 보일 수 있으므로 유심히 관찰한다.

12 | 감전사고의 경우

- 감전된 어린이를 직접 만져서는 안 됩니다.
- 우선 플러그, 퓨즈 상자에서 전기를 단절시킵니다.
- 전기차단이 어려우면 막대를 이용하여 전기로부터 어린이를 떼어 놓습니다.
- 숨을 쉬는지 확인하고 몇 초 후에도 숨을 쉬지 않으면 즉시 심폐소생술을 실시합니다.
- 구조대가 올 때까지 어린이의 몸을 담요 등으로 덮어 따뜻하고 편안하게 눕혀 놓습니다.

13 | 눈에 이물질이 들어간 경우

- 눈을 비비지 않도록 주의합니다.
- 손을 깨끗이 닦은 후 어린이의 아래쪽 눈꺼풀을 아래로 당기면서 젖혀

눈꺼풀 안쪽에 이물질이 있는지 확인합니다.

- 한동안 조용히 눈을 감고 눈물을 흘려 이물질이 함께 씻겨 나오도록 합니다.
- 세면기에 깨끗한 물을 가득 담아 얼굴을 대고 눈을 깜박거려 씻어 냅니다.
- 눈을 씻어도 이물질이 나오지 않을 때에는 어른들에게 눈꺼풀을 젖혀서 물에 적신 면봉이나 거즈로 닦아 내거나 빨아들이게 합니다.
- 화학물질의 경우 즉시 흐르는 물로 계속 씻어 주고 화학물질에 따라 치료가 다르므로 바로 응급진료를 받을 필요가 있습니다.

14 | 머리를 다친 경우

- 몸을 고정시켜 특히 목을 움직이지 않도록 합니다.
- 머리에는 베개나 담요를 말아 괴어 주고 구토물이나 혀로 인해 기도가 막히지 않도록 몸을 비스듬히 누입니다.
- 머리에서 피가 나는 경우 거즈나 붕대 또는 깨끗한 천으로 상처부위를 눌러 줍니다.
- 혹이 있으면 차가운 찜질을 하고 푹 쉬게 합니다.
- 토하거나 졸면서 잠만 자려고 하거나 귀나 코에서 피가 날 때에는 병원으로 데려가야 합니다.

15 | 뼈가 부러진 경우

- 다리 골절
  - 아이를 부드럽게 누이고 다리를 무릎과 발목을 받쳐줍니다.
  - 다친 다리에 패드를 대어 고정합니다.
- 쇄골 골절
  - 아이를 부드럽게 앉히고 다친 쪽의 팔을 가슴부위에 걸쳐놓습니다. 다치지 않은 손으로는 다친 쪽의 팔을 받치지 합니다.
  - 아이의 팔을 팔 걸대로 받쳐줍니다.
  - 팔을 넓은 폭 붕대로 고정합니다.

16 | 발목을 삐었을 경우

- 먼저 상처를 확인하고 피가 흐르면 세게 눌러서 피를 멎게 합니다.
- 발목을 약간 높게 올리고 쉬게 합니다.
- 삔 부위를 찬 물수건으로 냉찜질을 하거나 얼음물에 20~30분간 담급니다.
- 심한 경우는 발목에 딱딱한 것을 받쳐 주고 탄력붕대로 감아줍니다.

17 | 이물질을 삼켰을 경우

- 유독물질을 마셨을 경우는 물이나 우유를 먹여서 함께 토하게 합니다.
- 빙초산이나 강한 세척제를 마셨을 경우는 토하게 하지 말고 빨리 많은 양의 우유를 먹인 후에 병원에 갑니다.
- 가솔린이나 기름 종류를 마셨을 때에는 토하면 위험하므로 토하지 말게 하고 그대로 병원에 갑니다.

18 | 귀에 이물질이 들어간 경우

- 귀에 벌레가 들어간 경우 밝은 빛의 손전등을 귀에 비춰 벌레가 불빛을 보고 밖으로 나오게 합니다.
  - 죽은 벌레나 작은 물체가 귀에 들어간 경우에는 베이비오일을 한 두 방울 귀에 떨어뜨린 후 귀를 아래쪽으로 향하게 하면 오일에 묻어 밖으로 나옵니다.
  - 귀에 물이나 먼지가 들어간 경우는 깨끗한 면봉으로 닦아냅니다.
  - 귀에 딱딱한 물건이 들어간 경우 무리하게 빼내려고 하다보면 더 안으로 들어갈 수 있으므로 병원으로 가는 것이 좋습니다.

19 | 코피가 나는 경우

- 머리를 앞으로 숙여 코피가 목 뒤로 흘러 들어가지 않도록 합니다.
- 목 주위의 옷을 느슨하게 하고 코를 풀지 않도록 합니다.
- 양쪽 콧등을 손가락으로 눌러 5분 동안 세게 눌러서 피를 멈추게 합니다.
- 이마나 양쪽 눈 사이에 찬 물건이나 얼음주머니를 대줍니다.

- 위의 방법으로도 멎지 않을 경우, 솜이나 바셀린 거즈로 코를 틀어막습니다.
- 코피가 계속해서 멈추지 않을 때는 이비인후과 진료를 받습니다.

20 | 화상을 입은 경우

- 상처에 차가운 물을 빨리 끼얹거나 차가운 물에 담가서 상처의 열을 식힙니다.
- 흐르는 수돗물로 상처를 식힐 때 물줄기가 너무 세면 상처에 흠집이 생기므로 물을 약하게 틉니다.
- 되도록 물집을 터뜨리지 않도록 합니다.
- 더러운 물건이나 먼지가 화상부위에 닿지 않도록 합니다.
- 상처부위가 식으면 얼음으로 찜질합니다.
- 화상에 바르는 크림이나 거즈를 붙여서 상처를 보호하도록 합니다.
- 심한 화상을 당했을 때는 옷을 억지로 벗으려고 하지 않습니다.
- 간장이나 된장을 상처 부위에 바르면 세균에 감염될 수 있으므로 하지 않습니다.
- 상처에 소독 솜이나 기름 등을 사용하면 안 됩니다.
- 화상 입은 부위가 크면 반드시 병원 진료를 받아야 합니다.

21 | 소아 약물, 독물 중독 및 과용

- 어린이가 독성이 있을 가능성이 있는 물질을 삼켰거나 삼켰을지도 모른다는 의심이 들 경우에는 실제로 삼켰다고 생각하고 구조를 요청해야합니다.
- 어린이의 입 주위에 화상을 입은 자국이 있는지 살펴보아 화상이 있으면 독물을 삼켰다는 증거이므로 이에 대응하는 처치를 해야 합니다.
- 어린이가 삼켰다고 의심 가는 물질과 포장 용기를 찾아내어 보관하는 것이 중요합니다.
- 어린이가 의식이 있어도 토하게 해서는 안 됩니다. 만약 독물이 조직을

부식시키는 물질인 산이나 휘발유, 독한 세척제 등이면 물이나 우유를 마시게 해야 합니다.

- 의식이 없다면 바로 응급 구조를 요청하는 동시에 숨을 쉬는지 확인하고 숨을 쉬지 않는 경우에는 머리를 뒤로 젖히고 코에다 인공호흡을 합니다. 입에는 인공호흡을 하지 말아야 하며 또한 어린이를 자극해서는 안 됩니다.
- 어린이가 토할 경우에는 몸을 옆으로 뉘어서 토한 것으로 인한 질식을 방지하여야 합니다.
- 토하게 하는 경우
  - 대부분 독극물은 바로 토하게 하는 것이 좋은데, 최토제(Ipecac)를 먹인 후 물을 많이 마시게 하면 보통 15분 안에 토하게 됩니다.
- 토하게 해서는 안 되는 경우
  - 가솔린이나 유류, 강한 산 등을 마셨을 때는 토하게 하면 부식성이 강하므로 더욱 나쁜 결과가 되기도 합니다. 또한 흡인성 폐렴에 걸리므로 위세척을 해야 합니다.
  - 체온계의 수은은 먹었어도 체내에서 흡수되지 않기 때문에 그냥 두어도 배설이 될 수 있습니다. 담배를 먹었다면 거의 저절로 토하게 되고 간혹 30분쯤 지난 뒤 구역질, 구토, 흥분, 불면 등의 증상이 생길 수 있지만 4시간이 지나도 이런 증상이 없다면 안심해도 괜찮은 상태가 됩니다.

22 | 치아가 빠졌을 경우

- 젖니: 빠지거나 부러진 경우 깨끗한 거즈로 압박하여 지혈합니다.
- 영구치: 빠지거나 부러진 경우 치아가 더러워졌으면 흙, 먼지를 털어내는 정도로만 흐르는 물이나 우유에 씻어 줍니다. 치아의 뿌리 부분을 절대 만지거나 문지르지 않고 병원으로 가져가도록 합니다.

사례이야기 18

2011년 12월 20일 오전 8시, 대구 수성구에 사는 D중학교 2학년인 14세소년 권모군이 집단 괴롭힘을 견디다 못해 7층 아파트 베란다에서 뛰어내려 자살하였다.

피해자 권모군은 3월 중순부터 9개월 동안 서모군과 우모군, 그리고 또 다른 1명의 동급생에게 괴롭힘을 당했다.

가해자들은 권모군에게 넥슨의 온라인 게임 메이플 스토리를 같이 하자고 강요해서 억지로 컴퓨터 게임을 시켰다. 가해자들은 권모군의 돈을 빼앗아가려고 통장에서 돈을 강제로 인출했으며, 자신들의 숙제를 대신 시키는 만행을 저질렀다.

권군이 반항을 하면 수십 대씩 두들겨 패고 무릎을 꿇리는 등 이루 말할 수 없는 폭행과 모욕을 가했다.

소년은 길고 긴 유서를 남겼으며, 유서의 내용이 너무나 끔찍하여 많은 사람들을 분노하게 하였다.

23일, 대구수성경찰서는 피해자 권모군이 유서에서 가해자로 지목한 서모군(14)과 우모군(14)을 불러 조사를 하였다. 서모군과 우모군은 대체로 유서의 내용을 시인했으나, 장난으로 한 일인데 이렇게 되었다며 반성의 기미를 보이지 않았다.

유서 내용을 보면 알 수 있듯이 피해자 권모군의 교우관계와 학교생활은 좋은 편이었다. 이것은 소수 가해자들이 피해자의 집을 장악하고 은밀

하고 잔인하게 괴롭힌 케이스다. 피해자는 집이라는 최후의 피난처마저도 가해자에게 빼앗겼으며 가해자들은 휴대전화를 이용해 피해자를 끝도 없이 괴롭혔다. 피해자는 폭력에서 잠시나마 해방될 자격마저 박탈당한 셈이다. 그런 점에서 그 잔혹함과 수법이 매우 심각하다 하겠다.

피해자의 집이 주 무대가 되다보니 주위에서는 권군의 피해 상황을 알 수 없었다. 가해자들은 권군의 집 비밀번호까지 알고 있었다. 마음을 먹으면 언제든지 권군의 집에 들어와 권군을 괴롭힐 수 있었다. 친구 두 명이 권군의 피해상황을 알고, 그 사실을 담임교사에게 알리려고 했다고 한다. 하지만 권군이 "나 맞아 죽는 거 보려느냐"며 말렸다고 한다.

부부교사인 부모님이 직장생활로 부재중인 시간에 피해자 집에 일어났다는 것을 다시금 상기하자. 맞벌이가 보편화된 한국사회에서 나타난 학교 폭력의 새로운 형태에 가정과 학교, 사회가 모두 경각심을 가져야겠다.

1. 유사사례 이야기 (실제 자살사례 1-2건 (인터넷))

1 | 교과부 학교폭력 실태조사 현황

❶ 교과부는 2012년 4월 전국 초·중·고등학교 학생들을 대상으로 실시한 학교폭력 실태조사 결과 응답지를 제출한 136만 6,799명의 학생 중 "학교폭력을 경험했다."고 응답한 학생이 16만 7,395명으로 나타났다.

❷ 응답지를 제출한 16만 7,395명의 답변 내용을 분석한 결과 전체 학생 의절반 정도(46.9%)가 학교 안에서 폭력을 당한 것으로 나타났다.
구체적으로 학교폭력을 당한 교내 장소는 교실(25.3%)이 가장 많았고, 화장실과 복도(9.1%), 운동장(5.1%), 음악실, 미술실, 창고, 강당 등(7.3%)의 순으로 나타났다.
2011년 12월 발생한 대구 중학생 자살사고와 2012년 4월 16일 발생한 영주 중학생 자살사고 역시 발단은 교실에서 시작했다.

❸ 학교 밖에선 등하교길(5.7%), 학원과 학원주변(3.2%), PC방과 노래방(2.9%), 공터와 빈 건물(3%) 등에서 폭력을 당했다.

❹ 음란물과 욕설이 오가는 인터넷과 휴대 전화를 통해서 폭력을 경험했다는 학생도 7.7%나 되는 것으로 나타났다.

❺ 주요 학교 폭력장소(단위%)

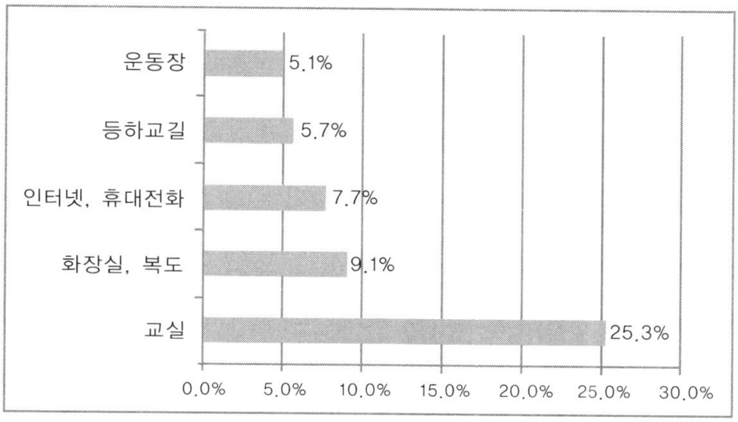

[출처: 2012, 교고부 학교폭력 실태조사]

2. 학교폭력 유형 및 특징

1 | 개념

학교폭력이란, 학교폭력예방 및 대책에 관한 법률에 의하면 "학교내외에서학생 간에 발생한 상해, 폭행, 감금, 협박 약취·유인(略取: 폭행, 협박을 사용해 어떤 사람을 현재 보호되고 있는 상태에서 자기 또는 제 3자의 지배하에 옮기는 것, 誘引: 기망 또는 유혹을 사용해 위와 같은 사람을 옮기는 것), 명예훼손, 모욕, 공갈(금품 등 갈취), 강요 및 성폭력, 따돌림, 정보통신망을 이용한 음란·폭력정보 등에 의하여 신체, 정신 또는 재산상의 피해를 수반하는 행위"를 말한다고 규정하고 있다. 그러나 넓은 의미의 특히 주목해야 할 "학교폭력"은 비록 타인의 입장에서 볼 때 하찮은 놀림이나, 대수롭지 않은 행동일지라도 그것을 당하는 사람이 그로인해, 심리적 또는 행동적 불편을 느끼면, 그것역시 엄연한 폭력행위가 된다고 할 것이다.

2 | 유형

❶ 신체적 폭력

학교폭력의 유형 중에 가장 높은 비율을 차지하는 부분은 신체적 폭력이다.

신체적 폭력은 육체에 고통을 주고, 심한 경우에는 부상이나 사망의 원인이 되기도 하며, 또한 살인, 상해, 강도, 강간 등과 같이 신체적 폭력은 피해자에게 고통과 상처 외에도 자존심과 자기보호에 대한 손상을 주게 되어 지속적 정서 문제의 원인이 될 수 있다.

❷ 언어적 폭력

언어에 의한 폭력은 물리적 힘에 의하지 않고서도 사람의 심리를 교묘하게 이용하여 분위기를 장악하는 방법으로, 학생들에게 협박의 언어를 사용하게 되면 큰 공포심과 불안 심리를 일으킬 수 있으며, 물리적 폭력과 비슷하게 피해학생들로 하여금 기를 못 쓰게 하여 복종하게 만드는 것이다.

❸ 금품갈취

금품갈취를 법적으로 알아보면 사람을 공갈(겁을 주어 외포심을 느끼게 하는 행위)하여 재물의 교부를 받거나 재산상의 이익을 취하거나, 타인으로 하여금 이를 얻게 함으로 성립되는 재산범죄의 한 형태로, 폭행이나 협박을 동반하는 경우가 많기 때문에 강도죄와 유사하며, 현재 학교주변 폭력문제 중, 가장 관심의 대상이 되는 것으로, 학교주변의 불량배들에 의한 금품갈취가중요한 사회문제로 인식되고 있기 때문이다. 더구나 이러한 일들에 대해, 죄책감 없이 장난삼아 했을 뿐이라는 가해학생들의 반응이 매우 심각하다.

❹ 집단 괴롭힘

집단 괴롭힘이란, 두 명 이상의 집단을 이루어 특정인을 인격적으로 무시, 혹은 음해하는 언어적 신체적 일체의 행위를 말한다. 또한 "왕따"는 물리적 폭력뿐만 아니라, 피해학생들의 학업부진, 등교거부는 물론, 학생들의 심성에 치명적인 상처를 주고 심각한 심리장애의 원인이 될 수 있다.

❺ 성적 폭력

성폭력이란 강간, 윤간, 강도강간 뿐 아니라 성추행, 언어적 희롱, 음란

전화, 성기노출 등 상대방의 의사에 반하여 가하는 성적행위로 모든 신체적, 정신적 폭력을 포괄하는 것이다.

이러한 성적폭력의 발생원인은 음란잡지, 불량만화, 영화, 비디오 등 음란물의 범람과 우리사회의 남성 중심적 성문화와 향락적인 성의 상품화, 학교나 사회, 가정에서의 성교육 부재 등을 들 수 있으며, 인터넷의 급격한 보급으로 인한 사이버 성폭력도 많이 발생하고 있는 실정이다.

3 | 특징

이렇게 심각한 사회문제로 대두되고 있는 최근 학교폭력의 추세를 살펴보면

❶ 금품갈취, 기물파괴, 구타, 집단 패싸움, 성폭력, 집단따돌림 등 여러 형태로 심지어 교실 안이나 학교 내 및 주변 등에서 빈번하게 일어나는 등 안전지대가 없다.

❷ 학교폭력은 폭력의 가해자나 피해자가 청소년으로 폭력의 가해자가 같은 생활공간에서 생활을 하고 있고 일부 폭력의 피해자가 이러한 폭력을 학습하여 다른 학생에게 학교폭력을 행사하는 경우가 생기고 있다.

❸ 가해학생의 경우 3~4명의 집단인 경우가 많으며 이런 집단성은 남학생보다 여학생이 더 강하게 나타나며, 최근 여학생들의 학교폭력 가해자 및 피해자도 상당히 많이 나타나고 있다. (여러 명 모여 담배를 피우며 지나가는 또래 여학생들을 불러 세워 폭행하며, 돈, 옷 등을 빼앗은 사례 등)

❹ 학우인 학생들에게 폭력을 행사하거나, 괴롭히고도 전혀 죄의식이나 죄책감을 가지지 않는다.

❺ 학교폭력은 거의 같은 동일인을 대상으로 지속적, 장기적으로 행해지고 있다.(수개월씩)

❻ 피해학생은 폭력에 대한 두려움으로 학교 가기를 싫어하거나, 사람들을 만나기를 꺼려한다.

❼ 단순한 탈선차원을 넘어 지속적이고, 집단화, 흉포화, 잔인화 되고, 그 연령층이 낮아지고 상당한 범죄단계에 이르고 있으며 학교폭력이 점차

조직화되어 가고 있다. 단순히 학생들 간의 폭력이 아니라 불량서클과 연계되고 더 나아가 조직폭력배와 연결되는 실정이다.

4. 실제 학교 폭력 사례 (예시)

	내 용	( )
1	A와 B가 싸움을 한 후 B가 겉으로 보기에는 멀쩡했으나 정신을 잃음	
2	복도를 걸어가고 있는 학생얼굴에 일부러 침을 뱉음	
3	싫다고 하는데도 강제로 손이나 옷을 잡아당김	
4	학생들이 보는 앞에서 단순한 욕('지랄', '재수 없어', '깝치지 마' 등)을함	
5	동아리 선배가 후배들에게 기합을 준 다음 동아리방의 문을 잠그고 밤 10시까지 나오지 못하게 함	
6	학생들이 보는 앞에서 아무 이유 없이 장난으로 '바보', '생긴게 역겨워'라고 계속 놀림	
7	A가 B를 툭툭 치다가 팔에 멍이 살짝 듦	
8	동성에게 포르노 비디오를 보여주면서, 움직이지 못하게 한 후 일부러 손을 만지작거려서, 상대방이 창피하다는 생각과 짜증난다는 기분을 경험함	
9	학생들이 보는 앞에서 '미친년', '개새끼', '병신새끼', '또라이 같은 년'이라고 욕을 함	
10	A가 B에게 돈을 빼앗는 것을 보고, C가 A에게 그 돈을 요구함	
11	30분 동안 기합을 줌	
12	하의를 벗기고 성기를 노출하게 한 후, 핸드폰으로 사진을 찍어서 다른 친구에게 전송함	
13	남학생이 좋아하는 여학생에게'뽀뽀해줘'라고 문자를 보내 여학생이 불쾌감을 느낌	
14	화장실로 끌고 가서 때림	
15	친구들끼리 한 학생을 때리기로 한 후, 친구들이 때릴 때 옆에서 망을 봄	
16	집단으로 타 학교 학생들과 싸움을 함	
17	방과 후 같은 반 학생이 노래방 같이 가자고 해서 갔는데, 다른 학교 학생들이 같이 있었고, 노래방에서 폭행을 당함	
18	돈을 요구하고, 심부름 시켜서 하지 않으면 때림	
19	A는 B를 때릴 생각이 없었는데, C가 A에게'B를 때리지 않으면 너를 죽여 버릴 거야"라는 말을 하여 A가 B에 대하여 폭력을 행사함	
20	4명 중 A학생이 자신들의 험담을 했다며 3명이 A학생에게 동시에 말을 안 함	

5. 학교 폭력 발생 시 초기 대응방법

1 | 학교폭력 전담기구 활동

- 책임교사: 사안 조사, 조사결과 신속보고(교장), 자치위원회 개최 준비
- 보건교사: 피해자 신체·정신적 피해상황 파악, 의료적 대처, 진단서, 소견서 확인
- 상담교사: 가해자 및 피해자 상담 접근으로 조사 등 진행, 필요시 심리검사 및 상담

2 | 사안조사 시 유의할 점

- 다양한 조사방법 실시: 진술서, 면담, 설문조사, 현장 조사 등
- 다양한 대상 실시: 학생, 학부모, 목격자, 담임교사 등
- 자료 수집: 진술서, 사진, 녹취자료, 문자, 인터넷관련 자료 등
- 수업권 침해하지 않도록 함(부득이할 경우 사전 협조 후 진행 - 학생, 교원 등)

6. 학교 폭력 자치 위원회 진행 및 심의 방법

❶ 학교폭력 자치위원회 총괄: 위원장

❷ 자치위원회 진행: 학교폭력책임교사

❸ 진행순서
자치위원회 개최 ➜ 사안보고 ➜ 피해측 진술 ➜ 가해측 진술 ➜ 질의응답 ➜ 조치논의 결정 ➜ 합의 조정 ➜ 결과통보

❹ 피해학생 보호조치(학교폭력 예방 및 대책에 관한 법률 제16조)

- 심리 상담 및 조언
- 일시보호
- 치료를 위한 요양

- 학급교체
- 전학권고
- 그 밖에 피해학생의 보호를 위하여 필요한 조치

❺ 가해학생에 대한 조치 (학교폭력 예방 및 대책에 관한 법률 제 17조)

- 피해학생에 대한 서면사과
- 피해학생에 대한 접촉 및 협박의 금지
- 학급교체
- 전학
- 학교에서의 봉사
- 사회봉사
- 10일이내의 출석정지
- 학교외 전문가에 의한 특별교육이수 또는 심리치료
- 퇴학처분 (의무교육자 제외)

❻ 자치위원 및 진행자 주의사항

- 감정적 표현 자제
- 중립적 자세(진실의 편에 선다.)
- 진술방법
  - 진행자는 양 측이 서로의 진술시간에 말을 끊고 중간에 개입하는 것을 제한하고 각자의 의견을 제안할 때는 손을 들어 진행자의 허락하에 말할 수 있도록 한다.
- 학부모의 감정적 요구보다 가·피해학생 당사자의 학교적응에 초점을 맞추도록 설득

❼ 경미한 사안처리 안 되는 경우

- 전치 3주 이상의 폭력
- 2주 이하일 경우에도 이후 신체적, 정신적 후유증과 재산상 피해가 예상될 시

- 지속, 반복적 피해로 인한 신체적, 정신적 후유증이 예상될 시
- 전문가가 신체적, 정신적 피해가 있음을 진단했을 시
- 피해, 가해측이 합의하지 않고 자치위 개최를 원할 경우
  - 학교폭력 법에 의해 자치위원회를 개최해야 함에도 불구하고 경미한 사안 처리로 진행하지 않는 것은 위법행위임
  - 민사, 형사상의 책임이 따를 수 있음

7. 가·피해자 부모 방문 시 효과적 대응방법

❶ 흥분한 학부모를 만날 때의 대처

- 교사는 흥분한 학부모의 태도에 동요하지 말고 침착할 것
- 학교에서 피해·가해학생들에 대한 보호 및 지도 조치를 통해 책임지고 돕겠다는 것을 분명히 알릴 것
- 감정이 격양되어 오히려 문제해결을 악화시킬 수 있으므로 피해·가해 측 학부모를 같은 자리에서 만나지 않도록 할 것
- 피해·가해 학부모의 심정을 충분히 공감하고 이해하며 경청할 것
  - 교사가 학부모를 이해하며 듣고 공감만 해도 학부모의 흥분수준이 내려감

❷ 피해자 부모님을 만날 때

- 우선 학부모의 감정이 격양되어 있음을 이해
- 학부모의 감정을 수용하고 이야기 경청
- 학부모에게 정서적 지지를 해줄 것
- 학부모가 말하는 학생의 피해사실에 대해 객관적으로 인지할 것
- 학생의 피해사실을 구체적으로 메모
- 학생의 피해에 대해 진심 어린 사과와 유감을 표할 것
- 피해 학생과 학부모가 현재 무엇을 원하는지 물을 것

- 추후 처리과정에 대한 설명
- 진실과 사실에 근거하여 문제해결을 약속
- 학생의 보호와 안정, 적응을 위해 노력할 것을 약속
- 사건 은폐를 의심할 만한 어떠한 진술도 하지 말 것

❸ 가해자 부모님을 만날 때

- 가해학생 학부모의 감정을 일단 수용하되 자녀의 가해 행위는 정확히 알릴 것
- 피해학생의 피해 정도를 정확하게 알려줄 것
- 피해 측에 대한 가해 측의 진심어린 사과의 중요성을 인지시킬 것
- 사안처리 절차와 예상되는 결과를 알려줄 것
- 가해학생에게 교육적으로 적절한 지도와 선도가 이루어질 것임을 알릴 것
- 이번 일로 가해 학생이 학교에서 낙인찍히지 않을 것임을 알려줄 것
- 가정에서 학생에 대한 특별한 관심과 지도를 부탁할 것

사례이야기 19

이 사례는 여중3학년이 실제로 초등학교 4학년 때 성폭행 당한 안타까운 사고를 직접 기술한 내용입니다.

초등학교 4학년 때 저는 학교에서 수업을 마친 후 집으로 돌아오던 중 모르는 아저씨가 "저 건물 3층에서 누구를 불러주지 않겠니?"하며 심부름을 시켰습니다.

저는 어른의 말을 그대로 믿고 건물의 3층으로 올라가던 중 갑자기 심부름을 시킨 아저씨가 따라 올라와 저를 강제로 끌고 옥상으로 데려가 성폭행을 하였습니다.

저는 그날 밤 엄마에게 불안하여 성폭행당한 일을 이야기하지 않았습니다.

그 이후 "혹시 무슨 일이 생기면 어쩌나"하며 매우 불안에 떨었는데 다행히 신체적인 증상은 없었고 생리도 정상적으로 했습니다.

그렇지만 그 일만 생각하면 온몸에 몸서리가 쳐지며 무섭고 불안감이 몰려옵니다. "모든 것을 잊어버리자."라고 생각했지만 그 악몽을 잊을 수가 없습니다. 제가 이런 마음 상태에서 나중에 어떻게 결혼하며 어떻게 정상적인생활을 할 수 있을지 그저 불안하기만 합니다.

엄마가 항상 낯선 사람을 조심하라고 주의를 주셨는데요... 모든 것이 제잘못인 것 같아서 너무 괴롭습니다. 저는 어떻게 하면 좋을까요?

▶ **상기 사례의 원인과 예방법**

❶ 사고원인: 어른의 말을 믿고 건물로 들어간 것이 가장 문제이다. 실제로 정상적인 어린이라면 어른의 부탁을 거절하기는 매우 힘들 것으로 보여진다.

❷ 예방법: 이런 유형의 사고 위험성을 미리 예지하고 "죄송합니다.", "다른 분께 부탁하세요."하며 빠르게 자리를 피해야 한다. 아울러 학교나 가정에서 "언제든지 상기 사고사례가 또 발생할 수 있다."는 생각으로 평상시 위험예지훈련을 꾸준히 실시하여 위험에서 벗어날 수 있도록 해 주어야 한다.

1. 성폭력의 개념과 행동 사례

1 | 성폭력의 개념

「성폭력 범죄의 처벌 및 피해자 보호 등에 관한 법률」에서는 기존의 1 형법 및 특별범죄 가중처벌에 해당하는 강제추행, 강간, 강간미수, 위력 혹은 위계에 의한 간음, 아동 성추행, 친족에 의한 강간, 장애인에 대한 준 강간, 업무상 위력 등에 의한 추행, 버스나 지하철과 같이 공중 밀집장소에서의 신체적인 추행, 언어적인 추행, 음담패설이나 통신매체이용 음란의 죄 등이 성폭력에 해당한다고 규정하고 있습니다.

성폭력의 의미는?

상대방이 원하지 않는데 자신의 성적인 즐거움을 위해 강제로 하는 성적인 행위를 모두 일컫습니다. 성폭력은 얼마나 심한 행동을 했느냐도 중요하지만 상대방이 원했느냐 원하지 않았느냐도 중요한 기준입니다. 아직 생각이나 판단이 다 자라지 못한 어린이인 경우에는 저항하거나 충분히 싫다는 표현을 하지 못했다고 하더라도 어린이를 대상으로 한 성적인 행동은 모두 성폭력이라고 할 수 있습니다.

2 | 성폭력 행동 사례

다음의 행동들이 모두 성폭력입니다.

- 원하지 않는데 강제로 성관계를 하는 것은 성폭력입니다.
- 몸의 중요한 부위들, 성기나 유방 그리고 엉덩이나 배 등 수영복으로 가려지는 부위들을 원하지 않는데 만지거나 브비거나 빠는 것 모두 성폭력입니다.
- 성기나 유방 같은 중요한 부위가 아닌 다른 신체부위라고 하더라도 상대방의 성적인 즐거움을 위해 이용당한 느낌을 받으면 성폭력입니다.
- 원하지 않는데 자기의 신체부위를 보여주거나 만져달라고 하는 것도 성폭력입니다.
- 행동으로 하지 않더라도 신체부위나 성행우에 대한 말로 기분 나쁜 농담을 하거나 놀리는 것도 성폭력입니다.
- 야한 비디오나 음란물을 보여주는 것도 성폭력입니다. 강제로 보여주는 것이 아니더라도 어린이나 지적능력이 낮은 사람의 호기심을 자극해서 보여주는 것도 성폭력에 해당합니다.
- 어린이의 경우에는 스스로 동의했다고 하더라도 어른이나 나이 많은 청소년이 성적인 행동을 유도하는 것은 성폭력입니다. 생각이나 판단이다 자라지 못한 어린이들이 몸과 마음을 다치지 않도록 어른들은 보호해줘야 합니다. 그러니까 어린이가 좋다고 했다고 하더라도 어른이나 나이 많은 사람이 성적인 행동을 함께 한다면 그것은 성폭행입니다.

2. 어린이 성폭력 예방을 위한 대처방법

- 이상한 기분이 들고 불안한 마음이 느껴질 때는
  - 눈동자를 보고 당당하게 "싫어요." 또는 "만지지 마세요."라고 말합니다.
  - 틈을 이용해 그 자리를 피하거나 도망갑니다.
  - 상대방의 입장보다 나의 안전을 먼저 생각합니다.

- 아는 사람과 둘만 있는 자리에서 분위기가 이상해 질 때는 상대방의 관심을 다른 데로 돌리기 위해 대화를 하도록 합니다.

- 이런 장소를 조심하세요.
  - 집에 혼자 있을 때 누가 오면 문을 열어 주지 않습니다.
  - 다른 집을 방문할 때 혼자 들어가지 않습니다.
  - 모르는 사람의 차를 타지 않습니다.
  - 주변에 아무도 없는 곳에서 놀지 않습니다.
  - 혼자서 뒷골목이나 어두운 거리를 다니지 않습니다.
  - 공공 화장실에는 친구나 어른과 함께 가도록 합니다.

- 이런 사람을 조심하세요.
  - 잘 아는 사람이라도 좋지 않은 느낌이 들게 몸을 만지면 "만지면 안 돼요"," 싫어요!"라고 합니다.
  - 잘 모르는 사람이 과자나 장난감으로 유인을 하면 절대로 따라가지 않습니다.
  - 차를 세우고 길을 물어보는 사람에게는 잡아 끌 수 있을 만큼 가까이 다가가지 않습니다.
  - 길을 가르쳐 달라며 으슥한 골목으로 데리고 가면 핑계를 대고 빨리 도망칩니다.
  - 혼잡한 버스나 지하철 안에서 누군가 몸을 접촉하거나 치근덕거리면 발을 밟거나 소리를 지르고 자리를 옮깁니다.

3. 아동 성폭력 피해 후 겪는 어려움

아동 성폭력은 13세 미만의 아동에 대한 성폭력을 말하며 성폭력 피해 후에 겪는 어려움은 다음과 같습니다.

- 정신적 어려움

- 밤에 잘 때 악몽을 꿉니다.
- 모든 일에 의욕을 잃습니다.
- 자신의 성에 대해 부끄럽게 느낍니다.
- 부모님이나 가족들에게 벌컥 화를 내거나 신경질을 냅니다.
- 한 가지 일이나 어떤 사람에게 지나치게 집중하는 중독 증세에 빠집니다.
- 성폭력이나 성희롱을 당한 비슷한 상황이 될 때 무서워하는 마음을 갖게 됩니다.
- 결혼에 대해 부정적으로 생각합니다.

• 신체적 어려움

- 소변이 자주 마렵습니다.
- 이유 없이 머리와 배가 아프다고 합니다.
- 식사하기를 싫어하거나 지나치게 많이 먹습니다.
- 옷을 자주 갈아입거나 자주 씻게 됩니다.
- 자주 잊어버리는 증세가 심해집니다.
- 에이즈나 성병에 걸릴 수도 있습니다.

• 사회적 어려움

- 학교 가기 싫어합니다.
- 약한 이성 친구를 못살게 굴거나 모든 이성 친구는 적이라고 느낍니다.
- 사람들을 피하려고 하고, 아무도 믿지 않습니다.
- 가출하기도 합니다.
- 다른 사람을 성희롱하거나 성폭행하는 사람이 되기도 합니다.
- 또래 폭력단을 만들기도 합니다.

4. 치료와 성폭력 예방법

• 몸에 대한 치료는...

- 즉시 어른들께 알리고 48시간 이내에 병원 진찰을 받습니다.
- 피해 당시 입었던 옷을 그대로 입고 씻지도 말고, 화장실에도 가지 않고, 되도록 그대로 가서 진찰을 받아야 합니다.

• 마음에 대한 치료는...

- 부모님과 선생님께 꼭 알리고 전문 상담기관에서 상담을 받습니다.
- 성폭력의 피해자도 다른 사람과 같이 훌륭한 삶을 살 수 있다는 확신을 가지도록 합니다.

• 법적 조치는...

- 범인이 도망치고 있거나 위급한 경우에는 국번 없이 112로 신고합니다.
- 성폭력을 뿌리 뽑기 위해서는 반드시 신고하는 것이 필요합니다.

• 우리들은...

- 아픈 친구나 다친 친구를 돕는 것처럼 성희롱이나 성폭력을 당한 친구들을 돕습니다.
- 이성 친구들에게 성희롱이나 성폭력을 하지 말아야 합니다.
- 이성 친구들 사이에 예절을 지켜야 합니다.

• 성폭력 예방 방법

- 외출할 때는 부모님이나 주위 어른에게 가는 곳과 돌아오는 시각, 연락처를 미리 말씀드립니다.
- 집에 혼자 있을 때는 급할 때 연락할 수 있는 전화번호를 가까이에 적어놓습니다.
- 평소에 적당한 운동과 체력 단련으로 자신감을 기릅니다.

성폭력 예방 10칙

1칙 외출 시 만날 사람, 장소, 시간 등을 집안 어른에게 미리 알리도록 한다.

2칙 등·하교 길에 인적이 드물고, 어두운 골목길은 피하도록 한다.

3칙 낯선 사람의 차를 혼자 타지 않는다.

4칙 집에 혼자 있을 때 누군가 오면 함부로 문을 열어주지 말아야 한다.

5칙 공공 화장실에 가거나 엘리베이터를 탈 때에는 친구나 어른과 함께 가도록 한다.

6칙 모르는 사람이 심부름을 시킬 때, "죄송합니다. 다른 분께 부탁하세요."하며 빠르게 자리를 피한다.

7칙 엄마, 아빠 외는 어떤 누구 앞에서라도 절대로 옷을 벗으면 안 됨을 강조한다.

8칙 누군가 속옷 속의 내 몸(가슴, 생식기)을 만지려고 하면 "안돼요! 싫어요!"라고 큰소리로 말하고 도망친 후 부모님께 사실대로 말하도록 가르친다.

9칙 아는 사람과 둘만 있는 자리에서, 분위기가 이상해질 때는 빨리 그 자리를 피해서 주위에 있는 사람들에게 도움을 요청한다.

10칙 자녀가 혼자 있을 때 위급한 상황이 생기면 급히 연락할 수 있는 전화번호를 알려준다.

사례이야기 20

2006년 세상을 떠들썩하게 했던 오스트리아 소녀 나타샤 캄푸쉬는 “오직 범임이 시키는 대로만 서거나 앉거나 걸을 수 있었다. 일어날 때도 앉을 때도 그의 허락을 받아야 했고, 고개를 돌리거나 손을 뻗기 전에도 물어봐야했다.”고 말했다.

등굣길에 유괴됐던 10세 소녀는 5m²의 지하방에 감금된 채 8년을 보냈다. 하지만 학대, 구타, 굶주림 속에서도 소녀는 자유를 포기하지 않았고, 결국 18세가 되던 해 탈출에 성공했다.

1991년도에 이00라는 아이가 어느 날 자신의 집 앞 놀이터에서 놀다 유괴범에게 납치되어 버렸다. 유괴범은 공중전화로 부모에게 7천 여 만원을 요구하며 협박을 하였다. 이00군의 어머니는 경찰과 함께 어떻게든 아이를 구하기 위하여 유괴범과 44일 동안의 기나긴 사투를 벌였다.

하지만 44일간의 사투에도 불구하고 00군은 한강에 한 토끼굴이라 불려오는 굴 안에서 사체로 발견되었다. 직접적인 사인은 코와 입에 붙어있던 테이프에 의한 질식사였다. 부검 결과 실종당일 친구네 집에서 먹었던 음식이 위에서 발견 되었던 것으로 볼 때 유괴한 뒤 바로 살해했음에도 불구하고 44일 동안 자기 옆에 있는 것처럼 꾸며 낸 것이었다. 00군을 살해한 이 유괴범을 아직도 잡지 못했다.

1. 안양의 혜진, 예슬이 유괴사례

• 발생현황

2008년 12월 26일 오후 6시 혜진, 예슬이를 강제로 데려가 성추행하고 이 사실을 부모님께 알릴까봐 두 어린이의 코와 입을 막아 질식사 시킨 후 암매장과 시신을 훼손해 저수지 등에 유기함

• 범인검거

시신을 유기하기 위하여 빌린 렌터카 트렁크에서 두 어린이의 혈흔이 발견되어 렌터카를 빌린 30대 대리운전기사를 범인으로 검거함

2. 유괴범이 자주 사용하는 4가지 유형

1 | 칭찬·호기심 유발형

"똑똑하게 생겼구나."하며 칭찬을 하거나 과자 및 선물을 사 주거나 돈을 주면서 같이 가자고 하면 먼저 부모님께 말씀을 드리고 허락을 받아야 한다고 거절한다.

• 선물 등을 주면서 같이 가자고 하면서 유괴한다.

- 어린이들이 좋아하는 물건이나 돈을 이용한다.
- 얼굴이 예쁘니 TV에 출연시켜 주겠다고 하는 식의 자부심과 명성을 이용한다.

➜ 유명한 운동선수나 연예인을 보여주겠다고 하여 유인한다.

과자나 선물을 사주거나 돈을 주면서 같이 가자고 하면 먼저 부모님께 말씀을 드리고 허락을 받아야 한다고 거절한다.

2 | 지인 사칭형

부모가 병원에 입원했다고 거짓말하거나 부모님을 친구, 친척이라며 같이 가자고 하면 아는 사람이라고 해도 절대로 따라가지 않는다.

- 부모님의 친구, 친척이라며 같이 가자고 하면서 유괴한다.
  - 가족 등 가까운 사람이 위험에 빠졌다고 가장하여 걱정과 공포심을 이용한다.
  - 유아의 옷이나 가방에 새겨진 아이의 이름을 부르거나 다니고 있는 유치원의 이름을 대면서 잘 알고 있는 사람처럼 말하며 접근한다.
    ➜ 부모가 병원에 입원했다고 거짓말하거나 부모님은 친구, 친척이라며 같이 가자고 하면 아는 사람이라고 해도 절대로 따라가지 않는다.

3 | 동정심 유발형

물건을 들어주거나 주워달라고 하거나 길을 잘 모른다고 같이 가서 알려달라고 하면'같이 갈 수 없어요, 다른 어른에게 물어보세요.'하고 싫다고 말한다.

- 길을 잘 모른다고 같이 가서 알려달라고 하면서 유괴한다.
  - 걸어가면서 길을 가르쳐 달라고 하는 등 무능력하고 도움이 필요한 것으로 가장하며 유인한다.
  - 경찰이나 조사관을 가장하여 자신의 말을 믿고 따르도록 아동에게 자신의 위치를 사용하는 권위를 이용한다.
    ➜ 물건을 들어주거나 주워달라고 하거나 길을 잘 모른다고 같이 가서 알려달라고 하면'같이 갈 수 없어요, 다른 어른에게 물어보세요'하고 싫다고 말한다.

4 | 강제 유괴형

한적한 골목으로 유인하는 방법으로 강제로 가자고 하거나 데려가려고 하면'안돼요! 싫어요! 도와주세요!'하고 큰소리로 외친다.

- 무조건 강제로 끌고 간다.
  - 같이 가지 않으면 위험한 일이 생길 것이라고 하며 위협과 공포심을 이용한다.
  - 술이나 수면제 등이 들어 있는 약물을 이용한다.

→ 한적한 골목으로 유인하는 방법은 강제로 가자고 하거나 데려가려고 하면 '안돼요! 싫어요! 도와주세요!'하고 큰소리로 외친다.

일반적으로 험상궂은 인상의 사람이 유괴범이라고 생각하겠지만, 유괴범의모습은 험상궂을 수도 인자하게 생길 수도 있다. 오히려 친절하게 말하고 선물도 주며 호감을 줄만한 사람일 가능성이 높다. 또한 유괴범은 낯선 사람일수도 있고, 이미 알고 있는 사람이 될 수도 있다.

3. 유괴의 목적과 접근방법

유괴의 목적

협박이나 폭행 등과 같은 폭력을 행사하지 않고 기망이나 유혹을 수단으로 유인하여 그 의도를 쉽게 알아차리지 못하게 한다.

❶ 모성 욕구: 유괴 장소 부근에서 찾게 된다. 주로 병원에서 유괴를 하고, 유괴 장소 부근에 사는 경우가 많다.

❷ 성적 욕구: 성적욕구 충족이 가장 대표적인 동기가 된다.

❸ 경제적 이익: 아동을 인질로 양육자에게서 물질 등의 경제적 이익을 얻으려는 것이다.

❹ 복수: 주로 낯선 사람에 의해서보다 이혼상태이거나 양육권 분쟁 중, 아동을 양육하지 않고 있는 부모에 의해서 많이 일어나고 있다.

❺ 살인 욕구: 유괴당한 아동이 목숨을 잃는 경우는 살아서 돌아오는 경우에 비해 훨씬 적다. 가해자가 유괴한 아동을 죽이는 경우에 그것은 우발적인 행동이기보다는 이미 살해하기로 계획한 경우가 많다.

유괴범의 접근방법

1단계 기회 엿보기

유괴범이 범행 대상을 찾는 단계입니다. 보통 친구들과 멀리 떨어져 있거나 주변에 어른이 없어서 도움을 받을 수 없는 어린이를 눈여겨봅니다.

✓예방법: 혼자 다니지 말고 친구들과 함께 무리지어 다니도록 합니다.

2단계 탐문하기

유괴범이 범행 대상의 정보를 알아내는 단계입니다. 어린이에게 다가가 어린이와 부모의 이름, 주소 등을 물어봅니다. 이때 어린이가 저항하거나 의심하면 그냥 가는 경우가 많습니다.

✓예방법: 낯선 사람이 이름이나 주소, 전화번호 등을 물어보면 아무 말도 하지 말고 빨리 자리를 피합니다.

3단계 유괴하기

유괴범이 어린이를 범해 장소로 데려가는 단계입니다.

✓예방법: 유괴 예방 3단계 구호 - "안돼요! 싫어요! 도와주세요!"를 외치도록 합니다.

4. 유괴 예방 및 대처 방법

❶ 유괴 예방

- 모르는 사람이 주는 돈, 과자, 음료수 등은 받지도 먹지도 않는다.
- 모르는 사람이 이름, 사는 곳, 전화번호 등을 물어보면 알려주지 않는다.
- 모르는 사람이 길을 물으면 그 곳에서 알려만 주고 따라가지 않는다.
- 아는 사람이 같이 가자고 해도 따라가면 안 된다. 부모님께 말씀드리고 허락을 받아야 한다.
- 모르는 사람이나 차가 가까이 오면 멀리 떨어지도록 하며, 자동차를 태워 주겠다고 하더라도 타지 않는다.

• 학교에 갈 때나 집으로 올 때는 안전한 큰길로 다니며 혼자 놀지 않고 밝고 환한 곳에서 친구들과 함께 논다. 저녁 늦게까지 외부에서 놀지 않도록 한다.

• 외출할 때는 어디에 가는지, 몇 시에 오는지, 약속시간을 지키도록 한다.

• 값비싼 옷을 입거나, 눈에 띄는 시계, 가방 등 고가의 소지품을 삼가 하는 것이 좋다.

• 집에 혼자 있을 때 문과 창문을 꼭 잠그고 있으며, 누군가 찾아오면 쉿! 하고 없는 척을 한다.

• 위협을 느낄 때는 112, 182에 신고하는 것을 잊지 말아야 한다.

• 평소 아동안전지킴이집이 동네 어디에 있는지 기억한다.

• 하루 동안 어떤 일들이 있었는지 부모님께 말씀드린다.

❷ 대처방안

• 누군가 강제로 데려가려 하면 "안돼요! 싫어요!"라고 소리치며 발버둥 친다.

• 도움이 필요할 때는 밝고 사람이 많은 곳으로 뛰어가 큰소리로 도움을 요청한다.

• 낯선 사람을 만난 곳에서 집까지의 거리가 멀 경우에는 가까운 안전한 곳(아동지킴이집, 친구 집, 가게, 상가, 학교 등)으로 가서 집에 전화해야 한다.

• 친구가 모르는 사람에게 끌려 갈 때는 어른들에게 빨리 알린다.

❸ 유괴를 당하는 순간 이렇게 해요.

만약 위험한 상황이 발생하면 어떻게 해야 할까요? 유괴를 당하는 순간 당황하지 말고 침착하게 행동하는 것이 가장 중요합니다.

• 물건을 던져요: 우선 주변의 시선을 끌어야 하니 소리를 지르거나 가지고 있는 물건(가방, 책 등)을 던져서 주위사람들에게 알립니다.

• "안돼요! 싫어요! 도와주세요!"를 외쳐요.

• 바닥에 드러누워요: 유괴범이 데리고 가기 어렵도록 체중을 실어 땅에

높습니다.

❹ 유괴를 당했을 때 이렇게 해요.

- 유괴범을 똑바로 쳐다보지 않아요.
  유괴범은 자신의 얼굴이 알려지는 것을 싫어하므로 얼굴을 빤히 쳐다보지 않습니다.
- 유괴범을 자극하는 행동을 하지 않아요.
  소리를 지르거나 우는 행동은 유괴범을 자극할 수 있어요. 더 위험한 상황에 처하지 않도록 유괴범의 지시를 잘 따릅니다.
- 마음을 진정시켜요.
  유괴를 당하면 겁나고 무서울 거예요. 그러나 가족과 친구들을 떠올리면서 "나는 반드시 집으로 돌아갈 수 있다"라고 생각하며 마음을 진정시킵니다.
- 범인의 차량 번호를 외워요.
  유괴범의 차를 탈 때 범인이 눈치 채지 못하게 주의하여 차량번호를 외웁니다.
- 밥을 잘 먹고 건강을 지켜요.
  배가 고프거나 몸이 아프면 더 겁나고 두려워요. 밥을 잘 먹고 아프지 않도록 합니다.
- 정신을 바짝 차리고 있어요.
  "호랑이에게 물려가도 정신만 차리면 산다."라는 속담을 기억하면서 집에 돌아갈 수 있다고 굳게 믿고 기다립니다.

5. 실종아동 발견 시 대처방법

실종아동들은 보통 큰 백화점, 쇼핑센터, 유원지, 놀이공원, 공공장소 등에서 순간적인 부주의로 발생한다. 가정문제로 인한 부모의 관심부족이나 보호소홀, 고의적인 유기, 유괴 등의 경우 아이에게 다시 집을 찾아주기란 어렵고 힘든 문제이다. 그러나 순간적인 부주의로 인한 실종아동은 우리들의 조그마한 관심으로도 대부분 부모의 품안으로 돌아갈 수 있다.

길을 잃은 아이를 발견하게 되면 다음과 같이 한다.

❶ 평소 똑똑한 아이도 길을 잃고 겁에 질리게 되면 묻는 말에도 제대로 대답할 수가 없으므로 아이의 불안한 마음상태를 이해하고 달래주는 것이 중요하다.

❷ 가장 먼저 경찰청 실종아동찾기센터(국번없이 182)로 신고한다.

❸ 아이가 있는 장소에 그대로 서서 일단은 아이의 부모를 기다린다. 아이가 잠깐 한눈을 팔거나 부모의 부주의로 아이와 떨어진 경우 아이의 부모는 가까운 장소에 있기 마련이다.

❹ 아이에게 이름과 사는 곳, 전화번호 등을 물어본다. 아이가 집에 간다고 혼자서 가버리게 내버려두면 안 된다.

❺ 아이의 의복이나 신발, 소지품 등을 확인해본다. 유괴방지를 위해서 아이의 이름이나 집전화번호 등을 보이지 않는 곳에 새겨두는 경우가 많다.

❻ 백화점이나 쇼핑센터의 경우 안내데스크나 방송실에 문의를 하면 실종아동 찾기 안내 방송을 해준다.

❼ 아이를 실종아동 보호센터나 경찰서, 파출소 등에 인계하는 경우 아이를 발견한 사람의 이름, 연락처와 주소 등은 남겨둔다.

※ 경찰청 실종아동 찾기(182) 센터에 신고방법

1단계: 국번 없이 182번으로 전화를 합니다.

2단계: 가까운 경찰서에 아이의 사진을 신속하게 제출합니다.

※ 실종아동발견 신고방법(보호 시)

1단계: 국번 없이 182번으로 전화를 합니다.

2단계: 경찰관이 도착할 때까지 안전하게 보호합니다.

6. 실종예방을 위한 어린이 지침

❶ 내가 어디 있는지 늘 부모님께 알리기

❷ 나갈 때 부모님 또는 집안에 계신 어른들께 허락 받기

❸ 내 이름, 부모님 이름, 전화번호 기억하기

❹ 도움이 필요할 때 부모님 또는 '긴급전화 112'에 전화하기

❺ 낯선 사람으로부터 돈, 선물 등을 받지 않기

❻ 낯선 사람을 따라가지 않기

7. 실종예방을 위한 부모님 지침

❶ 자녀와 함께 다니고 자녀를 집에 혼자 있게 하지 않기

❷ 이름, 나이, 주소, 연락처, 부모님 이름 등을 기억하도록 가르치기

❸ 자녀의 정면사진을 최소 6개월 단위로 미리 찍어두고 항상 소지하기

❹ 자녀의 신상정보는 겉에서 잘 보이지 않는 곳(온 안쪽, 주머니 등)에 기입하거나 넣어주기

❺ 위급상황 시 대처방법을 알려주고 몇 번쓰 같이 연습 해보기

❻ 부모와 헤어졌을 때는 돌아다니지 않고 제자리에서 멈춰 서 있게 가르치기

❼ 길을 잃었을 경우부모에게 전화 또는 '긴급전화 112'에 신고하도록 가르치기

❽ 실종예방 3단계 구호(멈추기, 생각하기

❾ 외출 시 자녀의 착의사항을 기억하기

8. 실종 상황 시 대처방법

❶ 당황하지 말고 경찰청 실종아동찾기센터(국번없이 182) 또는 112에 즉시 신고한다.

❷ 아이와 마지막으로 같이 있던 장소로 돌아가 확인하고, 주변에 아이에 대해 물어본다.

❸ 휴대전화 등을 이용하여 최근 사진, 신체특징, 인적사항, 연락처 등을 실종아동 찾기 홈페이지에 신고하고, 트위터(missingchild182)에 게재한다.

아이들에게 평소에 다음과 같이 지도한다.

❶ 아이에게 이름과 나이, 주소, 전화번호, 부모 이름을 기억하도록 가르친다.

❷ 보호자와 헤어지는 경우 마지막으로 보호자와 만났던 장소에서 기다리도록 평소에 지도하며, 경찰관이나 인근 슈퍼 등에 근무 중인 어른의 도움을 받도록 알려준다.

❸ 전화기를 이용하여 경찰청 실종아동찾기선터(국번없이 182) 또는 112에 신고하는 법을 가르쳐준다.

사례이야기 21

약물 오남용 사례이야기

2010년 11월, 일주일분의 감기약을 먹어도 낫지 않는 남편에게 이런 말과 함께 아버님이 아스피린 한 통을 내밀었다.

감기약이 떨어졌는데 어찌 하다 보니 병원이나 약국에 갈 시간이 나지 않는 판에 주변 사람에게 이미 아스피린 한 알을 얻어먹고 좀 나아지는 듯한 효과를 보고 있던 남편은 아버님이 주신 아스피린을 은근 기대하는 눈치였다.

그리하여 TV 옆에 약병을 두고 이삼일 동안 몇 알을 먹는 눈치였다. 나에게도 "몸살기가 있으면 한 알 먹어"라며 워낙 세계적으로 유명한 약인데다가 아버님이 감기에 잘 듣는다며 권하니까 아무런 의심도 없이.

그런데 남편은 아스피린을 먹기 시작한 3일째, 위출혈로 엄청난 피를 토하며 쓰러졌고 응급실로 실려가 응급처치를 받은 후 중환자실에 입원하고 말았다. 피를 묽게 하는 등의 용도로도 쓰이는 아스피린이 위궤양을 악화시켜 위출혈을 일으킨 것이다.

당시 몇 사람이 달려들어 심폐소생술과 혈액 투입 등의 응급처치를 정신없이 하는 동안, 또 다른 의사는 내게 "감기약을 먹었나? 어떤 감기약인지 혹시 아는가?"를 다급하게, 반복적으로 물었었다. 어느 집에나 한통씩 상비약처럼 갖춰놓고 해열제로도 먹는 아스피린 한 알로, 대수롭지 않게 먹는 감기약으로도 사람이 죽을 수 있다는 것을, 막연하게만 생각해 온 약 오남용 위험을 이처럼 온몸으로 경험한 것이다.

인터넷 중독 사례이야기

서울에 살고 있는 초등학생 6학년 남자 어린이가 평소 PC방에서 몬스터를 서로 죽이는 게임을 즐겨오다가 부모가 용돈을 주지 않아 PC방을 갈 수 없게 되었다.

이 어린이는 게임을 하고 싶은 욕심에 이웃집에 몰래 들어가 게임을 하려다 집 주인에게 들키자 부엌에 있던 흉기를 들어 주인을 다치게 한 사고가 발생했다.

1. 약물 오남용 예방 교육의 중요성

지식 정보화 사회에 들어서면서 의약에 대한 정보도 쉽게 찾을 수 있게 되었다. 자기 증세를 스스로 판단하여 약을 구입하거나 집에 있는 약을 대수롭지 않게 복용하는 경우가 많아졌다. 게다가 남의 말만 믿고 함부로 약을 먹는 등 약물 오용 사례가 늘고 있다. 약물에 대한 잘못된 상식으로 인하여 부작용을 유발하거나 시간적, 경제적, 정신적, 신체적 손상을 입고 자신과 가정, 사회에 해를 입히는 경우도 있다.

초등학교 고학년은 또래들과의 친숙한 관계를 형성하는 시기이므로 교우관계를 통하여 음주·흡연의 유혹에 빠지기 쉽다.

약물남용은 자신의 정신과 신체 건강에 해를 끼칠 뿐 아니라 청소년 범죄와 복합적으로 연루되어 가정과 사회에 미치는 영향이 매우 크다.

약물 오·남용에 대한 예방교육을 통하여 약의 적절한 사용방법에 대해서 알고, 약의 남용을 예방하는 능력을 길러 건강한 신체와 정신을 가진 바른 청소년으로 자라도록 도움을 주어야 한다.

2. 약물 오남용 개념과 사례

구분	약물의 오용	약물의 남용
뜻	의학적 목적으로 사용되지만, 약사나 의사의 처방을 따르지 않거나, 처방된 약을 지시대로 사용하지 않는 것	의학적 상식, 법규, 사회적 관습으로부터 어긋나게 사용하는 것, 뇌를 직접적으로 자극하여 뇌기능을 비정상적으로 흥분, 억제, 마비시키기 위한 목적으로 사용하는 것
사례	· 이전 질병에 사용했던 약을 다른 질병에 그대로 사용하는 일 · 약물 사용 중 술을 마시거나 담배를 피우는 일 · 다른 사람이 처방받은 약을 사용하는 일 · 오래된 약(유효기간이 지난 약)을 사용하는 일◦약의 사용방법을 의사의 지시에 따르지 않는 일	· 어린이가 커피나 진통제 등 약국 약을 자주 사용하는 일 · 미성년자(청소년)가 술을 마시거나 담배를 피우는 일 · 법으로 금지된 약물을 사용하는 일 · 법으로 금지된 약물은 아니라도 사용자의 정상적인 생활에 지장을 주고 사용자 본인과 주변사람들에게 피해를 주는 약물을 사용하는 일(예: 성인의 알코올 남용)
결과	· 질병 및 증상의 악화 · 약물 부작용 유발 · 시간 및 비용 낭비	· 학업 및 직장 생활 실패, 기타 사고 · 신체 손상 및 질병 유발◦자살 및 자살 시도 · 가정 파탄, 경제적 파산 · 폭행, 절도, 상해 등 범죄와 연관

3. 술이 주는 해로움

❶ 술도 약물이다.

술 (알코올)이 인체에서 대사되는 과정에서 발생하는 아세트알데히드는 유해·독성 물질이다.

❷ 술이 우리 몸에 미치는 영향

- 중추신경을 억제시켜 마취효과를 낸다.

- 사고, 판단 기능을 떨어뜨린다.
- 지방이 간에 축적되는 지방간을 일으킨다.
- 임산부가 마시면 태아가 기형아가 될 수 있다.
- 어린이가 마시면 뇌 발달이 제대로 이루어지지 않는다.

❸ 술과 사회문제

- 술 취한 상태에서의 범죄가 증가한다.
- 음주운전으로 인한 교통사고의 위험이 따른다.
- 알코올 중독자의 증가로 치료비 요양비 등 사회적 비용이 증가한다.

4. 담배가 주는 해로움

❶ 담배에 들어있는 해로운 성분 니코틴

- 니코틴: 아편과 거의 같은 수준의 습관성 중독을 일으키기 때문에 약학적으로는 마약으로 분류되고 있다. 많은 양의 니코틴은 신경을 마비시켜 환각상태에까지 이르게 한다.
- 그 밖의 유해물질: 방부제, 독가스, 독극물, 살충제, 소독제, 자동차 매연성분, 발화성 가스 등

❷ 담배로 인한 피해

- 질병 및 증상의 악화
- 약물 부작용 유발
- 시간 및 비용 낭비
- 학업 및 직장 생활 실패, 기타 사고
- 신체 손상 및 질병 유발
- 자살 및 자살 시도
- 가정 파탄, 경제적 파산
- 폭행, 절도, 상해 등 범죄와 연관

5. 인터넷 게임 중독의 심각성

인터넷 게임 중독이란 게임에 몰입하고 탐닉하여 만족하기 위해서 게임 시간을 더 늘이는 내성현상과 현실의 인간관계보다 게임에 몰두하고 게임을 하지 않으면 불안, 초조, 환상 등의 금단현상을 경험하는 것으로 정의된다.

게임중독이란 '게임을 함으로써 게임에 강박적으로 의존하게 되고, 해로운 것을 자각함에도 불구하고 내성이 생겨 지속적으로 사용 시간이 늘어나며, 게임을 그만두었을 때는 금단증상까지도 나타나고 이로 인해 인상적 생활, 학업 및 직장생활, 사회적 관계 형성 및 인간관계에 있어 정상적 상태를 유지하지 못하는 상태'라고 정의할 수 있다.

전문가들은 게임을 대하는 아동, 청소년의 태도를 크게 3단계로 나눈다.

✓ 1단계: 여가 간을 게임으로 보내는 일반적인 경우다. 이때는 가정과 학교에서의 적절한 교육으로 중독 방지가 가능하다. 컴퓨터를 거실에 놓아 혼자 방에서 게임하는 시간을 줄이고, 가족들이 함께 즐길 수 있는 게임을 하도록 도와주면 된다.

✓ 2단계: 게임 때문에 부모와 갈등을 빚고 아이템을 사려 용돈을 빼돌리는 중독 증상이 발생할 때이다. 이 상태에서는 부모의 힘만으로는 해결하기가 쉽지 않기 때문에 상담센터 등 전문가들의 도움이 필요하다.

✓ 3단계: 완전 중독 상태를 말한다. 여기에 이르면 마약 중독과 다를 게 없다. 판단력을 상실하고 학교를 가지 않는 등 현실격리 현상이 나타난다. 게임중독 환자는 필요하면 약물치료를 포함한 병원 진료를 받아야 한다.

6. 올바른 인터넷 사용 교육의 중요성

지식정보화시대에 살고 있는 요즘 인터넷 이용 시간이 늘어가고 있다. 현실사회와 사이버 공간의 가장 큰 차이점은 사이버 공간에서의 익명성의 보장을 들 수 있을 것이다. 이것은 우리에게 장점으로 다가올 수도 있겠지만, 상당한 부작용으로 작용할 수도 있다. 학생들이 사이버 공간을 좀 더 밝고 건전한 만남의 장으로 이용하기 위하서는 올바른 인터넷 사용방법 교육이 절실하다.

토의학습을 통해 인터넷의 좋은 점과 나쁜 점을 알아보고 건전한 누리꾼으로서 올바른 생활태도를 익힌다.

7. 나의 인터넷 사용 지수

나의 인터넷 사용에 대하여 솔직하게 점검허 보고 고쳐야 할 점을 생각해봅시다.

문항	내용	전혀 아니다	약간 그렇다	보통이다	상당히 그렇다	완전히 그렇다
1	인터넷이나 통신을 의도했던 것보다 아주 오래한다.	1	2	3	4	5
2	인터넷이나 통신을 하느라고 공부를 소홀히 한다.	1	2	3	4	5
3	친ㄱ누들과 있는 것보다 인터넷이나 통신을 하는 것이 더 즐겁다.	1	2	3	4	5
4	인터넷이나 통신을 하면서 새 친구를 자주 사귄다.	1	2	3	4	5
5	인터넷이나 통신에 시간을 많이 쓴다고 주위 사람들이 불평을 한다.	1	2	3	4	5
6	무슨 일을 하기 전에 이메일부터 확인한다.	1	2	3	4	5

7	인터넷 때문에 공부하는데 집중력이 떨어진다.	1	2	3	4	5
8	내가 인터넷으로 무엇을 하는지 숨기고 싶어한다.	1	2	3	4	5
9	인터넷을 하면 현실의 골치 아픈 생각이 잊혀진다.	1	2	3	4	5
10	인터넷을 하는 시간이 기다려진다.	1	2	3	4	5
11	인터넷이 없다면 내 인생이 허무할 것이다.	1	2	3	4	5
12	인터넷을 누가 방해하면 기분이 나빠지고 화를 낸다.	1	2	3	4	5
13	밤새 인터넷을 한 적이 있다.	1	2	3	4	5
14	인터넷을 하지 않을 때 인터넷을 상상한다.	1	2	3	4	5
15	인터넷을 마치려고 할 때 조금만 더 하면서 계속 한다.	1	2	3	4	5
16	인터넷을 하는 시간을 줄이려고 했지만 실패했다.	1	2	3	4	5
17	인터넷 사용 시간을 부모님에게 숨기려고 거짓말을 한다.	1	2	3	4	5
18	친구나 가족과 지내기보다 인터넷이 더 좋다.	1	2	3	4	5
19	인터넷을 하지 않으면 우울하거나 불안하다가 시작하면 다시 좋아진다.	1	2	3	4	5
20	인터넷 때문에 성적이 떨어진다.	1	2	3	4	5
총점						

· 29~39: 평균적인 인터넷 사용자입니다.
· 40~69: 인터넷 사용에 문제가 있다. 요 주의!
· 70~100: 인터넷 때문에 생활에 중대한 문제가 발생하고 있다. 적극적인 절제 요망

[출처: 서울시 교육청]

8. 건전한 누리꾼이 되기 위한 다짐

인터넷에서 지켜야 할 네티켓

- 사이버 공간에서 상대방에게 모욕을 주지 않는다.
- 사이버 공간에서 의견을 말할 때에는 가능하면 실명을 말한다.
- 자신에게 어울리지 않는 사이트는 방문하지 않는다.
- 자신의 신분과 이미지를 속이고 거짓말을 하지 않는다.
- 인터넷에서 얻은 정보를 자신의 것인 양 속이지 않는다.

건전한 누리꾼이 되기 위한 다짐

- 컴퓨터의 인터넷 사용 시간은 1시간 이내로 정한다.
- 인터넷은 건전한 사이트에 들어간다.
- 불건전한 사이트는 신고 센터에 고발한다.
- TV 프로나 비디오로도 건전한 것만 본다.
- 게임이나 채팅으로 시간을 낭비하지 않는다.

9. 인터넷 중독 폐해·예방법

❶ 컴퓨터라는 매체의 사용목적을 알려주는 것이 중요하다
컴퓨터는 게임을 하기 위한 게임기의 목적이 아닌 정보의 도서관, 생활도구, 문화도구라는 인식의 전환이 필요하다. 우리 아이들에게 컴퓨터라는 매체의 쓰임새에 맞게 잘 활용하도록 가르쳐 주는 것이 중요하다.

❷ 인터넷 사용 수칙을 정해서 지키도록 하는 것이 바람직하다.
자녀의 연령이 낮을수록 보다 쉽고도 구체적인 인터넷 사용법을 알려주고 실천을 격려해 주는 것이 좋다.
자녀가 중·고등학생일 경우에는 일주일에 하루를 인터넷을 사용하지

않는 날로 정하여 인터넷 사용을 절제하는 수칙을 정하여 실천하도록 격려하는 것이 좋다.

❸ 청소년들의 쉬는 토요일이나 여과시간에 특히 인터넷 과다 사용에 주의해야 한다.

자녀의 연령이 낮을수록 보다 쉽게 여과시간에 인터넷 게임 이외에 적당한 놀이 문화가 부족한 오늘 날의 놀이문화에서 우리 아이들의 학교 수업이나 공부에서 잠시 벗어나는 주말에 인터넷 게임에 몰두할 가능성이 크다.

이러한 시간대에 다양한 활동, 특히 실내 활동보다 실외에서 할 수 있는 야외활동을 적극적으로 참여해야 좋다.

❹ 인터넷의 폐해를 예방하기 위하여 함부로 자신의 주민번호, 이름 등 개인정보를 공개하지 않고 인터넷에서 만난 사람을 밖에서 만나지 않는다.

❺ "인터넷 상에서 누군가 나를 속여 자신의 이득을 취하려고 한다."는 생각을 항상 갖고 주의를 기울여야 하며 혹시 불안한 점이 있으며 즉시 선생님, 부모님께 말씀드린다.

사례이야기 22

2011년 3월 11일, 일본의 토호쿠(東北 = 동북)지역에 140년 만에 강도 8.8, 약 9.0에 가까운 엄청난 강도의 지진해일이 발생했다.

지진의 진원지는 센다이 시에서 약130km정도 떨어진 해저에서 일어났다. 지진이 일어난 원인은 유라시아판이 아래로 내려가고 있는 태평양판과의 마찰 때문이었다.

사업적 피해액은 약 25조엔, 피해가옥 30여간 채, 2만5천명 사망 및 실종되었다고 3월18일 공식 발표되었지만 지진은 한 번 시작하면 연쇄적으로 발생하는 특성이 있어 여진에 의한 추가적인 피해가 계속 발생되어 이보다 피해가 더 컸을 것으로 예상된다.

그 외에도 원자력 발전소의 원전 전력 공급이 중단되어 냉각수가 작동하지 않아 2개의 원전이 폭발하여 피복자가 현재에도 계속해서 증가하고 있다.

평소 지진해일에 철저히 대비해온 일본의 피해가 이렇기에 우리나라를 포함한 아시아 지역에서도 지진에 대해 긴장감이 더해졌다.

1. 지진의 개념

❶ 지진이란

- 지하 암석 내 축적된 변형 에너지가 암석의 탄성 한계를 초과할 때 암석이 파괴되면서 방출되는 자연현상으로 지구 내부의 암석 판이 운동하거나 지구가 균형을 잡기 위하여 일어나는 요동현상이다.

❷ 진도와 규모의 차이

- 진도: 지진이 특정 지역에 미치는 피해나 흔들림의 정도이다.
- 규모: 지진 자체의 절대적 에너지의 크기이다.

※ 규모는 하나이나 진도는 지역적으로 다름

❸ 지진은 어디서 많이 발생할까?

- 지진은 암석 판과 암석 판 사이의 경계 지점에서 주로 많이 발생한다.
- 한국은 유라시아 판의 동쪽 가장자리에 있어 비교적 안전지대이나 일본은 유라시아 판, 필리핀 판, 태평양 판, 북미 판이 겹치는 곳에 위치하여 지진이 많이 발생한다.

2. 한국은 지진의 안전지대인가?

- 비교적 안전지대로 평가되어 왔으나 최근 들어 지진발생 빈도가 높아진다.
- 사람이 느낄 수 있는 지진은 규모 3.0이상, 매년 3.0이상 평균 9회 정도 발생한다.
- 건물에 피해를 줄 수 있는 지진은 규모 5.0이상, 1978년 이후 총 5회 발생한다.
  - 가장 큰 지진은 1978년 홍성 지진으로 규모 5.2발생 건물피해 등 5억원의 피해를 입음

3. 지진 발생 시 10대 국민행동 요령

❶ 집안에 있을 경우

- 테이블 밑으로 몸을 보호
- 사용 중인 불을 끄자
- 문을 열어 출구를 확보

❷ 집밖에 있을 경우

- 낙하물 주의

❸ 상가에 있을 경우

- 침착하게 행동

❹ 엘리베이터에 있을 경우

- 가장 가까운 층에서 내려 대피

❺ 전철을 타고 있는 경우

- 고정물을 꽉 잡자

❻ 운전을 하고 있을 경우

- 도로 우측에 정차

❼ 산이나 바다에 있을 경우

- 산사태 등 위험지역 신속 대피

❽ 부상자가 있는 경우

- 서로 협력해서 응급구호를

❾ 피난은 마지막 수단

- 대피는 도보로 짐은 최소로

❿ 올바른 정보에 따라 행동

- 유언비어를 믿지 말자

4. 지진·해일(쓰나미)의 개념

❶ 개념

바다 속에서 발생하는 해저 지진, 해저 화산 분화나 빙하의 붕괴로 인해 해저면이 급격히 내려가거나 올라가 해수면이 변화하면서 발생하는 파로 지진 해일은 일반 파도와는 달리 빠른 속도로 광범위한 해역을 이동, 막대한 피해를 주는 매우 위험한 물결이다.

❷ 실제 발생 사례

- 지난 2004년 인도네시아 수마트라섬 바다 밑에서 발생한 규모 9.1의 지진으로 인해 지진해일이 발생해 총 23만 명의 사망, 실종자 발생
- 당시 근해에서 발생한 지진해일이 시속 600Km로 이동하여 인근 해안가를 덮치면서 엄청난 사상자를 낸다.

5. 지진·해일 시 나타나는 조짐, 증후군은?

- 해안가의 물이 후라이팬에 물이 끓듯이 부글부글 끓어오르는 현상이 발생된다.
- 해저 지진 발생 시 해안가의 물이 일시적으로 바다 쪽으로 빨려나가는 현상이 발생해 수영객들이 물고기와 어패류를 줍다가 대형 지진·해일을 만난다.

  - 실제 칠레 지진·해일과 인도네시아 수마트라 지진·해일시 이런 현상이 나타난다.

- 고래 수십 마리가 떼를 지어 해안가로 몰려드는 현상도 대지진의 전조로 불린다.

  - 실제 2011년 일본지진, 뉴질랜드 지진 시 고래가 해안가로 물려 왔다.

6. 태평양에서 지진•해일 시 한국의 피해는 없는가?

- 전 세계적으로 발생하는 쓰나미의 80%가 태평양 쪽에서 발생한다.
- 현재 일본의 동쪽에서 발생하여 일본 열도가 방파제 역할을 하여 피해는 없는 것으로 예상되나 만일 일본의 서쪽에서 대형 지진이 발생한다면 우리나라의 동해안의 도시들은 큰 피해가 예상된다.
- 지진해일이 일본 서해에서 발생하면 우리나라 동해안에 1~2시간 내로 도착하여 엄청난 큰 피해를 줄 수 있다.

7. 지진 • 해일 시 대처방법

- 해안가에서 즉시 작업을 중단하고, 위험물(부유 가능한 물건, 충돌 때 충격이 큰 물건, 유류 등)을 이동시키며, 신속히 고지대로 대피하도록 해야 한다. 항구 내 선박은 움직이지 않도록 고정하거나 가능한 한 항구 외로 이동시키고, 안전한 장소에서 기상특보를 경청하며 지시에 따르도록 해야 한다.
- 한편 기상특보를 듣지 못했으나 해안가에서 강한 지진동을 느꼈을 경우 국지적인 지진해일의 발생 가능성이 있다. 지진해일 특보가 발효되지 않았더라고 신속히 고지대로 이동한다. 해안가 주민들은 항시 지진해일에 대한 관심을 갖고, 평소에 지진해일 현상에 대해 잘 이해하는 것이 바람직하다.

✓지난 2004년 12월 26일 인도네시아 수마트라섬의 규모 9.1지진 발생 시 영국인 9세 소녀 틸리스미스가 조그만 섬에서 100여명의 목숨을 구한 사례가 해외 토픽에 보도되었다.

- 수영을 즐기던 틸리스미스가 바닷물의 흐름이 이상하다는 것을 감지함. 즉 파도가 완만히 왔다 갔다 하는 것이 아니라 곳곳에서 물방울이 솟아오르며 급기야는 물살이 바닷가 쪽으로 급격히 빠졌다.
  물고기가 바닷물 빠지는 속도를 따라가지 못하는 신기한 현상이 발생한다.

수영객이 물고기를 주으러 뛰어들 때 틸리스미스가 엄마에게 "내가 학 교에서 선생님에게 배웠는데 이런 현상이 지진해일이 발생해서 나타나는 현상이다", "빨리 피해야 한다. 조금 있으면 엄청난 해일이 몰려온다."는 것을 엄마에게 이야기를 했다.

- 엄마가 관리인에게 이야기하여 수영객을 모두 건물 안으로 대피시켰다.

  건물로 대피한지 채 5분도 안되어 엄청난 해일이 몰려와 무려 23만명을 사망, 실종시킴, 이 섬에서는 한명도 다치지 않았다.

- 만일 이 소녀가 옆 섬에 갔으면 옆 섬은 살고 이 섬은 많은 사망, 실종자가 나왔을 것이다.

사례이야기 23

서기 79년 8월말 이탈리아 나폴리 만 근처에 위치하고 있었던 베수비오 화산이 대규모 폭발을 일으켜 이 산 주변에 있던 로마인의 별장지대인 폼페이를 비롯해 헤라클라네움, 스타비아 등의 소도시가 완전히 화산재에 묻혀 버리는 동시에 수만 명의 주민이 생으로 매장됐다.

역사 교과서에 잠시 언급이 됐던 폼페이의 존재는 지난 1748년 이탈리아 의한 농부가 땅을 개간하다가 우연히 땅 밑에서 유물을 발견하고 이를 바탕으로 대대적인 발굴 탐사 작업 결과 수천 년 동안 지하에 매몰돼 있던 수만 점에 달하는 유물과 당시의 도시 모습이 드러나 고고학사의 획기적인 사건으로 기록되고 있다. 특히 주요 유적지 중의 하나가 된 폼페이는 멸망 당시로마 제정 시대의 최전성기 시절 로마 귀족들의 별장 지대였기 때문에 호화로움의 극치를 달렸던 로마 시대 귀족들의 생활상을 살펴볼 수 있는 귀중한유적지인 동시에 사치와 방탕의 종말이 어떤 형국으로 나타나는가에 대한경종을 울려 주는 징표로 각인되고 있다.

특히 뜨거운 화산재에 묻혀 아우성을 치면서 죽어갔던 당시 서민들의 모습이 화석으로 생생하게 남아 이러한 유물들이 지금도 전 세계 각지를 돌면서 전시되고 있다.

1. 화산폭발의 위험성과 대처방법

❶ 화산 폭발 시 왜 위험할까?

- 화산 폭발 시 분출되는 용암과 화산재가 엄청난 인명피해와 해양 생태계에 막대한 피해를 줄 수 있다.
- 실제로 화산재가 바다에 떨어지면 동해안의 어류, 어패류 감소 등 해양생태계에 심각한 영향을 줄 수 있다.
- 3~5월의 경우 미세 화산재가 황사와 겹치면 국민들의 호흡기 질환을 유발시킬 수 있다.

❷ 백두산도 폭발할 위험이 있는가!

- 최근 북한이 백두산의 화산 폭발에 대비, 공동연구를 하자고 제안하였다.
- 실제 백두산은 4,000년 전과 기원전 1~2세기와 1,000년 전에 화산 폭발로 인해 현재의 천지가 생겨난 것으로 분석된다.
- 현재 백두산 정상부와 천지주변 지층이 융기되고 천지 온천수에서 수소와 헬륨함량이 이상적으로 증가하는 등 백두산 화산 폭발의 전조현상이 나타나는 것으로 판단된다.
- 백두산에서 화산 폭발 시 용암과 화산재로 인한 엄청난 피해가 예상되며 특히 약 20억 톤으로 추정하는 천지의 물이 일시에 쏟아져 대규모 홍수피해가 우려된다.

❸ 일본 후지산 화산폭발의 위험성은?

❹ 화산재 대비 준비물품

- 방진 마스크와 방호 안경
- 최소 3일분의 충분한 음료수(일일 1명당 약 4리터)
- 가족과 애완동물용을 위한 최저 3일분의 충분한 보존 음식
- 랩(전화제품에 화산재가 들어가지 않도록 하기 위해서)
- 배터리용 라디오와 예비 배터리

- 추울 경우를 대비하여 난로나 스토브용의 예비 연료
- 추울 경우를 대비하여 예비 모포와 따뜻한 의류
- 가족과 애완동물용의 애완 의약품
- 구급함
- 청소 용구(빗자루, 청소기와 교환용 쓰레기봉투·필터, 삽)
- 현금 자동지급기나 은행을 이용할 수 없는 경우에 대비하여 소액 현금
- 자동차 내에 갇힐 가능성이 있으므로 차내 방재용품 준비

❺ 화산폭발 전 행동요령

- 문이나 창문을 닫는다.
- 물을 묻힌 수건을 문의 빈틈이나 환기구에 둔다. 실바람이 들어오는 창문에는 테이프를 붙인다.
- 깨지기 쉬운 전화제품에 커버를 하고, 주우 의 화산재가 완전히 없어질 때까지 커버를 치우지 않는다.
- 배수로가 막히는 것을 방지하기 위하여 낙수받이나 배수관을 지붕의 홈통으로부터 분리한다. 홈통도 막히지 않드록 화산재와 물이 지면으로 배수되도록 한다.
- 급수용으로 빗물수집 시설을 사용하고 있을 경우는 화산재가 내리기전에 그 수집 시설과 탱크에 연결된 파이프를 분리시킨다.
- 만약 만성기관지염이나 폐기종 또는 천식길 경우는 실내에 머무르고, 불필요하게 화산재에 노출되는 일이 없도록 한다.
- 가축의 식료나 물이 오염되지 않도록 미리 확인한다.
- 어린이가 있는 경우는 학교 방재계획에 관심을 갖고, 실내에서 지낼 수 있도록 게임이나 놀이를 준비한다.

❻ 화산재 낙화 중 행동요령

- 공황상태에 빠지지 않고, 냉정하게 행동한다.
- 실내에 머무른다.

- 실외에 있을 경우, 피난 시설(차나 건물 등)을 찾는다.
- 마스크나 손수건, 또는 의복으로 코와 입을 덮는다.
- 화산재가 낙하 전, 예보를 들은 경우는 직장에서 귀가한다.
- 작업 중에 화산재가 내리기 시작한 경우, 화산재가 그칠 때까지 실내에 머무른다.
- 비상연락을 하지 않는 경우, 전화선을 분리한다.
- 자신이 있는 지역의 라디오 방송을 듣고, 화산 분출이나 청소 계획의 정보를 모은다.
- 각막에 손상 위험이 있으므로 콘택트렌즈를 착용하지 않는다.
- 물에 화산재가 들어 있는 경우는 침전할 때까지 기다려서 웃물을 사용한다. 급수 시설에 다량의 화산재가 들어 있는 경우는 식기세척기나 세탁기를 사용하지 않는다. 음료수에 화산재가 들어 있어도 맛이 나쁘지 않으면 대개의 경우는 건강에는 악영향을 끼치지 않는다.
- 가정 정원에서 재배한 야채는 먹어도 무방하지만 먹기 전에 잘 씻는다.

2. 황사가 올 때 대처방법

❶ 황사자체는 입자가 커 대부분 폐에 깊이 들어가지 못하지만 기도를 자극하거나 코의 점막을 건조하게 하여 감기 등 호흡기 질환을 유발함. 황사와 함께 날아온 미세 먼지나 중금속 성분이 천식 같은 질환을 악화시킴

❷ 황사 피해 예방법

- 외출할 때는 반드시 이중마스크나 황사 방지용 특수마스크를 착용해 황사먼지가 호흡기로 유입되는 것을 최소화한다.
- 집에 돌아와서는 즉시 세수와 양치를 한다.
- 평소보다 물이나 차를 자주 마신다.
- 실내습도를 40~50% 정도로 유지한다.

❸ 황사에 노출된 피부 보호법

- 외출 전 얼굴 등에 자외선 차단제와 메이크업 베이스를 발라 황사가 직접 피부에 닿는 것을 막는다.
- 황사 등으로 인해 피부가 가렵거나 이상함이 느껴지면 솜에 스킨을 적신 후 자극을 받은 부위에 5분 정도 올려두면 피부 건강 유지에 도움이 된다.
- 물 대신 차가운 녹차를 얼굴 전체에 얹어둔다.
- 스킨을 냉장고에 넣어 차갑게 해두었다가 사용하면 피부 보호에 더욱 효과가 있다.
- 봄철은 습도가 매우 낮아 잠자는 동안 피부에 충분한 영양과 수분을 공급해주는 수면팩 등을 하면 좋다.

❹ 황사에 노출된 안구 질환 예방법

- 보호 안경을 끼고 귀가 후에는 미지근한 물로 눈을 깨끗이 씻어낸다.
- 콘택트렌즈를 사용하는 경우에도 심한 황사 때는 렌즈보다 안경을 끼는 것이 좋다. 렌즈를 끼면 안구건조증이 평소보다 2배 이상 심해지고 렌즈와 각막 사이에 먼지가 들어가 각각표면에 상처를 낼 수 있는 등 눈 질환 발생 위험이 높다.
- 18세 미만의 자녀를 둔 부모는 아이들에게 외출 뒤 손 씻기를 철저히 하도록 교육시킨다. 어린이가 눈이 가렵다고 할 때 손으로 눈을 비비지 못하도록 한다.
- 스킨을 냉장고에 넣어 차갑게 해두었다가 사용하면 피부 보호에 더욱 효과가 있다.
- 봄철은 습도가 매우 낮아 잠자는 동안 피부에 충분한 영양과 수분을 공급해주는 수면팩 등을 하면 좋다.

❺ 겨울철 황사 예방법

- 겨울철 황사도 봄철 못지않게 미세 먼지 농도가 평소의 2~5배가량 많다. 일산화탄소 등 유독성 물질도 평소의 2배 이상 높다. 황사는 피부나 호흡기 건강에 나쁜 영향을 미친다. 특히 겨울철은 면역력이 최저

로 떨어져 있는 시기이기 때문에 봄보다 주의가 더욱 요구된다.

겨울철 낮은 기온과 건조한 날씨로 인해 면역력이 약해진 피부는 작은 자극에도 쉽게 밸런스를 잃기 쉽다 . 특히 스키나 낚시 같은 장시간 겨울 스포츠를 즐기는 사람들은 마스크와 모자를 반드시 착용해 피부 노출 부위를 최소한으로 줄여야 한다. 건조한 바람이 많이 부는 날은 활동을 자제하는 것이 겨울 황사 예방 포인트다.

3. 태풍 시 대처방법

❶ 개념

- 태풍은 북태평양 남서해상에서 발생하는 열대성 저기압 중에서 중심 최대 풍속이 1초당 17m 이상의 폭풍우를 동반하고 있는 기상 현상으로 허리케인·사이클론 등으로 불리고 있다.

❷ 태풍의 이름이 어떻게 붙을까?

- 태풍에 이름을 붙인 것은 1953년부터로 호주의 예보관들로부터 시작됨. 당시 호주의 예보관은 자기가 가장 싫어하는 정치가의 이름을 붙여서 태풍예보를 한다.
- 제2차 세계대전이후 미국에서는 예보관들이 자신의 아내와 애인이름을 붙이기 시작해서 대부분 여성 이름을 많이 사용한다.
- 현재는 태풍 이름을 각 국가별로 10개씩 제출하여 총 140개를 5개조로 나누어 번갈아가며 사용한다.
- 한국은 개미, 나리, 장미, 미리내, 노루, 제비, 너구리, 고니, 메기, 나비를 제출하였다.
- 태풍으로 인한 지뢰 폭발 사고도 조심해야 한다.

- 실제 2002년 태풍 루사 상륙 시 10건의 지뢰 폭발 사고로 2명 사망, 16명 부상
- 2003년과 2005년 태풍 매미와 나비 강타 시 5건과 6건이 발생해 4명이 사망

❸ 태풍이 왔을 때 행동요령

- 노약자나 어린이는 가급적 외출을 피하고 생활 주변에 상습 범람 지구나 침수 지역, 산사태 위험 지역 등을 사전에 알아두고 주변에 접근하지 않는 게 좋다. 또, 물에 잠긴 도로나 교량을 걸어 다니지 말고 산간계곡에 있는 사람들은 즉시 안전한 곳으로 대피해야 한다.

❹ 태풍의 영향권에 있을 때 행동요령

- 가정의 하수구나 집 주변의 배수구를 점검하고 막힌 곳은 뚫어준다. 침수나 산사태가 일어날 위험이 있는 지역에 거주하는 주민은 응급약품, 손전등, 식수, 비상식량 등의 생필품을 미리 챙기고 대피를 준비한다.

  그리고 옮길 물품들의 우선순위를 정해서 가족 각자의 행동책임을 정한 다. 출입문과 창문을 꼭 닫고 날아갈 위험이 있는 지붕이나 간판, 놀이기구, 자전거 등은 단단히 고정시켜 둔다.

- 공사장 근처는 가까이 가지 말고 전신주, 가로등, 신호등 등을 손으로 만지거나 가까이 가지 않는다. 천둥이나 번개가 칠 경우에는 건물 안이나 낮은 곳으로 대피하고 이웃이나 가족 간 연락 방법도 미리 공유한다.

❺ 태풍권에 있을 때 행동요령

- 도시지역: 공장 근처나 건물의 간판, 위험시설 근처에 접근하지 말고 대피할 때에는 반드시 수도·가스·전기를 먼저 차단해야 한다. 고층 아파트와 같은 대형·고층 건물에 거주하는 주민은 유리창에 젖은 신문지나 테이프를 X자 형태로 붙여놓으면 파손으로 인한 피해를 막을 수 있다.

- 농촌지역: 경작지 주변의 용·배수로를 미리 점검해서 물길을 정비해 두고 버팀목을 보강한다. 하천물이 넘쳐흘러서 농경지가 침수되지 않도록 모래주머니 등을 이용해 막는다. 또 농기계나 가축을 안전한 곳으로 옮기고 비닐하우스나 인삼재배 시설은 단단하게 묶어 둔다.

- 일우량이 100mm가 넘거나 시우량이 20mm를 초과하면, 소하천 범람, 저지대 침수, 축대 붕괴, 산사태 발생 가능성이 한층 농후해지므로 대

피를 서둘러야 한다. 특히 한때 바람이 잔잔하다고 해서 방심해서는 안 된다. 태풍의 눈이 통과하고 있는 것으로, 30분~1시간 후 다시 비바람이 강해지니 경계를 해야 한다.

❻ 태풍이 지나간 후 행동요령

- 도로나 재방에 지반침식이나 붕괴 우려가 있다. 차량 운행이나 물 구경을 하러 나가는 행위는 금해야 한다. 부상자와 사망자가 발생했을 경우에는 가까운 읍·면·동사무소나 119구조대에 구조 지원을 요청해야 한다.

4. 방사능의 위험성과 누출시 대응법

❶ 최악의 방사능 노출 사고는?

- 1986년 4월 26일 우크라이나 키예프 북쪽 체르노빌 원자력 발전소 4호 원자로에서 방사능이 노출되어 2명 사망, 그 후 발생한 화재로 인해 7월말까지 소방관 등 29명 사망, 주변 30km이내 9만여 명 강제 이주이다.
- 그 후에도 6년간 발전소 해체 작업에 동원된 노동자 5,722명과 인근 민간인 2,510명이 사망, 43만 명이 암·기형아 출산 등 각종 후유증을 앓고 있다.

❷ 한국에도 방사능 사고가 발생 했는가?

- 199년 경북 월성 원자력 발전소에서 방사능 물질이 함유된 중수가 누출, 22명이 피폭된 사고 발생, 2000년 11월 울산에서 방사성 물질 누출사고 발생해 한국도 방사능의 안전지대가 아니다.

❸ 방사능은 맛, 냄새 등 인체의 감각으로 인식할 수 없기 때문에 적절히 대응할 수 없고 우리 주변에 산업용 · 의료용으로 약 8,000여개 기관에서 방사능을 사용하고 있어 언제 · 어디서든지 방사능 누출 사고는 일어날 수 있다.

❹ 일본의 방사능 피해는?

- 지난 3월 11일 지진으로 인해 일본 후쿠시마의 제1~6호기 원전에 문제가 발생하여 심각한 방사능 누출이 우려된다.
- 방사성 누출로 인해 인명손상, 채소 등 각종 농작물과 어패류 오염 등심각한 피해가 발생하고 있다.

❺ 방사능 누출 예방법

- 방사성 물질이 누출되었다면 라디오, TV등을 통한 정부 지시에 따라 행동하고, 건물 내 방사능이 유출 경고가 있으면 방독면을 쓰거나 코와 입을 손수건 또는 휴지 등으로 가리고 방사능에 오염되지 않은 건물 안으로 대피한다. 실내에 있을 때는 건물이 방사능에 오염되었는지를 확인하고 오염되지 않았다면 바깥으로 나오지 말고 그대로 있는 것이 좋다. 건물이나 대피소에 있는 경우에는 창문을 잠그고 에어컨·히터·환풍기를 끈다. 오염지역이나 오염 예상지역에 출입을 삼가고 방사능에 오염된 먼지를 흡입하거나 직접 접촉하지 않도록 주의한다.
- 대피지시를 받았을 때에는 절대로 음식물을 지참해서는 안 된다. 애완동물도 동반은 금지하고 방사능에 노출되었다고 판단되면 신속하게 오염된 옷을 벗고 온몸을 깨끗하게 씻도록 한다.
- 아울러 가축들은 될 수 있으면 밀폐된 장소에 두고, 사료는 밀폐된 장소에 저장하고 비닐 등으로 덮는다. 사무실이나 집은 반드시 잠그고 흰수건이나 의류를 눈에 띄는 곳에 걸어 두어 대피완료를 표시하며 자녀가 학교에 있을 경우 학교에서 집단으로 옥내 대피 또는 이동시키므로 학교로 찾아갈 필요가 없다.
- 옥내 대피 시에는 최대 2~3일을 넘기지 않는다. 또 오염이 확대될 가능성이 있으므로 상황이 종료된 뒤에도 안전지역이 아닌 곳에 대한 접근을 금지한다. 또한 환경감시 등 조사활동이 끝날 때까지 관계기관 및 방재요원의 안내에 따라 행동한다. 이밖에 낙진이 떨어질 것에 대비 가급적 건물 내에서 생활하고 외출 시는 우산이나 비옷을 휴대하여 눈·비를 맞지 않도록 주의한다.

5. 대설 시 행동요령

❶ 보행중일 경우

- 될 수 있는 대로 외출을 자제합니다.
- 외출 시에는 미끄러지지 않도록 바닥면이 넓은 운동화나 등산화를 착용합니다.
- 미끄러운 눈길을 걸을 때에는 주머니에 손을 넣지 말고 보온 장갑을 착용합니다.
- 걸어가는 중에는 휴대전화 통화를 삼갑니다.
- 계단을 오르내릴 때에는 난간을 잡고 다니는 것이 안전합니다.
- 야간 보행은 매우 위험하므로 조속히 귀가합니다.

❷ 가정에 있을 경우

- 내 집 앞, 내 점포 앞 도로의 눈은 내가 치우는 건전한 주민정신을 발휘합니다.
- 내 집 주변 빙판길에는 염화칼슘이나 모래 등을 뿌려서 미끄럼 사고를 예방합니다.
- 어린이와 노약자는 외출을 삼갑시다.
- 적설 시 차량, 대문, 지붕 및 옥상 위의 눈을 치웁니다.
- 고립지역은 비상연락체계를 유지할 수 있도록 합니다.

6. 낙뢰 시 대처방법

- 가정
  - 외출을 자제한다.
  - 전화기나 전기제품의 플러그를 빼어 두고, 전등이나 전기 제품에서 1m 이상의 거리를 유지한다.

- 창문을 닫고, 감전 우려가 있으므로 잠시 샤워나 설거지 등을 하지 않는다.

• 야외

- 평지에서는 몸을 낮게 하고 물이 없는 움푹 파인 곳으로 대피한다.
- 키 큰 나무나 전봇대에는 낙뢰가 칠 가능성이 크므로 피한다.
- 골프, 들일, 낚시 중일 때는 골프채, 농기구, 낚싯대 등을 몸에서 떨어뜨리고 몸을 낮추어 건물이나 낮은 장소로 대피한다.
- 대피할 때에는 다른 사람들과는 5~10m 이상 떨어지되, 무릎을 굽혀 자세를 낮추고 손을 무릎에 놓은 상태에서 앞으로 구부리고 발을 모은다.
- 하천 주변에서의 야외활동을 삼간다.
- 자동차에서는 차를 세우고 라디오 안테나를 내린 채 차 안에 그대로 머문다.

사례이야기 24

사례1

2012년 9월 경북구미산업단지내 화공업체 (주)휴브글로벌에서 불산 누출 사고가 발생했다.

불산은 불소와 수소의 화합물로 생활에서 사용할 때는 희석시켜서 스텐레스 녹제거나 세탁용으로 사용되는 물질이다.

농도가 낮을 때는 약한 산성이지만 농도가 높아지면 산도가 급격히 올라간다.

신체에 닿을 경우 체내의 수분과 수소 결합을 하면서 뼈 속까지 침투한다고 한다.

특히 금속이나 유리를 녹이는 성질로 인해 뼈가 칼슘이 아닌 아다만티움이라고 해도 위험할 수 있다.심하면 신체를 절단해야하는 상황까지지 이르게 할 수 있는 굉장히 유독한 산이다.

이렇게 위험한 불산 원액이 누출되는 어처구니없는 사고가 발생하여 담당 근로자 5명이 사망했다. 향후 사고 조사 결과 담당자가 보호 장구를 착용치 않았으며 관리 감독자가 자리에 없는 등 기본안전수칙을 준수치 않아 사고가 발생한 것으로 나타났다.

사례2

현대제철(주) 질식사고 ('13.5.10)

- 사망 5명
- 전로 (Converter) 내화벽돌 교체 작업 중 메인밸브에서 누설된 아르곤가스에 의해 산소결핍이 발생, 질식 사망

  ※ 아르곤가스 배관교체 및 전로 수리작업을 동시수행

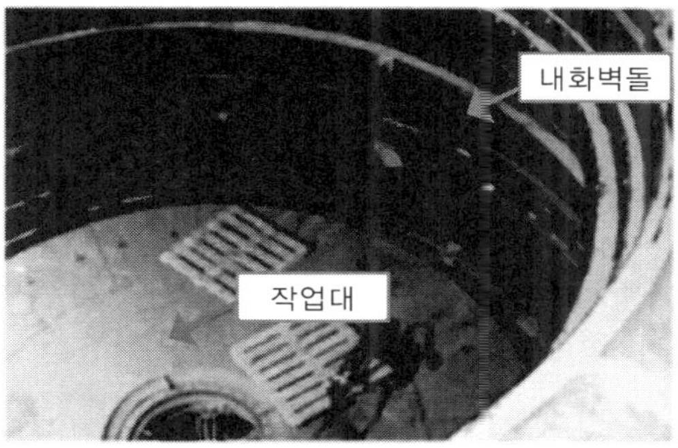

사례3

경주 마우나 리조트 붕괴사고 ('14.1.17)

- 사망 10명, 부상124명
- 리조트 강당지붕이 폭설에 의한 눈의 무게를 못 이겨 무너져 내림

  ※ 불량 자재 사용 등의 부실시공 및 붕괴위험이 있는 체육관지붕의 제설 작업 미실시

1. 직업안전사고 발생현황

- 재해율: 0.53%(전년 동기 대비 0.06%p(10.2%) 감소)
  - 사고 재해율: 0.49%(전년 동기 대비 0.05%p(9.3%) 감소)
  - 질병 재해율: 0.04%(전년 동기 대비 0.01%p(20.0%) 감소)

- 재해자수: 90,909명(전년 동기 대비 915명(1.0%) 감소)
  - 사고 재해자수: 83,231명(전년 동기 대비 966명(1.1%) 감소)
  - 질병 재해자수: 7,678명(전년 동기 대비 51명(0.7%) 증가)
- 사망만인율: 1.08(전년 동기 대비 0.17p(13.6%) 감소)
  - 사고 사망만인율: 0.58(전년 동기 대비 0.13p(18.3%) 감소)
  - 질병 사망만인율: 0.50(전년 동기 대비 0.04p(7.4%) 감소)
- 사망자수: 1,850명(전년 동기 대비 79명(4.1%) 감소)
  - 사고 사망자수: 992명(전년 동기 대비 98명(9.0%) 감소)
  - 질병 사망자수: 858명(전년 동기 대비 19명(2.3%) 증가)

2. 직업 안전사고 유형

❶ 재해자의 경우

- 기타의 사업(30,335명, 33.4%), 5~49인 사업장(44,160명, 48.6%), 60세 이상 근로자(18,412명, 20.3%), 넘어짐 재해(15,967명, 17.6%), 요통 질병(3,204명, 3.5%)이 가장 많이 발생
- 업종
  - 감소: 제조업(-783명), 운수창고통신업(-52명), 임업(-269명), 기타의 사업(-191명), 기타(-24명)
  - 증가: 광업(314명), 건설업(69명), 전기가스수도업(21명)
- 규모
  - 감소: 5인 미만(-1,852명), 50~99인(-22명), 1,000인 이상(-66명)
  - 증가: 5~49인(615명), 100~299인(72명), 300~999인(338명)
- 재해유형
  - 넘어짐17.6%(15,967명), 끼임 16.1%(14,673명), 떨어짐 15.5%(14,104

명), 절단·베임·찔림 8.6%(7,802명), 물치에 맞음 8.0%(7,284명) 순으로 많이 발생

- 감소: 넘어짐(-1,621명), 깔림·뒤집힘(-384명), 물체에 맞음(-253명), 무너짐(-188명), 화재·폭발·파열(-96명), 끼임(-33명)

- 증가: 부딪힘(885명), 떨어짐(348명), 무리한 동작(251명), 교통사고(237명), 절단·베임·찔림(118명)

❷ 사고 재해자의 경우

- 기타의 사업(27,980명, 33.6%), 5~49인 사업장(41,151명, 49.4%), 60세 이상 근로자(16,675명, 20.0%), 넘어짐 재해(15,967명, 19.2%)가 가장 많이 발생

- 업종

- 감소: 광업(-47명), 제조업(-647명), 운수창고통신업(-25명), 임업(-245), 기타의 사업(-54명), 기타(-13명)

- 증가: 건설업(43명), 전기가스수도업(22명)

- 규모

- 감소: 5인 미만(-1,724명), 50~99인(-37명), 1,000인 이상(-79명)

- 증가: 5~49인(672명), 100~299인(52명), 300~999인(150명)

- 재해유형

- 넘어짐 19.2%(15,967명), 끼임 17.6%(14,673명), 떨어짐 16.9%(14,104명), 절단·베임·찔림 9.4%(7,802명), 물체에 맞음 8.8%(7,284명) 순으로 많이 발생

- 감소: 넘어짐(-1,621명), 깔림·뒤집힘(-384명), 물체에 맞음(-253명), 무너짐(-188명), 화재·폭발·파열(-96명), 끼임(-33명)

- 증가: 부딪힘(885명), 떨어짐(348명), 무리한 동작(251명), 교통사고(237명), 절단·베임·찔림(118명)

❸ 업무상사고 사망자의 경우

- 건설업(434명, 43.8%), 5~49인 사업장(407명, 41.0%), 60세 이상 근로자(287명, 28.9%), 떨어짐 재해(363명, 36.6%)가 가장 많이 발생
- 업종
  - 감소: 광업(-1명), 제조업(-24명), 건설업(-82명), 운수창고통신업(-12명), 기타의 사업(-8명)
  - 증가: 전기가스수도업(4명), 임업(16명), 기타(9명)
- 규모
  - 감소: 5인 미만(-26명), 5~49인(-39명), 50~99인(-26명), 100~299인(-5명), 1,000인 이상(-10명)
  - 증가: 300~999인(8명)
- 재해유형
  - 떨어짐 36.6%(363명), 끼임 11.2%(111명), 부딪힘 9.5%(94명), 깔림·뒤집힘 7.7%(76명) 순으로 많이 발생
  - 감소: 교통사고(-23), 끼임(-19명), 물체에 맞음(-19명), 화재·폭발·파열(-16명), 넘어짐(-4명), 무너짐(-3명), 깔림·뒤집힘(-1명)
  - 증가: 떨어짐(14명), 부딪힘(9명)

❹ 질병자의 경우

- 제조업(3,070명, 40.0%), 5~49인 사업장(3,009명, 39.2%), 60세 이상 근로자(1,737명, 22.6%), 요통질병(3,204명, 41.7%)이 가장 많이 발생
- 업종
  - 감소: 제조업(-136명), 전기가스수도업(-1명), 운수창고통신업(-27명), 임업(-24명),기타의 사업(-137명), 기타(-11명)
  - 증가: 광업(361명), 건설업(26명)
- 규모
  - 감소: 5인 미만(-128명), 5~49인(-57명)

- 증가: 50~99인(15명), 100~299인(20명), 300~999인(188명), 1,000인 이상(13명)

• 질병유형

- 요통 41.7%(3,204명), 신체부담작업 24.1%(1,853명), 진폐 13.3%(1,019명), 뇌심질환 8.8%(676명) 순으로 많이 발생
- 감소: 요통(-492명), 뇌심질환(-8명), 금속 중금속 중독(-2명)
- 증가: 신체부담작업(231명), 진폐(203명), 난청(19명), 특정화학물질 중독(17명), 유기용제 중독(4명)

❺ 질병사망자의 경우

• 광업(392명, 45.7%), 5~49인 사업장(249명, 29.0%), 60세 이상 근로자(310명, 36.1%), 진폐(409명, 47.7%)이 가장 많이 발생

• 업종

- 감소: 운수창고통신업(-4명), 임업(-2명), 기타의 사업(-5명), 기타(-10명)
- 증가: 광업(22명), 제조업(17명), 건설업(1명)

• 규모

- 감소: 100~299인(-18명), 1,000인 이상(-12명)
- 증가: 5인 미만(2명), 5~49인(25명), 300~999인(22명)

• 질병유형

- 진폐 47.7%(409명), 뇌심질환 37.1%(318명), 직업성 암 5.7%(49명) 순으로 많이 발생
- 감소: 뇌심질환(-30명)
- 증가: 진폐(30명), 특정화학물질 중독(7명), 유기용제 중독(3명)

4. 산업안전보건법상 제반 용어 정의

사고	불안전한 행동과 불안전한 상태가 원인이 되어 재산상의 손실을 가져오는 사건을 말한다.
재해	사고의 결과로서 생긴 인명의 상해를 말한다. 때론 재해가 사고를 포함하여 인명의 상해와 재산상의 손실을 함께 하는 경우도 있다.
아차사고	인적 피해와 재산손실이 없는 사고를 말한다.
중대재해	산업재해 중 사망 등 재해의 정도가 심한 것으로서 다음의 정하는 재해 중 하나 이상에 해당되는 재해를 말한다.
	1) 사망자가 1인 이상 발생한 재해 2) 3월 이상의 요양을 요구하는 부상자가 동시에 2인 이상 발생한 재해 3) 부상자 또는 직업성 질병자가 동시에 10인 이상 발생한 재해

5. 근로자의 불안전 작업 이유 설문 내용

여러분은 어떻게 하십니까...

근로자가 불안전하게 작업하는 일반적인 이유 10가지

1) 자신들에게 사고가 날것은 믿지 않는 경우
2) 행동이 불안전하다는 것을 인식하지 않는 경우
3) 불안전 행동이 가져올 수 있는 결과를 실감하지 못하는 경우
4) 모험 강행형인 경우
5) 성급한 경우
6) 딴 생각을 하는 경우
7) 반항적인 경우
8) 비용이나 일정에 지나치게 초점을 맞추고 있는 경우
9) 빨리 작업을 끝마치고 다음 작업을 하려는 경우
10) 속도, 편리함이라는 즉각적이고 명확한 결과만을 기대하는 경우

6. 산업현장의 4대 필수 안전수칙

산업현장의 4대 필수 안전수칙	
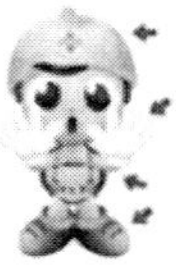 **보호구 지급·착용** 기계·설비 등 위험요인으로부터 근로자를 보호하기 위하여 작업조건에 맞는 보호구를 지급·착용	 **안전보건표지 부착** 위험장소·설비·작업별로 안전보건표지를 부착하여 위험요인에 대한 경각심 부여
 **안전보건교육실시** 안전보건교육을 통해 사업주·근로자의 안전의식 및 경각심 고취	 **안전작업절차 지키기** 정비, 보수 등의 비계획작업 또는 잠재 위험이 존재하는 작업공정에서 지켜야 할 안전작업절차를 제정하여 안전한 작업 유도

- 사고는 불안전한 환경과 불안전한 행동이 결합 시 발생
- 사고는 인적요인, 물적요인, 환경적 요인에 의해 발생(인적요인만 개선해주면 사고의 88% 감소 가능)
- 산업현장의 4대 필수안전 수칙

7. 직장내 안전사고 예방 우수사례

❶ 안전사관학교(동우화인캠) –관리자 과정/사원 과정

- 다양한 안전교육과정 이수

❷ 전체험장 운영(포스코)

- 안전문화체험 교육장 운영

❸ 세상에서 가장 안전한 직장 만들기(대우조선해양)

- 안전 마일리지 제도/무재해 100억
- 각 팀별 무재해 마일리지 20억원
- 안전위험경보/스마트폰 활용 안전 관찰 제도
- 감성안전/가족과 함께 Cross-check 주부안전 강좌

사례이야기 25

사례1

2013년 7월 30일 방화대교 남단 램프 공사현장에서 중장비가 무너져 상판이 붕괴되면서 공사인부 3명이 매몰되면서 2명이 사망하고, 1명이 크게 부상당한 중대사고가 발생했다.

방화대교는 총 연장 2559m로 인천국제공항 고속도로 구간 중 서울 입구에 건설된 다리로 대교 연결 도로 상판 구조물(4m)dl 공사 하중을 견디지 못하고 무너져 버린 것이다.

실제 사고조사결과 설계 오류 또는 시공오류에 의한 사고로 밝혀졌다.

사례2

경주 마우나 리조트 붕괴사고('14.1.17)

사망 10명, 부상 124명 리조트 강당지붕이 폭설에 의한 눈의 무게를 못이겨 무너져내림

＊ 불량 자재 사용 등의 부실시공 및 붕괴위험이 있는 체육관 지붕의 제설 작업 미실시

1. 안전문화의 정의

- 1986년 소련 체르노빌 원자력 발전소 방사능 누출사고, 3천여 명이 사망하였다.
- 4~5년 지난 뒤 어린이들 갑상선암 발병률이 20배 급증했다.
- 국제원자력 안전 자문단이 최초 안전문화를 처음 사용한다.
  - "안전제일의 가치관이 개인의 생활이나 조직의 활동 속에서 의식화, 관행화되어 안전이 습관화 된 상태"이다.
  - "일상 삶 속에서「설마 사고가」아니고 만에 하나 사고가」라는 생각으로 안전을 생활화 하려는 작은 실천 운동이 모여진 상태의 총칭의 개념"이다.

2. 직업 안전문화운동 추진 내용

• 사업장 무재해 운동 전개: 사업장의 업종, 규모에 따라 정해진 시간 또는 기간 목표를 달성하기 위하여 사업주, 근로자가 전원 참여하여 함께 노력, 정해진 목표 달성, 산업안전보건공단의 확인 거쳐 인증(4만여 곳 이상 인증)한다.

• 매월 4일 안전점검의 날: 노사가 자율적으로 재해 발생 가능성이 높은 유해 위험사항을 찾아 점검 및 안전캠페인을 실시하여 위험한 곳을 지속적 찾아 개선한다.

• 청소년 안전문화 조성: 매년 미래 근로자인 학생들의 안전생활 습관화를 위하여 학생을 지도하는 교사, 교장, 교감, 장학사 등 안전 연찬회를 개최한다.

• 안전보건협력사업추진: 사업주, 근로자 단체, 안전보건 재해 예방 단체, 지자체, 공공기관, 학교 등과 연계한 안전문화 운동 지원 사업을 전개한다.

• 국민안전처와 안전문화운동 중앙협의회(안문협)가 결성되었다.

3. 안전문화운동 추진 중앙협의회(안문협) 결성

• 2013년 5월 30일 민간단체·중앙부처·공공기관 등 80여개 기관이 함께 참여하는「안전문화운동 추진 중앙 협의회(안문협)」출범함으로써 전국적인 안전문화운동 총괄 기능을 부여힌디.

• 안행부 유정복 장관, 안전생활실천시민연합 송자 상임대표를 공동위원장으로 하는 안문협은 사회·교통·생활·산업안전 분야에서 9개 안전문화 실천과제를 선정, 국민이 일상생활 속에서 안전을 생활화하는 실천운동을 적극 전개한다.

「안전문화운동추진 중앙협의회」 구성체계

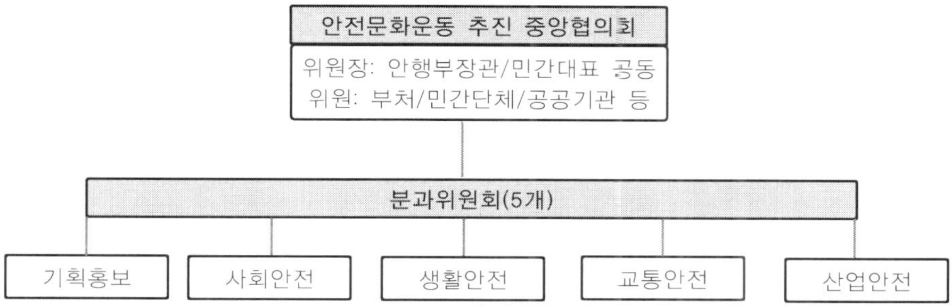

※ 분과별 참여기관

분과	민간단체(42)	부처(13)·공공기관(14)
기획홍보	안전생활실천시민연합, 한국방송협회, 한국신문협회, 한국기독교총연합회, 한국교회연합, 한국불교종단협의회	안행부, 문체부, 방통위, 한국언론진흥재단
	새마을운동중앙회, 바르게살기운동중앙협의회, 한국자유총연맹	
사회안전	한국여성인권진흥회, 청소년폭력예방재단, 패트롤맘, 한국청소년성문화센터협의회, 어머니포순이봉사단	안행부, 교육부, 여가부, 무부, 경찰청, 학교양성평등교육진흥원
	한국식품산업협회, 한국음식업중앙회	안행부, 식약처
	사이버지킴이연합회, 한국무선인터넷산업연합회	안행부, 미래부, 한국정보화진흥원
생활안전	안전모니터봉사단중앙회, 한국어린이안전재단, 세이프키즈코리아, 한국생활안전연합, 한국레저안전협회, 한국안전교육강사협회, 한국어린이놀이시설협회, 한국화재보험협회	안행부, 산업부, 방재청, 한국소비자원, 한국전기안전공사, 한국가스안전공사, 승강기안전관리원
교통안전	대한교통학회, 녹색어머니회, 어린이안전학교, 어머니안전지도자회, 교통문화운동본부, 전국모범운전자연합회, 사랑실은교통봉사대, 새마을교통봉사대, 한국자전거단체협의회, 손해보험협회	안행부, 국토부, 경찰청, 한국도로공사, 도로교통공단, 교통안전공단
산업안전	대한산업안전협회, 한국노총, 경영자총협회, 대한산업보건협회, 대한건설협회, 한국안전진흥협회	안행부, 고용부, 산업부, 방재청, 안전보건공단, 한국시설안전공단, 한국산업단지공단

❶ 「안전한 마을 만들기 운동」 전개

- 마을 단위로 노후 시설·위험 지점 제보 및 개선하는 시설안전, 유흥가·폐가 방범 순찰 활동을 하는 범죄안전, 지역 내 도로에서의 교통안전 업무 등을 중점 수행토록 유도한다.

❷ 생애주기별 맞춤형 안전교육 강화

- 실제 안전사고 사례 중심의 체험 교육을 강화하고 어린이들의 관심과 흥미를 유발할 수 있는 게임·만화 캐릭터 등을 활용한 교육 프로그램을 개발한다.
- 교통, 성폭력, 화재, 식품안전 등 다양한 분야에서 국민에게생애주기별로 맞춤형 안전교육을 실시하고, 안전교육이 학교에서정규과목으로 반영되는 방안도 적극 추진한다.

4. 안전문화운동 9개 실천과제

❶ 안전문화 운동 국민참여 3단계 방안

✓ 1단계: 안전사고의 심각성 홍보 및 위기감 조성 단계

- "나 자신, 내 가족도 희생자가 될 수 있다."는 위기의식 조성

✓ 2단계: 위험해소 위한 구체적 실천방안을 제공하는 단계

- 안전사고에 대한 불안감·위기감을 구체적으로 해소할 수 있는 실천방안 마련하고 이를 교육, 홍보, 실천할 수 있는 주도계층 양성

✓ 3단계: 일상에서 안전을 생활화 하는 실천운동 전개 및 안전을 우선하는 사회적 분위기 조성 단계

- "우리 지역의 안전사고는 우리 주민이 나서서 예방한다."는 분위기를 조성하며 각종 안전문화운동 전개

❷ 안전문화캠페인 성공의 3대 요건

✓ 첫째, 구체적이며 실천 가능한 방안 제시

- 안전문제의 심각성과 경각심을 알림과 동시에 사고예방 대책을제시하여 국민이 즉각 실천가능 해야 한다.

✓ 둘째, 파급성 확보

- 실천처방을 내가 행동으로 옮김은 물론 가족, 이웃 주민으로 확대하는 파급성을 띠어야 한다.

✓ 셋째, 연속성 유지

- 일회성 캠페인이 아니라 지속적으로 안전문화 운동이 전개돼 생활속에 습관화 될 수 있도록 연속적으로 실시, 제도화 해야 한다.

❸ 안전문화 실천과제 선정: 안전문화운동 4대 분야 9개 실천과제분야 테마 실천과제

분야	테마	실천과제
사회안전	안심사회(Safe Society)	· 우리동네 안심마을 만들기 · 클린 인터넷(폭력 · 음란물 NO) · 불량식품 안 사먹고 안 만들기
생활안전	안심생활(Safe Life)	· 1가정 1안전요원 · 비상구 확인하기
교통안전	안심운전(Safe Traffic)	· 보행자 배려 운전하기 · 생활도로 30km/h 이하 서행하기
산업안전	안심일터(Safe Work)	· 작업 전 · 후 안전점검 습관화 · 작업장 안전보호구 착용 생활화

6 직업안전문화 정착방안

❶ 정부의 3필착 운동

- 안전띠 잘 매고, 꼭 안전모 착용하며, 구명조끼 착용 운동을 적극 전개한다.

❷ 지적확인의 생활화

- 부주의, 착각, 서두름 등 잘못된 판단을 오감(눈, 손, 입, 귀)을 활용하여 안전하고 실수 없이 하기 위해 자기가 해야 할 행동 대상을 지적하면서 안전을 확보한다.

• 지적확인의 필요성: 인간의 부주의, 착각, 태만

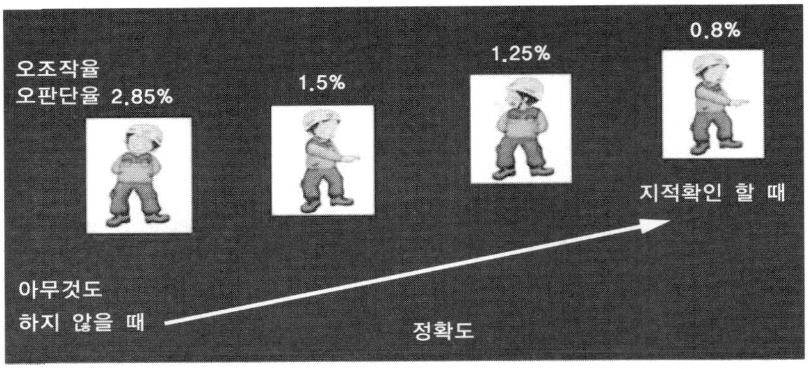

❸ 직장의 무재해 활동 4단계

✓ 1단계: 안전조회

✓ 2단계: 올바른 작업지시

✓ 3단계: 위험예지활동

✓ 4단계: 작업확인 및 정리정돈 운동 정착방안

사례이야기 26

서울의 대표적인 교통사고 다발지점인 마프구 공덕동 5거리의 신호등 있는 횡단보도에서 10여명의 보행자가 한꺼번에 목숨을 잃을 뻔한 아슬아슬한 위험상황이 발생했다.

필자는 횡단보도의 우측에 서 있었고 10여명의 보행자는 횡단보도의 좌측에 서 있었는데 보행자 녹색불이 들어오면서 대부분의 보행자는 차량 멈춤을 확인하지 않은 채 횡단보도로 진입했다.

항상 녹색불이 들어와도 차량 멈춤을 확인하는 습관을 갖고 있는 필자는 차량이 멈추었는지 확인하는 순간 10톤이 넘는 대형트럭이 무거운 목재를 잔뜩 싣고 횡단보도 앞에서 속력을 전혀 죽이지 않은 채 빠르게 달려오고 있었다.

순간적으로 “저 차는 멈추지 못한다.”는 점을 직관한 필자는 횡단보도로진입하는 보행자들에게 “빨리 피하라”고 소리쳤으나 이미 시간은 늦었다.

대형트럭이 급브레이크대신 클랙션을 빵빵 울리며 보다 속력을 내며 달려왔고 10여명의 보행자는 간발의 차이로 뒤르 빠르게 물러나 대형차량과의 교통사고를 가까스로 면할 수 있었다.

이 때 정말로 운이 좋게 어린이는 없었다. 만일 어린이가 있었더라면 그 어린이는 위험에 대처하는 행동능력, 위기 대응능력이 떨어져 그만 트럭에 부딪혀 사망당할 위험이 매우 높을 것이다.

1. 가정과 연계교육의 중요성

❶ 안전교육은 학교보다는 가정에서 미취학아동시절부터 먼저 꾸준히 실시 돼야 근원적으로 안전사고를 줄여줄 수 있으나 현재 부모님들은 내 자녀의 안전을 위한 가정에서의 안전교육의 중요성과 구체적 교육방법을 제대로 알지 못하고 있다.
더욱이 "모든 교육은 다 학교 선생님이 해 준다."는 잘못된 인식을 갖고 있어 정작 중요한 가정에서의 안전교육이 제대로 되지 않아 한국의 어린이 안전사고가 많이 발생하고 있는 것이다.

❷ 안전 교육은 최소한 1주일에 1회씩은 꾸준히 시켜주어야만 안전을 습관화·생활화하여 안전사고를 예방할 수 있는데 현재 학교에서는 안전교육을 체계적으로 실시할 수 있는 교육시간과 교육 프로그램 미흡 등 교육여건이 전혀 되어 있지 않고 선생님들이 , 과도한 업무에 시달리고 있어 충분한 안전교육을 기대하는 것은 가능하지 않다.

❸ 따라서 선생님께서 이런 점을 가정통신문, 학부모 안전교육을 통해 충분히 알려주신 후 가정에서 체계적인 안전 교육을 실시토록 안내해야 한다.

❹ 구체적인 교육내용은 인터넷 어린이 안전학교 (www.go119.org)에 상세하게 나와 있는 15개 어린이 안전교실을 중점적으로 교육을 받고 교육받은대로 실천으로 옮겨 주시면 된다.

2. 가정통신문을 활용한 연계방법

❶ 가정통신문을 통하여 내 자녀의 안전을 위하여 인터넷 어린이 안전학교에서 스스로 안전교육을 받으시도록 안내한다.

❷ "우리 주변에서 발생한 어린이 안전사고는 또 발생하고 내 자녀도 이런 사고를 당할 수 있다."는 생각으로 주변 사례를 활용하여 1회씩 생활안전 가족회의를 개최한다.

일본은 학교와 가정 간 연계 교육을 위하여 가정통신문을 통해 가정에서 안전교육을 실시토록 유도하고 있습니다. 실제 가정통신문을 통해 교통안전 가족회의를 개최토록 하는 일본의 예를 살펴 보겠습니다.

교통안전 가족회의 장면 살펴보기

	• 무엇을 하는 장면인가? - 가족이 모여 교통안전에 관한 회의를 하고 있는 모습 • 교통안전에 관한 가족회의 경험 이야기 하기 - 언제, 왜 하게 되었나?

교통안전 가족회의 예시 자료 살펴보기

• 가족회의 참석자

- 아버지, 어머니, 아들, 딸 (4식구)

• 사고현황: 신호등 있는 횡단보도에서 초록불이 들어오자 말자 뛰어들다 사고가 남

• 사고의 원인

- 운전자가 횡단보도 신호가 초록 불인데 지나갔다.
- 사고를 당한 어린이가 차가 멈춘 것을 확인하지 않고 초록 불로 바뀌자마자 뛰어 갔다 등

• 사고를 당한 어린이에게 해 주고 싶은 충고

- 횡단보도에 초록 불이 들어와도 미처 멈추지 못한 차들이 있어 빨리뛰어가는 것은 아주 위험하다.
- 횡단보도에서 천천히 걷는 것보다 뛰어 가는 것이 사고 위험성이 7배나 높다 등

• 가족회의 내용을 보고 자신과 약속하고 싶은 내용

- 초록신호가 들어와도 꼭 차가 멈추었는가를 확인한다.
- 횡단보도에 갑자기 뛰어들지 말고 차를 계속 보면서 천천히 건넌다등

- 자신의 소중한 생명을 지키기 위한 교통안전 규칙을 스스로 정해보고, 꼭 지킬 것을 다짐해 보도록 한다.

• 무엇을 하는 장면인가?

- 가족이 모여 교통안전에 관한 회의를 하고 있는 모습

• 교통안전에 관한 가족회의 경험 이야기하기

- 언제, 왜 하게 되었나?

• 4가족회의 진행과정

① 사고 사례 들려주기

↓

② 사고의 원인 파악하기

↓

③ 사고의 예방을 위한 대처 방법 의논하기

↓

④'가족들의 약속'다짐하기

• 교통안전 가족회의 하기

- 제시된 4가지 사례 중 한 가지를 선택하여 가정에서 부모님과 가족회의를 하도록 한다.

- 앞으로 어떤 일이 일어날지 생각해 보고 사고의 원인과 예방법을 함께 의논해 봅니다.

- 가족들이 약속할 일을 정해 봅니다.

• 교통안전 가족회의 실시 횟수

- 교통안전 가족회의 실시 횟수
  . 처음 6개월: 월 1회 실시
  . 다음 6개월: 월 2회 실시
  . 1년이 지난 다음: 주 1회 실시

- 일본의 교통안전 가족회의 횟수: 주 1회 실시

❸ 나 자신의 안전사고예방을 위하여 부모님과 내가 꼭 지켜야할 내용을 중심으로 부모님께 편지쓰기를 숙제로 내준 후 편지 쓴 내용을 부모님과 나 자신이 스스로 지키도록 노력한다.

교통안전 편지 쓰기

• 편지 쓰는 대상

- 부모님께(운전자 부모님, 보행자 부모님)
- 우리 가족, 친척에게
- 나에게
- 친구에게
- 운전하시는 분께
- 불법 주·정차한 아저씨께
- 녹색 교통 당번 어머니께
- 오토바이, 자전거를 탄 사람에게
- 교통경찰 아저씨께
- 구급차 운전하시는 아저씨께
- 신호등에게
- 횡단보도에게

• 편지 쓸 내용

- 평소에 직접 경험했던 위험한 일
- 교통사고 예방을 위해 지킬 일
- 교통사고 예방을 위해 부탁하고 싶은 말
- 나 자신과의 약속

❹ 각 교과서의 안전수업별로 「부모님과 함께하는 내 자녀의 안전 숙제」 목록을 만든 후(숙제 목록 자료는 인터넷 어린이 안전학교에 있습니다.) 본 안전숙제 목록의 중요성을 부모님께 충분히 인식시킨 후 내 자녀의 안전을 위하여 학교에서 배운 안전수업을 중심으로 안전교육을

실시하는 등 안전숙제를 같이 하시도록 유도한다.

❺ 하루 일과 중 안전사고가 날 뻔한 상황을 떠올리며 내가 왜 이런 사고를 당할 뻔 했는지, 이런 사고를 당하지 않기 위하여 어떻게 안전하게 행동할 것인지를 스스로 일기책(주 2회 정도)에 적도록 하여 일상 삶 속에서 스스로 안전을 생활화하도록 유도한다.

3 학교와 연계활동 모범 참여 사례

주 1회씩 하교시간에 워킹스쿨버스 지도위원으로 참여해 주십시오.

❶ 워킹스쿨버스

- 개념

초등학교 등·하교 시 방향이 같은 어린이들이 홀로 보행하지 않고 훈련되어진 자원봉사자들의 보호아래 집단 보행하는 시스템으로 어린이들이 이용하는 주된 통학로에 일정 간격으로 정류장을 설치 해 놓고 정해진 시간에 어린이를 등교 시 데려오고, 하교 시 데려다 주며 안전교육까지 실시하는 선진국형 안전한 등하교 기법을 의미한다.

- 목적

어린이 보호의식이 강하고 잘 훈련되어진 자원봉사자들이 어린이들을 데리고 다니며 안전하게 등・하교 시켜줌은 물론 실제 도로상에서 안전한 횡단방법 등을 직접 실습교육을 함으로써 등・하교시 발생하는 교통사고 위험을 근원적으로 예방해 준다.

또한 매일같이 등하교시에 안전한 도로횡단방법을 교육받을 어린이들이 안전한 생활이 몸에 습관화되어 등하교와 무관하게 홀로 도로 횡단시에도 교통사고 위험을 크게 줄여 주는 등 전체적으로 교통사고위험을 낮추어 줄 수 있다.

- 실시방법

1) Walking School Bus를 실시할 학교의 통학로 위험도 실태조사를 실시한다.

2) 통학로의 정문, 후문을 중심으로 교통안전지도를 그린다.

3) Walking School Bus의 실시구간과 버스 정류소 위치 및 등하교 도착 시간을 정한다.

4) 노선별 훈련 받은 자원 봉사자와 노선 이용 어린이들의 현황을 파악한다.

5) 자원 봉사자의 어린이 교육 내용과 Walking School Bus의 운영 매뉴얼을 만들어 제공한다.

❷ 집결 장소 선정: 하교 시 참여 어린이가 모이기 좋은 안전한 장소를 집결장소로 선정한다.

❸ 출발: 워킹스쿨버스 이용 어린이 명단 파악 후 모두 집결 시 출발 지도위원은 앞에 1명, 뒤에 1명이 서서 인솔한다,

❹ 이면도로 보행 시 방향 선정
불법 주차가 되지 않은 방향으로 출발, 차를 등지고 통행하는 것보다는 마주보고 통행하도록 한다.

❺ 워킹스쿨버스 운영 시 만날 수 있는 위험요소와 지도핵심내용

i) 신호등 있는 횡단보도를 건널 경우
- 횡단보도 우측통행의 안전성, 녹색불이 들어와도 반드시 손을 들어 차량 멈춤을 꼭 확인, 처음에는 왼손, 반쯤 지나서 오른손을 차를 보면서 들어줌, 길을 건너는 동안 차를 계속 보면서 건넌다.

※ 횡단보도에 왔을 때 녹색불이 깜박거리면 반드시 멈춘 후 다음 신호에 건너감, 결코 어린이들에게 "빨리 뛰어"하며 어린이의 조급성을 부추기는 행동을 해서는 안 된다.

※ 횡단보도의 대각선 통행은 걷는 길이가 길어지고, 짧은 녹색불에 뛰도록 유도함으로 매우 위험하다.

※ 신호등 녹색불에 건너나 빨간불로 바뀐 경우, 어린이들에게 "빨리 뛰어"라고 말씀하지 마시고, 멈춰있는 운전자에게 손을 들어서 자동차가 조금만 더 멈춰있도록 한 후 어린이들을 안전하게 횡단토록 한다.

ii) 신호등 없는 횡단보도를 건널 경우

- 운전자나 보행자가 "상대방이 양보해주겠지"하며 서로 먼저 가려다 사고가 발생함으로 반드시 손을 들어서 차량 멈춤을 꼭 확인한 후 출발한다.

iii) 횡단보도 바로 앞에 노상주차창이 있거나 불법주정차 차량이 있는 경우, 또는 버스 정류장이 있는 경우

- 횡단보도 좌측으로 갈 경우 주정차 차량에 가려 보이지 않으므로 그만큼 위험함. 반드시 횡단보도의 우측통행을 하며 지방자치단체 또는 어린이 안전학교로 제보하면 노상주차장, 버스 정류장은 철폐 또는 이전이 가능하다.

* 현재 도로 교통법상 횡단보도 바로 앞 불법 주·정차 행위와 버스 정류장 설치는 불법으로 범칙금을 5~10만원까지도 부과할 수 있다.

iv) 이면도로 보행중 주차장을 만나는 경우

- 주차장은 언제든지 차가 들어오고 나갈 수 있으므로 항상 주차장 앞에서 우선 멈춘 후 차가 오는지 확인토록 해야 한다.

v) 이면도로 상에서 차가 올 경우

- 좁은 이면도로에서 1줄로 세워가며 차가 오면 우선 멈춘 후 몸을 벽 쪽으로 붙인 다음 차가 지나간 후에 다시 보행한다.

* 일반적으로 어린이는 차가 오면 차와 만나는 시간을 최소화하기 위하여 급하게 뛰려는 특성이 있으므로 반드시 일단 멈추는 습관을 길러주

어야 함

vi) 좁은 이면도로에서 큰 길로 나가는 경우

- 일단 차가 오는 도로가 나오면 「우선 멈추는 습관」을 길러 준 후 차량이 오는지 확인하도록 한다.

vii) 부득이 불법 주정차 된 차량 사이를 갈 경우

- 불법 주정차 차량의 앞뒤 횡단 또는 차량사이 횡단이 왜 위험한지를 알려준다.

※ 어린이가 차량사이에서 횡단 시 그 차에 가려 운전자가 어린이를 발견할 수가 없어 사고 위험이 매우 높다.

※ 실제 사고 분석 시 천천히 걷는 경우보다 뛰는 것이 7배나, 주정차 된

차량사이 뛰어나오는 행위는 18배나 사고 위험이 높다.

viii) 인도에 노상 적체물이 있는 경우

- 인도에 노상적체물이 있어 부득이 차도로 내려올 경우 반드시 차가 오는지 꼭 확인해야한다.

ix) 손에 물건 또는 우산을 들고 있는 경우

- 우산이나 물건은 반드시 오른손으로 들어야 함. 이는 차가 왼쪽에서 옴으로 왼손으로 "내가 먼저 가겠다."는 의사 표시를 해주어야 함으로 반드시 왼손은 자유롭게 움직일 수 있도록 해야 한다.

※ 비올 때 우산을 들고 횡단보도 연석선에서 있는 경우 자칫 버스가 지나가면서 차도 쪽으로 나간 우산을 칠 경우 어린이가 갑자기 차도로 빨려 들어가 사고가 날 위험이 매우 높음으로 비가 올 경우 횡단보도의 연석선에서 1-2부 뒤로 물러나 있어야 함 (*연석선: 차도와 보도의

경계선)

* 비가 올 경우 가방은 반드시 어깨에 메도록 한다. 만일 한손에 가방, 한손에 우산을 들고 있는 경우 위험한 상황에 대처할 능력이 떨어져 사고 위험이 높다.

x) 불법 주차 차량이 있는 경우

- 차 밑에 물건이 들어간 경우 어린이가 직접 꺼내지 말고 반드시 운전자에게 꺼내주도록 요청할 것과 멈추어 있는 차는 반드시 뒤로 움직일 수 있다는 사실을 알려주어 차량 주변에서 놀지 않도록 교육시킨다.

xi) 인도에 상점이 상품을 진열해 놓은 경우

- 부득이 차도로 내려설 때 차가 오는지 꼭 확인하는 습관을 길러줌

xii) 어린이가 방과 후 학원을 가기 위하여 승합차를 이용할 경우

- 끈 달린 옷이나 길게 늘어진 치마나 태권도복 끈은 절대 금물이다. 이는 닫히는 문에 옷이 끼면서 자칫 끌려가다가 사고를 당할 수 있다.

Part 05

연습문제

1. 한국의 안전사고 심각성에 대하여 논하시오.

2. 하인리히 도미노 5단계 이론에 대하여 서술하시오.

3. 현장학습 체크리스트에 대하여 서술하시오.

4. 수학여행 체크리스트에 대하여 서술하시오.

5. 학교 안전사고의 범위와 기준에 대하여 설명하시오.

6. 식중독 균의 종류, 증가, 예방법에 대하여 설명하시오.

7. 가스사고 예방법에 대하여 설명하시오.

8. 가정의 안전사고 예방체크리스트 항목에 대하여 논하시오.

9. 승강기 관련 범죄사고 예방법에 대하여 논하시오.

10. 실제 학교 폭력 사례에 대하여 설명하시오.

- 한국산업인력공단(2019). 직업상담 직종 직무분석
- 김병숙(1999). 직업상담사 되는 길. 서울: 한언
- 조용일(2000). 교육학개론. 서울: 형설출판사
- 국가재난정보센터(2019)
- 중앙소방학교(2019), 2019년 소방전술
- 사제동행 한국교총 원격교육연수원(2019)
- 티쳐빌연수원(2019)
- 서울특별시 교육청(2019), 학생안전 매뉴얼, 서울: 서울교육청
- 한국안전공단(2019), 학교안전사고예방
- 대한적십자사(2019), 응급처치법
- Adler,M.J.(1984). The Paideia program. N.Y.: Macmillan
- Erikson,E.H(1963). chidhood and society. new york: norton

김수용

공학박사/교육학박사수료

정가 29,000원

이론과 사례 중심 안전교육학

2019년 08월 26일 초판 인쇄
2019년 09월 02일 초판 발행
저　자 : 김수용
발행자 : 송　준
발행처 : 홍릉과학출판사
주　소 : 서울시 강북구 인수봉로 50길 10
01093
등　록 : 1976년 10월 21일 제5-66호
전　화 : (02) 999-2274~5, 903-7037
팩　스 : (02) 905-6729
e-mail: hongpub@hongpub.co.kr
http://www.hongpub.co.kr
ISBN: 979-11-5600-694-7

저자와의
협의하에
인지생략